山东省教育科学"十三五"规划专项课题《"互联网+"背景下基于"SPOC+任务驱动"的大学英语教学模式改革研究》(项目编号: BYGY201901)

现代大学英语
教学新理念 与 课堂教学实施

慈建华　著

中国海洋大学出版社

·青岛·

图书在版编目（CIP）数据

现代大学英语教学新理念与课堂教学实施 / 慈建
华著. —青岛：中国海洋大学出版社，2020.11
　　ISBN 978-7-5670-2666-7

　　Ⅰ . ①现… 　Ⅱ . ①慈… 　Ⅲ . ①英语—教学研
究—高等学校 　Ⅳ . ①H319.3

　　中国版本图书馆CIP数据核字（2020）第234290号

出版发行	中国海洋大学出版社		
社　　址	青岛市香港东路23号	邮政编码	266071
网　　址	http://pub.ouc.edu.cn		
出 版 人	杨立敏		
责任编辑	矫恒鹏	电　　话	0532-85902349
电子信箱	2586345806@qq.com		
印　　制	日照报业印刷有限公司		
版　　次	2020年11月第1版		
印　　次	2020年11月第1次印刷		
成品尺寸	185 mm × 260 mm		
印　　张	17.125		
字　　数	249千		
印　　数	1～1000		
定　　价	38.00元		
订购电话	0532-82032573（传真）		

发现印装质量问题，请致电（0633）8221365，由印刷厂负责调换。

随着社会的进步和科学技术的发展，我国拥有了越来越多与世界各国进行交流的机会，使我国英语教学水平有了整体进步。英语作为一门语言实践课程，要想达到熟练程度，就需要学生的反复实践与积极参与。英语教师应该打破传统的英语课堂教学模式，尊重学生的主体性，引导并促进学生在教学过程中全员参与、主动参与，最大程度地发挥学生的创造性、自主性和能动性。同时，信息化的快速发展为大学英语课堂教学提供了丰富的网络资源和全新的教育模式。在运用现代化教学手段时，教师应把提高课堂教学效果和学习效果放在首位，而单纯地追求技术创新、教法创新，教学效果可能适得其反。对此，英语教师在合理利用先进教学方式的同时，还要协调好先进教学方式与传统教学方式的关系。遵循"教学有法、教无定法、贵在得法"的理念，有利于优化教学效果，提高学习效率。

鉴于此，笔者撰写了《现代大学英语教学新理念与课堂教学实施》一书。全书以大学英语教学基本关系、大学英语教学基本原则、大学英语教学目标以及大学英语教学特点为切入点，重点论述大学英语教学基础理论、大学英语信息化教学发展创新、多元文化理念下现代大学英语课堂教学实施、现代大学英语互动教学模式创新策略以及现代大学英语课堂教学有效性策略与理念创新路径。

本书具有以下特点：

（1）逻辑严谨有序、结构合理清晰，在系统与全面论述内容的同时，兼顾对重点章节的具体分析。

（2）观念较新颖、内容的实用性较强，如在对具体教学技能探讨的同时，针对技能教学面临的新问题，探寻转型和改革的新思路。

（3）具有丰富性和创新性，本书内容涵盖文化教学、情感、多媒体、网络等内容，在论述大学英语技能教学的同时，又创新传统大学英语教学模式。

笔者在撰写本书过程中，得到多位专家、学者的帮助和指导，在此表示诚挚谢意。由于笔者水平所限，书中涉及内容难免有疏漏之处，希望读者多提宝贵意见，以便笔者进一步修改，使之更加完善。

笔　者

2020年5月

CONTENTS 目录

第一章

绪 论

大学英语教学是我国培养英语人才的重要途径，在跨文化交流不断加强的社会背景下具有积极的媒介作用。本章重点探讨大学英语教学基本关系、大学英语教学基本原则以及大学英语教学目标与特点。

第一节　大学英语教学基本关系概述

一、英语和汉语之间的关系

中国人学习的英语属于目标语，母语是汉语。"迁移"是存在于母语和目标语之间的问题。"迁移"一词来自心理学，指学习者对新知识或新技能的学习会受到原有知识或技能的影响。迁移理论于20世纪50年代被收录在语言教学研究中，认为人们在学习外语的过程中会受到母语迁移的影响。

认知理论、标记理论和对比分析假说属于迁移现象的三个理论。对比分析学派的观点是母语和目标语之间的差异会导致负迁移的发生。

（一）语音迁移与词汇迁移

1. 语音迁移

在语言迁移中有一个突出且长久存在的现象，即语音迁移。通常情况下，大众认为第二语言的习得会受到来自第一语言的强烈影响，而外国口音是最好的证明。英语和汉语有不同的语音，因为它们并不在同一个语系中，其差异体现在：① 汉语是通过四声分辨意义，属于声调语言，而英语则注重语调。如果学生所说的是北方方言，他们在语音语调方面有时会出现难题；② 英语和汉语具有不同的音素体系，两者基本没有相同发音的音素，即使两者有相似的音素，发音部位也不尽相同，会产生负迁移。

2. 词汇迁移

相同的单词在不同语言中会呈现出不同的含义，其形式可表现为空缺、重叠和交叉等，这是因为语义场存在差异。如汉语的"重"，对应英语的"heavy"，但"重"不能完全表达"heavy"的意义；在英语中，有a heavy box、a heavy smoker、heavy rain、heavy traffic等表达方法，一个"重"字并不能全面覆盖。在英语中，运用汉语搭配是很多英语学习者会出现的错误，如busy traffic、big rain等与英语表达相悖的短语。英语和汉语有着不同的语言文化，也是两者具有不同语言词汇意义的原因之一。在这两种语言中，意义相同的只有为数不多的专有名词和科技术语，而其他词汇在意义上都会存在差别，这也是产生负迁移现象的原因之一。

（二）句法迁移

句法是传统意义上的语法，组词造句要以句法为基准。英语和汉语虽然在句法上有相同之处，但其差异性也是很明显的。

（1）汉语的形态变化并不明显，属于分析性语言，对句法关系的表达是依靠使用词序和虚词实现，而英语则是综合性语言。在语序上，英语比汉语更灵活，并且形态也有更多变化。

（2）汉语的重点在于意合，使用词语和分句对逻辑关系和意义进行表达，而英语的重点则在于形合，对意义和逻辑关系的表达，常用关联词等语言形式。相比于英语，汉语使用连词的频率较低，不仅体现在口语中，也体现在非正式的文体中。因此，中国学生常在英语中排列一组没有连词的单句，是汉语习惯带来的影响。

（3）汉语的叙述多为动态，动词较多；而英语的叙述多为静态，名词较多。

（三）英语和汉语关系的处理

在英语和汉语关系处理上，会出现两个问题：

（1）应当给予英语和汉语相同的教学，不能厚此薄彼。在新时代下，经济全球化是必然趋势，在国际交往中，英语的重要性不言而喻，更多的人已经意识到这一交流工具的重要性。

（2）克服负向迁移，促进正向迁移。从英汉之间的关系来看，英语的教授不可依赖于汉语。提高学生的英语交际能力才是英语教学的终极目标，而学生要获得这种能力，不仅要频繁地使用英语，还要长期接触英语。但英语教学并没有无限的学时，因此在课堂中使用英语教学，可以让学生在最大程度上使用和接触英语。使用英语教学的两个优势是，尽量不产生汉语的负向迁移和营造良好的英语氛围。

二、外国文化与中国文化的关系

文化和语言有着紧密联系，文化在语言中有着多种内涵。跨文化交际是大学英语学习中不可避免的部分，而在学习英语和使用英语的过程中都会受其影响。

（一）文化与语言的关系

所学语言国家的传统风俗、生活方式、文学艺术、风土人情、行为规范、历史地理和价值观念等属于文化；组织、城市、学校以及家庭模式、习惯、思想、语言等物质和非物质都在文化范围内。以下三点充分表现文化和语言之间有着紧密联系：

（1）语言是文化的重要组成部分。站在文化内涵角度上，一个民族在历史发展过程中得到的物质和精神财富的综合就是文化，而精神财富中包含语言。

（2）文化承载着语言，而语言又可以反映文化。一个民族的文化可以通过语言进行解释和反映，而一个民族的语言又能够帮助人们了解其文化。

（3）语言和文化之间的影响和作用是相互的。要了解文化，需要理解语言，反之亦然。

（二）英语和汉语文化差异的表现

1. 单词层面上的差异

文化内涵是语言必备的，而且非常丰富。文化内涵可以体现在任何语言中，无论是词汇还是语篇。从单词角度来看，英语和汉语存在很大不同。汉语中的部分词汇无法在英语中找到与之相对应的词；英语中的部分词汇也无法在汉语中找到与之相对应的词。

虽然有些词语的意义或概念在英语和汉语中看似相同，但实际并非如此。例如，"rest room"不等于"休息室"，而"service station"也不等于"服务站"。在不同的语言中，事物或概念表达的方式也不尽相同。例如，汉语中对亲戚关系的表达有祖父、祖母、舅舅、舅妈、姑姑等词汇，这些词汇系统非常复杂；但英语的表达没有这么复杂，而是比较简单。

英语和汉语中的部分词汇也会有相同的意义，但两者的派生意义会存在明显差别。例如，"peasant"与汉语中"农民"意义接近，但是在英语意境中，"peasant"往往带有贬义意味。

2. 日常谈话层面的差异

从日常谈话中也能够发现英语和汉语在文化上存在不同。例如，"去哪啊？"是中国人常见的打招呼方式；如果在英语中用这句话打招呼，则是"Where are you going?"但外国人并不喜欢这种打招呼的方式，并且会用"It's none of your business!"来回应。"Bye-bye""Good-bye"等类似的话常表示两人分开；中国人习惯将"您慢走"等客套话语放在"再见"之前，如果将其用英语表达，则会显得不恰当。

Linda、Tom、Michael等名字在英语国家中可以被直接称呼，即便两人之间的年龄相差较大也是可以的，但是在中国则行不通。汉语自有一套复杂的词汇系统，而英语没有。此外，中美两国人在面对称赞时的回答也有很大不同，中国人常用"愧不敢当"表示谦虚，而美国人则会接受对自己的赞扬。

（三）外国文化与中国文化关系的处理

在中外文化关系处理方面，需要特别注意下列问题：

1. 注意传授文化知识

在提高学生英语交际水平的过程中可以发现，语言并不是英语教学的全部，还包括帮助学生了解更多英语国家的民风民俗和传统文化，不断开阔学生眼界。文化知识是英语教学不可缺少的一部分，站在素质教育层面上，人才应具备更强的国际竞争力，对于其他民族文化中的精华要不断学习，让本民族体现出更高的文化素质，而英语教学应始终秉承这一教育理念，但不应出现过度的文化知识教育，两者应该相互结合和渗透，单纯地为了传授文化而传授文化绝对不可取。

2. 培养大学生的跨文化意识与文化鉴赏能力

（1）培养大学生的跨文化意识。学生是否能够敏锐地感知到中外文化的不同，以及是否可以自觉地在语言交际时依照外国文化对自身语言行为进行合理调整。对此，应让大学生具备跨文化意识，教师应传授相应的文化知识，让大学生可以在英语交际过程中，主动使用英语中的文化习惯。

（2）培养大学生的文化鉴赏能力。大学生对新鲜事物的接受能力非常强，他们有着活跃的思想，但鉴别能力不足，必须要引导他们对外国文化的学习，否则他们会对西方文化中的价值观、行为准则等出现盲从心理，疏远或是遗忘本民族的文化。

三、语言知识和语言技能的关系

（一）语言知识和语言技能的认知

1. 语言知识

语音、词汇和语法都在语言知识范围内。在英语整体运用中包含语言知识，也是学习语言技能不可或缺的一部分。在英语教学中，英语基础知识是学生必须要学习和掌握的内容。

（1）语音。交际离不开语言，而语言则有声音，交际要依靠人的发音器官才能进行。英语中的拼写、语法和构词都和语音有联系。词汇、语法和听说技能的学习，可以因为掌握语音而获得帮助。

（2）词汇。在英语中，词汇既包含习惯用语，也包含单词。词的概念不难理解，难的是无法准确定义词。对词的定义，不同的语言学家有不同的说法。总体上，词是构成语句的基本单位，而语法特点、语音和意义又构成词。任何词都具备语音形式。口语中的不同词是依靠语音进行区分，不同的词有不同的意义，而意义依照层次又分为两种，即字面意义和暗含意义。"本义"指词的字面意义，而附加意义则是暗含意义，不包含词本义。人们对一个词语所代表的事物抱有的情感和态度即附加意义。

语言要依靠词汇进行构建。虽然词汇量大不代表语言水平高，但只有拥有了一定的词汇量，才能学好语言技能。

（3）语法。词和短语只有在语法的指导下才能形成句子，规定了语言的结构。词在经过线性排列之后形成语言，但这种排列具有一定规则，并不能随意进行。每一种语言都有自己的语法，英汉有不同的语法。在英语交际过程中，英语学习者不能违背英语的语法规则。

2. 语言技能

听、说、读、写等语言的运用能力是语言技能。其中又分为接受性技能和产出性技能。前者为听和读，后者为说和写。

听是对话语和口语语言的理解；说是通过口语输出信息，表达个人的想法和思想；读是通过对书面语言的理解进行信息输入，对文字符号进行辨认和转换；写也是输出信息，在表达思想过程中要使用书面语。

语言技能包含听、说、读、写四个方面，不仅是大学生在学习和运用语言过程中必须掌握的，也是交际所需，可以培养他们整体的语言运用水平，也能帮助他们更好地获取和处理信息。

（二）语言知识和语言技能关系的处理

语言能力中既包含语言知识，又包含语言技能，两者都是语言学习要达到的目的，是相互促进和相互影响的关系。语言技能的学习是基于语言知识，如果要发展语言技能，必须对英语语法有充分的了解，还要掌握一定的词汇和语言知识；听、说、读、写是学习语言知识的途径，学生可以在这个过程中逐步体会和感受。进行英语教学时，在对语言知识和技能的关系进行处理时，要特别注意以下方面：

1. 语言知识与语言技能同时兼顾

语言能力中既包含语言知识，又包含语言技能，两者都是英语教学的重点。语法翻译教学法是传统的教学方法，而交际教学法是以此为基础出现的。这是因为语法翻译教学法并不重视语言技能的培养，而是一味地突出语法等语言知识。但当我国大范围地使用交际教学法时，课堂上常见的现象是忽视语言知识。

所有的语言能力都要依托于一定的语言知识，重语言能力轻语言知识是完全不可取的一种想法。语言除了语法知识外，还有策略能力（即在交际过程中应付难题的方法和手段，也被称为交际策略）、社会语言学能力（如怎样得体地完成语言行为）、语篇能力（对不同的照应和衔接手段进行解和使用）。这些能力表明：学习语法是必需的，语言能力的基础来自语法知识；准确无误地使用语言，才是学习语法的目的，还要让语言的社会文化和语法规范得到保证，而并不是简单地了解某一理论体系；理解单个的句子和完整的语篇都在语言能力范围内。

学习知识和传授知识只是英语教学的一部分，还要在学习语言知识过程中融入语言技能。两者要相辅相成，不能忽略任何一方的学习，应做到同时提高。

2. 语言知识的教学要立足于语言实践活动

对语言知识的讲解并不是语言知识传授的全部内容，而是应将听、说、读、写等活动融入基础英语的教学过程中。因此，语言知识的教授可以通过练习语言技能实现。

3.听、说、读、写四项技能协调发展

全面发展听、说、读、写四项基本技能，不应忽视任何一个。听和说可以作为英语学习者学习的开端，但需要紧跟读和写。有两种错误倾向会出现在四项技能关系的处理上，应特别注意：其一是不应将书面材料中的"听说法"教授给学生，但中国人在学习外语的过程中，非常青睐阅读的输入环境，这与中国人对外语学习的环境相悖；其二是单纯地重视读写，讲究客观条件，会产生英语口语非常生硬的情况。

四、学生和教师间的关系

在英语教学活动过程中，实践者既有教师，也有学生，而英语学习的成功与否，与是否能够正确处理师生之间的关系有着极大联系。

（一）学生的主体地位

英语教学要始终围绕学生进行，因为学生才是学习的主体。教师的作用是在学生进行英语学习时给予相应的帮助和指导。对此，教师在研究教学方法过程中，要抓住学生心理和生理特征，避免学生因为学习而出现心理障碍，使学生化被动学习为主动学习，增加学习的积极性。教师还应该根据大学生特长，做到因材施教，不忽略任何一个学生。同时，对于学生在学习上遇到的难题，教师应给予积极地帮助；在面对学生出现的错误时，也应充满耐心，不要苛责，应尽量鼓励他们，让他们对英语学习充满信心。

1.大学生学习的动机与态度

大学生学习的动机和态度属于情感因素，会对英语学习产生影响。大学生只有态度端正，动机强烈，才能在英语学习中获得成功。若是英语教师得不到英语学习者的欢迎，他们会减少学习的动力，学习自然也无法取得成功。

（1）学习动机。内在动机和外在动机的划分是基于动机根源。

（2）学习态度。态度属于评价性反应，由情感、认知和意动三个部分共同组成。对事物反应的好坏是情感，对事物的决心是认知，对事务处理的倾向和态度

则是意动。

通过研究第二语言的习得可以发现，在态度和学习成绩的关联度上，外语学习要明显高于其他学科的学习。因此，让大学生养成良好的学习态度，是英语教学的重点之一。

2. 大学生学习的性格特征

内向与外向、焦虑和抑制等性格特征，会对大学生的英语学习产生一定影响。

（1）内向与外向的性格特征。性格在一定程度上影响英语的学习。在外语技能学习上，无法判定哪一个性格更具优势。如果学生的性格较为内向，他们对语言形式的研究和练习会更多。相比于外向型的学生，内向型的学生更能准确、全面地体会语言结构。课堂上用英语积极提问和回答的学生，性格大都外向，他们对语言的运用会更加顺畅和流利。

（2）焦虑的性格特征。如果产生较大程度的焦虑，会对外语学习产生负面影响。但英语学习又不能完全没有焦虑。例如，学习中的焦虑有两种，即促进性焦虑和退缩性焦虑。前者可以让学生有更多的学习动力，用积极的心态接受学习任务；后者则会让学生在面对学习任务时产生逃避心理。

（3）抑制的性格特征。抑制与人的自尊心联系紧密，不仅可以从心理上进行自我保护，还可以抵御来自外部的威胁。人们越是对自我有更多的了解，越能建立起有效的自我保护屏障。因此，有的学生会因为自我意识不强而不愿意参与语言活动，这种行为是在语言学习过程中产生的抑制行为，但是在有效的引导之后可以得到缓解。

（二）教师的主导作用

教师在发挥主导作用的同时，也要时刻以学生为本，体现学生的主体地位。教师在英语教学过程中的角色主要有以下类型：

1. 语言知识与文化知识的传授者

语言技能的学习要基于一定的语言知识。在中国，英语学习者只有对英语的词汇量和语法知识有一定的掌握，才能提高听、说、读、写的能力，不仅如此，英语学习者还应对西方文化进行学习。教师在课堂上要教授的不仅包括英语的语言知识，还包括其文化知识，但教学方式不是只有强制灌输一种，而是多种多样的，从教学方法上来看，传统的灌输式教学不仅单一，还无法增加学生的积极性，容易让学生陷入被动的学习状态。对此，教师可以在传授知识的过程中结合相应的语言实践活动，同时引导学生进行探究式学习，改变以往的学习方式。

2. 语言技能的培养者与示范者

（1）语言技能的培养者。教师在传授语言知识的同时，也肩负着培养语言技能的重任。学生可以在教师的帮助下，在交际过程中运用所学的语言知识。

（2）语言使用与交际的示范者。学生可以通过模仿进行学习，而模仿的对象是教师。因此，教师要做到以下两点要求：① 教师的语言基础要扎实，才能避免学生进行错误的模仿；② 教师要根据学生的语言水平进行教授，才能方便学生模仿。

3. 语言交际活动的组织者和参与者

大学生只有积极参与交际实践活动，才能有效提高英语交际能力。教师可以开展各种交际活动，但这些活动既要符合教学需要，也要充分考虑学生水平，而且有很多活动需要教师参与，从中扮演角色，引导学生加强对语言用法的掌握。

4. 语言学习过程的诊断者和咨询者

英语学习并不能一蹴而就，困难与困惑常会出现在学生的学习过程中，这时需要教师对学生的困难或困惑做出"诊断"，找到问题出现的原因并给予学生一定指导，帮助学生及时走困惑。而教师只有对英语教学的基本理论和学习过程有充分了解，有过硬的理论素质，才能做到这一点。

5. 学生学习动力与学习兴趣的激发者

英语学习要始终坚持以学生为本，因为学习的主体是学生。学生是否拥有浓厚的学习兴趣和充足的学习动力，决定其英语学习是否有良好的效果。对此，不仅需要教师积极调动学生学习的积极性，还要让他们有强烈的学习欲望；在教学过程中发挥学生的不同特点，鼓励学生的每一次进步；在学生出现错误时用宽容的心态看待和解决，维护学生的自信心，让他们积极面对英语学习。

6.语言学习规律的学习者和研究者

任何一位英语教师都是英语学习者，而他们在教学中的经验和教训，大都来自个人以往的学习过程，也会影响他们的英语教学。但很多教学活动只有感性的经验，还需要将经验转化为理论，才能达到教学目的。对此，一方面要鼓励教师进行终身学习，让教师自身具备的语言基本功更上一个台阶；另一方面应让教师科学地进行教学实践活动，对外语学习有进一步研究。

第二节　大学英语教学基本原则分析

一、以学生为中心的原则

教学分析可以通过教材解析、教学方法与手段的选择、教学活动的设计和组织三个方面进行，整个流程坚持以学生为中心原则，如图1-1所示。

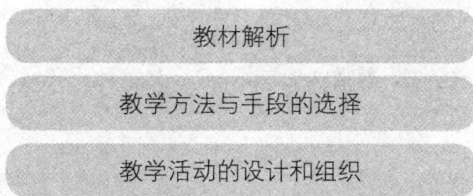

教材解析

教学方法与手段的选择

教学活动的设计和组织

图1-1　以学生为中心的原则创新

（1）教材解析。

教材解析要根据学生的需要进行，整个过程以学生为中心。教师在讲授和剖析教材进程中，需要以学会和了解教材基本内容为基础，按照学生的现实状况和学习潜力确定教学工作以及需要，达到教学目的。

（2）教学方法与手段的选择。

教学方法与手段的选择同样需要根据学生的需要进行，整个过程的中心仍旧是学生。教师在教学过程要以学生思维为出发点讨论问题，坚持以学生为核心，教学手段要通过听觉、视觉、语言等方面吸引学生，并激发他们学习的自主性，如此丰富多变的教学手段能够更好地提升学生的学习主动性。比如图片、声音、模型、幻灯片等具有画面感的教学手段，能够提升学生专注力，有利于学生深入了解和接受教材内容。

（3）教学活动的设计和组织。

教学活动的设计和组织仍要按照学生的需要开展，其中心仍要围绕学生进行。教师要在全面掌握和研究学生的基本情况、学习兴趣点、知识构成、学习目的等基础上设计教学活动，以此保证教学活动的目的性、多样性和全面性，进而对提升学生学习的主动性起到积极作用，达到教学目的。

二、兴趣性的原则

在英语教学进程中，应建议师以养成学生学习英语兴趣为首要目标，尽可能地激发学生学习的自主性和自发性，才能让学习成果和教学成果事半功倍。一个人如果有了兴趣，必然会唤起内在力量，顺其自然地热爱学习并从学习中感受到乐趣。在英语教学过程中，教师可以从图1-2所示的方面，培养学生的兴趣。

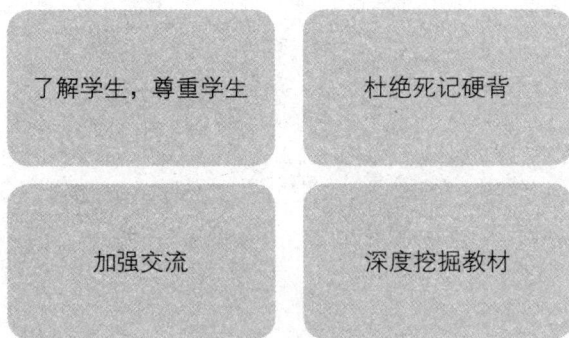

了解学生，尊重学生	杜绝死记硬背
加强交流	深度挖掘教材

图1-2 兴趣性的原则创新

（1）了解学生，不轻视学生。学生是整个教学活动的主体，也是核心的学习者。在大学阶段，学生已经逐步形成价值观和人生观，要求教师在教学过程中，应全面关注学生，按照学生的需要推动教育任务，而一味依照自身想法和行为习惯规范学生的学习则行不通。

（2）杜绝死记硬背。在英语学习的更高阶段，在对语法和词汇等具有规范性的知识内容了然于心的基础上，交流实践是目前的重中之重。教师为了能够让学生更深入地领会和掌握有关知识点，在整体教学和讲授进程中需要把学习方法放在首位。

（3）加强交流。教师在教学进程中要平等对待来自不同地方、不同性格和不同习惯的学生。与此同时，教师需要促进教师和学生、学生和学生之间的沟通，进一步把握学生的思想，积极推动师生关系的建立。

（4）深度挖掘教材。教师要在教学活动开展之前，在理解和掌握教材整体内容基础上，进一步加深探究和发掘，利用教材中能够引起学生兴趣的内容，激发他们的主动性，为课堂创造放松、欢快的环境。

三、输入优先的原则

学生利用听和读的方式进行英语语言资料的学习，即为输入。学生利用说和写的方式进行语言表达，即为输出。教授英语过程中，语言输入是重中之重，要以语言输入优先原则作为第一要义。语言输入优先原则主要内容如图1-3所示。

多方式教学　　理解性教学

输入—输出行教学　　模仿性教学

图1-3　输入优先的原则

（1）为了能够在英语教学中激发学生对英语学习的兴趣，并积极接受，教师应利用形象化的声音、照片、文字等内容，教导学生学习和掌握教材知识。

（2）教师要注重学生的理解能力，激发学生读和听的能力，对于理解性强的内容，可以短时间内不对写和说做要求。读和听也是语音学习的输出，重点是能够帮助学生全面了解资料。

（3）教师需要在开展语言输入过程中，时刻检查输出的情况，以此方法让学生输入掌握得更加牢固，进一步提升语言输入。

（4）教师要在教学活动中激励学生进行模仿活动，通过模仿能够有效地让学生深入了解和学习语言。教师要协助学生尽可能模拟实际情况，鼓励学生勇于发表看法。

四、语用真实的原则

教学过程中，教师要达到语用真实，需要如图1-4开展工作。

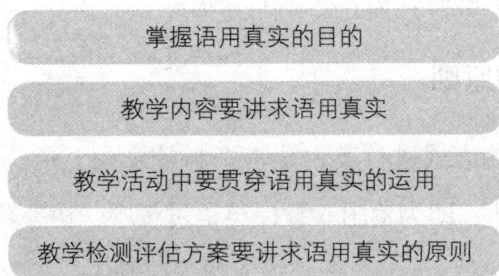

掌握语用真实的目的

教学内容要讲求语用真实

教学活动中要贯穿语用真实的运用

教学检测评估方案要讲求语用真实的原则

图1-4　语用真实的原则

（1）掌握好语用的真实目的。教师教授英语的实质是培养学生语用能力，并将培养学生语言潜能作为最终目的。

（2）教学内容要讲求语用真实。教师要在英语教学中充分利用语用角度进行教授，达到语用教学目的，需要对教材中的文章进行深入剖析和研究，运用真实例句，引导学生进行练习，让学生尽快学会使用英语。

（3）教学活动中要实现语用真实的贯穿运用。教师在课堂教学过程中，不仅要注重学生语言能力的培养，还要利用课程解析、词句讲解、课后练习等方式，培养学生语用能力，让学生能够将教学内容和实践相结合，并且利用这种方式完成英语教学的全部内容。

（4）教学检测评估要讲求语用真实的原则。语用真实原则不仅能够作为学生学习真实语用含义的工具，也是学生用于提升英语运用能力的方式。所以，语用真实原则在整个教学进程中的地位无可替代。

五、过程、效率和结果融合的原则

学科教育教学能够对中国人的文化知识和人文精神起到推动作用。英语教育教学作为重要的学科内容，能够增强中国人对于国外的认识和印象，是一门关键学科。增强人文精神和提升英语素质离不开课堂教育，提升英语素质不是英语教学的唯一目标，还需要关注学生人文精神教育的增强。英语学习和培训等都会在学生的人文精神建立中起到不可磨灭的作用。

英语教育不是一味地要求成果，单纯依靠考试分数判定学生学习质量好坏的学科，而是逐步学习和探寻的过程。英语教学本身是追求效率的学科，应让学生投入少、收获多，使投产比达到最高效果。因此，教学考评过程中的重要指标，不仅包括教学进度和工作效率的提升，也需要重视学生个性培养，发扬他们的个性化，让学生拥有创新精神、创新能力、创造力和动手能力。

第三节 大学英语教学目标分析

教学目标指教学活动的主体通过一个时间段的教学后应该实现的预估效果。大学英语教学大纲不仅要按照国家教育方针和政策，包含大学教学计划中针对英语教学确立的教学目标、任务和学生身心发展规范等内容，还要根据学生学习的英语知识和认知程度，在全国英语教学质量上进行全方位调查探究、论证，并对学生进行需求分析，以此为基础，将教学目标的要求、教学方式和教学内容、教学准则等采用纲要的形式进行要求，达成各级对教学具体内容的要求，并将词汇、语法、功能意念项目等资历表一并涵盖其中。

在针对大学英语教学、精选和布置语言材料、编纂大学英语教材和考查学生学习效果上，大学英语教学大纲起到基本参照标准的作用。

一、以阅读技能为主的大学英语教学目标

1985年《大学英语教学大纲》（以下简称《85大纲》）中的大学英语教学的目标是：培养学生具有一定的听和译的能力；初步的写和说的能力；较强的阅读能力，使学生具有利用英语获取专业所需信息的能力。新大纲是一份既重视发展语言能力，又重视发展交际能力的大纲。大纲的培养目的将各类语言能力要求划分为优秀的阅读能力、良好的听和译的能力、基础的写说能力三个部分。

听、写、说的能力首次在大纲中作为培养目的被列举出来，这样既突出了以阅读为重点，又在其他能力方面为学生奠定一定的基础，为以后进一步的提高创造条件。但是，该大纲具有局限性，大纲本身是依照理工科学生毕业后对于工作过程中英语的需求和理工院校自身状况制定，并没有着重要求说的能力，导致教学过程中出现对于说的能力并不重视的教学问题。

鉴于1985年我国在教学方面还面临资源缺失，教学水平与现在相比偏低的问题，在大纲确定之时，阅读作为语言输入的重要手段，大学英语教学从根本上还是需要围绕科技发展和经济建设的需求开展。因此，当时大学英语教学的首要目的是读懂英语。但随着经济社会的快速发展，对英语人才的要求也在不断提高，人们认为大纲应使学生的听、说、读、写、译能力处于同一层次，而不是单独突出阅读能力。

《85大纲》自颁布之日起，对大学英语教学的指导和所做出的贡献是不可忽视的，英语教学得到了前所未有的重视。随着英语逐渐被社会和学习者看重，大学新生的英语水准和之前相比，有了明显提高，大纲带来的指导作用逐步减弱。与此同时，随着国际、国内形势的转变，高科技进步和网络技术的普遍使用，对大学生外语水平和语言运用能力的要求也变得更全面、更严格。因此，国家教委高教司从1996年5月起组织高等学校大学外语教学指导委员会成立项目组，研究制定新的教学大纲。项目组立足于21世纪人才的培养规格，确定大学英语的培养目标，进行广泛、多层次的社会需求调查，调查主要涵盖：第一，大学毕业生英语水平及英语运用情况；第二，大学毕业生英语水平在用人单位得到的评价和期

待；第三，教授、专家、学者对大学生英语培训目的及能力提升的系统阐述；第四，大学英语老师的看法；第五，高校学生需要掌握的英语词汇量；第六，高校新入学的学生的英语实际应用水平等。于是，在1999年完成大纲修订后（以下简称《99大纲》），对教学目标做出明确的阐述，即培养学生具有一定的听、说、写、译能力、能够以英语作为交流工具；帮助学生掌握有效的语言学习方法和技巧；形成较强的阅读能力，提高文化素养，建立扎实的语言基础。

《99大纲》大纲的要求提高了，内容拓宽了，且是双向交流，不仅要求顺利阅读和听懂英语，以便获取专业所需信息，还要求用英语进行口头或笔头表达，使大纲对学生语言能力的要求从原来的三个层次变为两个层次。

对比两部大纲，1999年大纲比1985年大纲提出了更高的教学目标，拓宽了教学内容，将写、译、听、说能力的培养放在同一层次，这是《99大纲》的重大修订。虽然《99大纲》比《85大纲》更加重视听、说、写的重要性，但本质上和《85大纲》没有区别，仍将阅读能力放在第一位。

二、以听说技能为主的大学英语教学目标

为了弥补《99大纲》的不足，顺应新形势下时代发展需要，2002年教育部开始了新一轮的大学英语教学改革。2004年由教育部高等教育司编写的《大学英语课程教学要求》（以下简称《2004课程要求（试行）》）颁布试行。

《2004课程要求（试行）》将大学英语目标定义为：增强学生自主学习能力，提高学生综合文化素质，以适应经济社会发展和国际交流的需要。同时，提高学生的英语综合应用能力，特别是听说能力，保证学生在社会交往和工作实践中能有效运用英语进行书面和口头交流。与以上教学大纲相比，《2004课程要求（试行）》重点从阅读能力转到听说能力。

《2004课程要求（试行）》积极意义在于，与之前大纲规定的教学目标相比，突出了文化意识、自主学习能力、英语交际能力的重要性，是一个很大的进步，符合我国国际交流日益增多和经济社会快速发展的现实，对高校大学英语教学有

积极的指导作用。

但是，《2004课程要求（试行）》还有不足之处，主要体现在5个方面：① 对综合应用能力这一概念缺乏明确的界定，容易将教学引入误区；②《2004课程要求（试行）》对大学英语教学的评价目标界定较抽象、笼统，失之片面。将大学英语教学分为一般要求、较高要求、更高要求三个等级，在具体教学实践中缺乏行之有效的评价目标；③ 忽视了策略、认知和情感在英语教学中的价值；④ 目标理想化，没有考虑学习者的客观需求，既要对不同地区、不同大学的不同需要不同对待，更要考虑经济成本代价，考虑大学生学以致用的经济原则；⑤ 有些强调听说能力的结果，忽视对其他语用能力的培养，如强调阅读能力而忽视对听说能力的培养。

三、大学英语教育目标的多元化

认知、情感和心理动作构成三大教育目标。目标从低到高，以不同层级分布在每个领域中，将提升人的全方位发展和自我达成作为教育目的，是人本主义对于"全人教育"观点的认知；将认知、情感和心理充分结合，充分了解人的整体需求，从而达成目标；让学生在掌握知识和技能基础上，能够在各个方面实现均衡发展，是教育的目的；大学英语课程改革的理论及实施的新想法是由多元智能理论提供。大学英语教学不单是以提升学生语言技能作为唯一目标；利用学生在其他技能方面的全面发展，提升语言技能，是大学英语教学的综合目标。

通过梳理中华人民共和国成立以来相关的讨论，从国内外的大学英语教学现状入手，以社会、学生发展为基点，可以认为，我国大学英语教学不仅要提高学生的听说能力，而更在于大学英语教学目标的合理定位和构建"基础英语+专业相关英语+专业英语"的大学英语教学多元化目标体系[①]。

经过整理中华人民共和国成立到现在有关的研究，以国内外大学英语教学状

---

① 王淑花，李海英，孙静波，等.大学英语教学模式改革与发展研究［M］.北京：知识产权出版社，2018.

况为切入点，将社会、学生发展作为基础，不难看出，我国大学英语的教学不仅包括提升学生听说技能，还包括大学英语教学目的的准确定位，以及建立"基础英语+专业相关英语+专业英语"的大学英语教学全面发展的目标机制。

第四节　大学英语教学特点分析

一、大学英语教学的主要特点

（1）大学英语教学形式增多。当前，教学方法和教学模式不断增多，"分类指导""多元化培养"等教学理念越来越成熟，大学英语教师在教学思想的指导下，不断创新教学模式和教学形式，使大学英语教学呈现出多样化的特点。

（2）大学英语教学内容不断优化。在当前新常态发展下，各类高校的大学英语教学内容得到全面提升，由原有的以语言为主的必修课教学形式向以注重教学内在为主要形式的选修课过渡；英语教师不再以提升学生英语语言技能为唯一教学目的，而是更多地关注如何提高学生英语技能方面。

（3）大学英语教学方法和教学方法更加丰富。科学技术飞速发展，大学英语教育者也应该与时俱进，充分利用多媒体进行教学，不断在教学方法中融入新颖的教学元素，比如微课、翻转课堂等。在新常态下，大学英语的教学思想、教学方法、教学内容等，要顺应当前信息化发展趋势。

（4）大学英语教育者迎来新的挑战。当前，对大学英语教育者提出了新的要求，大学英语教师不仅要有较强的教学能力，还需要具备一定的科研能力。教师在教学能力方面应该具备的能力包括：第一，英语专业理论知识；第二，英语技能；第三，调整教学方法和形式的技能；第四，改变教学思维认识和能力等。此外，大学英语教师为了进一步提升英语教学效果，增强学生整体素养，需要持续完善个人的知识积累、提升授课技能，进而让学生能够依靠英语技能在毕业之后得到更多的机会。

二、大学英语教学特点的专项对策

（一）准确定位大学英语教学目标

与初、高中英语教学相比，大学英语教学可以按照真实环境和学生对于英语的需要，在课时方面进行增减，对于授课地点和形式均可机动选择。对此，大学英语教师要在准确定位大学英语教学目标基础上，灵活设置教学内容和教学方式，让学生根据自身需要，自由选择英语学习内容以及形式，凸显学生在教学中的主体地位。除此之外，在教学过程中，大学英语教师应该注重学生英语实际应用能力的培养，给学生提供更多开口说英语的机会，为学生营造良好的英语学习氛围，在潜移默化中提高学生英语的实用性。大学英语教师还可以采用多样化的成绩考核方式，如答辩、英语辩论赛等，提高学生应用英语进行交流的能力。

（二）更新大学英语教学的模式

大学英语教师需要不断创新教学模式，以分层次、自主性、个性化、信息化为指导，逐渐形成科学、合理的教学模式。

首先，在创新教学模式过程中，大学英语教师要充分利用多媒体技术和网络资源，逐渐实现以网络化教学为主的新型教学模式，加强师生间的交流，让教师和学生之间实现实时交流，调动学生学习的积极性。

其次，大学英语教师应在第一课堂中，将锻炼学生主动学习的观念和能力作为重点，进而促进学生在第二课堂中自主学习英语知识。这样，把第一课堂教学和第二课堂完美相融合，让学生能够主动发掘并处理英语问题，进而提升学生的英语学习能力。

最后，大学英语教师要正确指导大学生参加四六级考试，根据学生英语能力，对学生进行分层教学，允许优先通过英语四六级考试的学生免修相关英语课程，暂时未通过考试的学生继续学习，直到通过考试才可以免修相关英语课程。

（三）加强大学教师队伍建设

大学英语教师的素质影响英语教学质量。首先，大学要加强教师培训力度，不断提高英语教师的综合素质，让英语教师推动大学英语教学改革；其次，大学英语教师要丰富自身知识储备，转变教学观念，特别是当前最为提倡的充分尊重学生主体地位，在教学中，大学英语教师要扮演好引导者的角色，以学生为中心进行教学，注重激发学生学习英语的兴趣，培养学生自主学习能力；最后，大学要积极引入高素质的英语教学人才，增加大学英语教师队伍中高素质人才的比例，建设一支高素质的教师队伍，从根本上提高大学英语教学质量。①

---

① 刘苗，何娟.新常态下的高校大学英语教学特点及应对对策分析 [J].课程教育研究（新教师教学），2015，（33）：16.

第二章

大学英语教学理念改革理论基础分析

大学英语教育理念不仅体现了一定历史时期国家和社会对英语教学的要求，也推动着当前英语教学的发展。对大学英语教学理念的厘清，有助于当前大学英语教学的改革。本章重点探讨大学英语教学现状与新要求、大学英语教学效果的影响因素、大学英语教学改革与模式创新以及大学英语教学理念改革与思维创新。

第一节　大学英语教学现状与新要求

在当代教学发展中，我国大学英语教学取得了一定成绩，但依然有需要面对的问题，其中的一个问题是社会发展对大学英语教学的高需求无法得到满足。全球化背景下，我国经济社会发展与英语教学需求之间产生了矛盾。

一、大学英语教学现状

经过几十年的不断发展，我国大学英语教学已经取得了巨大成绩，培养出大

批具备专业素养、推动国家社会经济发展的人才。同时，许多问题也在迅速发展
中产生，主要有以下方面：

（一）教学模式传统

大学英语教学模式传统单一。对于整个课堂而言，教师自始至终是主角，
而学生处于听者身份。这种传统单一的教学模式大大降低了学生的主动性与积
极性。由于教师对英语基础知识的过分重视，忽视对学生英语综合应用能力的培
养。虽然，当前各高校也在对各种新的教学模式进行尝试，但是"填鸭式"的教
学模式依旧存在，表现为教师与学生的问答形式，并没有过多地深入性交流，导
致学生仅仅掌握了语言知识，但是很难将这些语言知识运用到实践中，这样培育
出来的英语学生很难与《大学英语教学指南》中的培养目标相吻合，而且将会被
社会所淘汰。

（二）缺乏科学教学方法

随着社会发展，社会对外语人才的需求有所变化，高校培养外语人才的模
式也会有所变化，而教师的教学方法也应该有所改变。当前，教师在讲台上讲，
学生在课堂上听，记录及做练习的传统授课方式已经不能满足社会对复合型英语
人才的需求。此外，高校大学生来自全国各个地区，各个地区因经济发展水平的
差异所导致的教学水平存在很大的差异，学生的英语基础能力和水平也是千差万
别。教师在实际授课过程中因主客观条件的限制，很难照顾到不同英语水平学生
的学习需求，即使实行小班额的学校，大多数英语老师也倾向于采用传统的授课
方式。单调的授课模式和无味的教学内容无法调动学生学习英语的积极性，也难
以保证英语教学效果和教学质量。

（三）英语教材陈旧

在课堂上，教材是教师授课的主要工具和材料。在实际授课环节，教师都是
以教材为中心，对课堂教学的内容和时间进行安排，且教材对教学方法、教学内
容起着至关重要的作用。但是，目前大学英语教材内容变化较小，脱离时代发展

的教材难以适应教学新需求，这种对教材实用性的忽视，必然导致教师教学内容与社会发展严重脱节，进而对大学英语水平的提升产生不良影响。

相对落后的教材也与学生的实际生活明显脱节，导致现在的学生很难对英语学习产生兴趣和积极性，甚至最终将英语学习荒废。由此可见，设计出与我国教师教学需求和学生学习需求相符的教材，是当前高校大学英语教学改革的重中之重。

（四）师资素质降低

师资力量是当前大学英语教学中较为薄弱的环节。随着我国高等教育的不断发展，各高校也在不断扩招，导致很多高校的大学英语师资力量明显滞后，特别是优秀的高校英语教师严重缺乏。在目前师资力量严重缺乏的情况下，现有在岗的大学英语教师面临的工作非常沉重，更为严重的是不少研究生承担了很多高校大学英语课堂教学任务。教师素质不高直接导致对学生的学习主动性和积极性造成影响，甚至教师素质的高低也对大学英语教学的实际效果成功与否产生影响。

基于此，高校应该注重大学英语教师的职业素质的提升，按期对教师队伍进行培训，同时，在招聘过程中，提高大学英语教师的要求，以保证大学英语教师在实际教学环节能有效地把自己的技能和知识传授给学生。此外，大学英语教师应不断创新教学思路和教学方法，将创新应用于日常教学过程中，使教学效果和学生学习效果更优化。

（五）未能合理运用多媒体技术

随着社会的不断发展与进步，多媒体与信息技术日渐应用到大众的日常生活中，众多英语应用软件被开发出来，以供老师和学生们使用。在多媒体课堂教学中，教师对课件的应用使得教师的角色发展了重大的转变。教师可以使用视频、音频等教学软件，将教学内容有效地传递到学生那里，同时，也提升了学生学习的兴趣，使学生在学习过程中注意力更加集中，积极参与课堂活动，提高了教学效果。可见，网络化教学和多媒体技术的应用给当前的大学英语教学提供了新思维。但是，据了解目前很多高校的网络化建设比较滞后，难以保证网络化教学和多媒体教学的有效开展。即使已经实施了网络教学和多媒体教学的高校，教师在授课过程中只是把课件作为一种辅助方法。网络化教学与多媒体教学的特点及优势没有被很好地发挥出来，因此，网络教学和多媒体教学的问题亟待解决。

（六）忽视学生主体作用

在高校大学英语教学中，容易忽视学生的主体作用。在课堂授课中，教师在讲台上讲，而学生在下面被动的听讲。目前很多高校对教师的考核是以讲课能力、备课能力等视为教师是否优秀的重要指标，因此容易导师大学英语教师机械地花费大量时间进行讲课和备课，缺乏创新性。而新型的教学模式重视学生的主体性，注重引导学生的创新思维，侧重实践，这不仅仅有利于调动学生学习的积极性，更有利于提升学生的综合能力。

英语学习的目的在于提升学生对英语的学习、理解和应用能力，教师应以此为目标，将教学计划与教学目标集中于此，在课堂授课的同时，也充分发挥实践教学的作用，从学生个人实际情况出发，为学生排忧解困，不断创新教学模式和教学思路。

（七）忽视文化教育重要性

至于世界而言，高等教育国际化、多元化、合作和个性化，以及外语教学的方向发展不应从文化教育分离。课程是教学的基本单元和培养学生的多元文化意识和跨文化交际能力的重要载体。在我国的大学英语课程中，大多数教师和学生认为，只要他们掌握了英语词汇、发音和语法，他们就已经掌握了英语。作为教师注重语言知识教学，而忽略在教学过程中的英语文化背景知识教学，学生遇到语言交流的过程中很大的障碍。因为语言是交流的工具，如果你不明白的语言所承载的文化，这是难以沟通顺畅，那么语言学习就失去了意义。因此，教师要帮助学生在英语教学过程中了解英语国家的文化背景知识。

二、大学英语教学的新要求

（一）坚持人本主义理念

大学英语教学过程中应坚持人本主义。教师在教学实践中重视学生的主体地位，培养并提升学生的学习能力；注重培养学生的学习兴趣，让学生在学习中体验到成功的喜悦，逐步培养学生的自信与自尊，使学生养成良好的学习习惯。

（二）提升学生的文化素养

语言是文化的载体，能够对文化进行反应，二者关系密切，且相辅相成。因此，不应当在学习英语时，局限于英语语言本身，而是要对语言背后的文化进行深层了解。

经济、技术、资本、人员以及信息的交往和商品的流动使世界各国的文化突破特定的地域环境和社会语境，融入全球性互动的文化网络之中。多元文化已成为文化的基本格局。在这样的时代背景下，文化素质的培养毫无疑问地成为大学英语教学的重要内容。①

第二节　大学英语教学效果影响因素

一、影响大学英语教学效果的教师因素

大学教育教学中教师是"教"的主体，在整个教育过程中，发挥着主导作用，对学生课堂的学习质量有着最直接的影响。影响大学英语教学效果的教师因素，可以分为教师的智力因素和非智力因素，不同学者也有不同见解。

---

① 孙静.大学英语教学及改革新思维［M］.北京：中国水利水电出版社，2017.

二、影响大学英语教学效果的教学内容因素

目前，有人认为大学英语教学的内容存在人文性，也有人认为存在工具性，还有内容和语言驱动之分。针对教学内容改革有三种主要观点：① 大学阶段，英语教学内容为专门用途英语；② 大学阶段，英语教学内容为普通英语叠加通识教育类英语；③ 大学阶段，英语教学内容重点在于以英语为教学语言，推广通识教育，涵盖通用英语、专门用途英语、学术外语等内容，即普通英语、专门用途英语、通识教育类英语共存。

大学英语教学应当注重培养学生的文化素质，向学生传授国际文化知识。但外语工作者传授的英语课程相比，大学英语的工具性更强。英语作为学生对外交流的工具，工作和语言的实际应用应当是重点考虑的问题。

英语教学需要进行需求分析，不仅是理论探讨，还能够对英语教学内容进行有效确定。在高校大学英语教学定位中，对大学英语学习者需求的分析十分重要。目前，学习者和用人单位都希望学生能够获得与专业对应的语言课程。因此，社会发展和学科发展的需求是我国大学英语教学设置的依据，从而使大学英语教学的改革更加实用和专业。

以下是大学英语教学内容改革需要注意的两个方面：

（1）大学英语教学的内容应当富于变化。不同学校有不同的办学层次和学校定位，因此会有不同的人才培养目标，在大学英语教学定位方面会有不同的要求，因此各高校可以根据教学实践中的具体情况，对大学英语教学目标和内容进行设定。

（2）为实现我国高等教育的中长期人才培养目标（培养国际化人才），大学可以将普通英语教学、通识教育类英语教学、专门用途类英语教学、双语全英专业课程类教学组成大学阶段英语教学内容体系，它们有各自独特的作用，又相互关联，相辅相成。普通英语教学为通识教育类英语教学和双语全英专业课程类教学提供必备的英语水平；专门用途类英语教学在普通英语教学和双语全英专业课程类教学之间搭建桥梁，为双语全英专业课程类教学提供专业词汇、文献阅读和

论文撰写等方面的培训；通识类英语教学和双语全英专业课程类教学为培养国际化人才直接服务。以上4个教学类别不存在取舍问题，都应予以保留并各司其职。

三、影响大学英语教学效果的教学方法因素

教师为了更加顺利地完成教学任务，会采用一定的教学方法和手段。这也是教学活动的实际呈现形式，会对教学效果产生直接影响。英语教学过程是有计划、有目的和有步骤的，在这一过程中所进行的各种教学活动，都是在一定教学法思想支配下组织和实施的。

教学方法紧密地联系着学生观、教学观、人才观、质量观和教师观。教学方法具有导向作用，可以被看作是一种路径，决定学生培养的种类。

纵观英语教学法的发展历史，其经历了一个曲折漫长的过程。在历史发展过程中，英语教学法呈现出众多流派：语法翻译法、交际法、直接法、视听法或情景法、认知法、功能法、启示法、沉默法以及20世纪80年代发展起来的任务教学法。下面以语法翻译法、交际法以及任务教学法为例进行阐述。

（一）语法翻译法

语法翻译的历史距今已经有几百年，在外语教学中是元老级别的教学，我国至今仍然大量地运用这种英语教学方式。语法教学会以句型的形式进行，采用灌输式的方法，在课堂中教学的中心是教师，注重让学生掌握语法知识，以增强学生的写作和理解能力。但是这种语法教学对听、说方面缺少重视，学生的语言综合运用能力在这种教学中很难得到提高。

（二）交际法

影响中国英语教学相当长时间的教学方法，当属交际法。交际法强调语言的意义，注重语言功能；交际能力的学习是语言学习的主要目的。在语言学习中，交际法的主要目标是让学习者能够流利地运用语言；主张在教学中采用真实的材料和真实的语境，让整个教学过程更加具有交际模式；英语教学的课堂中，学习的主体是学生，教师是学生学习的激发者和促进者。交际法在教学中，通常会让

学生进行互动，带学生走入情景，运用语言功能进行交流，从而培养学生的交际能力。

（三）任务型教学模式

任务型教学模式是对交际教学法的发展和完善，提倡通过交际来教，而不是为交际而教。教师设计任务，使学生运用已学知识和新学知识，开展合作，完成具有挑战性的任务。虽然任务教学法和交际教学法的主要目的是培养学生的综合语言运用能力，并且对过去语法和词汇的灌输式知识传授进行了改进，但是这种新的教学方法在大班教学情况下很难实施。

实际上，教学英语法也按照其独特的客观规律发展着，它的发展与人们学习目的的变化、社会变迁和学科以及教学设备的发展有着紧密联系。因此，英语教学法是历史条件的产物，各自有着教学思想和任务，也有着发展与存在的基础。在某种程度上，它们会被充分地论证，对自己的独特进行展示，但又存在被忽视性。于是，广大外语教师和外语教学法的研究者逐渐意识到，当前英语教学法的理论研究与实践探索总体上呈两大趋势，即理论的折中化和实践的个性化。在理论研究上，各种外语教学法逐渐显现出互取所长倾向；在实践探索上，人们对各种外语教学法采取兼容并蓄的态度。

四、影响大学英语教学效果的教学条件

教学条件指学校的整体教学环境，包括软件环境和硬件环境。宏观的软件环境包括社会和学校环境、教师、学生特点、人际关系等，此处所说的软件环境是狭义的概念，指教育技术软件的应用；学校的计算机设备、实验室条件等都是学校的硬件环境。教学效果受到教学条件、教学内容和教学理念等因素的影响。外语的教学条件变化迅速。外语教学理念与流派和教育技术在外语教学中的发展与应用有着密切联系。

（一）计算机的辅助教学

计算机辅助教学是利用计算机的各种功能，替代教师的部分职能，面向学

习者学习需求，提供有效学习的教学形态。从理论角度来看，计算机辅助大学英语教学与传统教学相比具有很多优势，例如在信息传递上更加形象化、个性化。图片、声音、视频和多媒体课件较之书本、黑板、板书，更能激发学生的学习兴趣；在教学模式上，计算机辅助英语教学打破了传统教学方法的束缚，使授课过程变得直接、清晰。

计算机辅助英语教学中的人机即时交互性，可使学生迅速得到反馈，激发学习主动性。另外，在交互式学习模式中，学生可以按照个人的学习兴趣、学习基础来选择要学习的内容，有助于充分发挥学生的主动性、积极性，从而获得有效的认知。

1. 计算机辅助教学的问题

回顾我国计算机辅助英语教学研究的开展情况，可以发现典型的两类问题：第一，重复性地关注传统课堂与计算机辅助课堂教学效果的对比，而探索在外语教学中如何更有效地使用计算机的行动研究较少；第二，对学习主体的研究较少。研究者更多关注教学法、教学模式、计算机与具体课程（如口语、听力）的关系，而较少关注影响学习者学习的内因与外因、学习者的心理认知过程、学习者的培训、学习者的策略选择等方面。

2. 计算机辅助教学效能发挥的影响因素

计算机辅助英语教学的效能发挥的影响因素有以下三个方面：

第一，环境变量。即是指学校的教室环境及教学设备环境，包括计算机设备、网络信息技术等。

第二，学习者变量。即学业的一般基础和成绩，学习者学习的动机，学习方式，对计算机辅助教学的期望，使用计算机的能力，学习者的年龄、性别等。

第三，教师变量。在教室变量里，教师所具备的计算机能力与水平是直接影响计算机辅助大学英语教学实际效能的重要因素。当前，多数教师的计算机水平较低，对计算机辅助教学具有一定的畏难情绪，只是偶尔使用计算机辅助外语教学；他们使用的课件比较单一，动手制作课件的能力较弱。因此，教师对现代信息技术的理解与实际操作，直接影响教学效果和学习者的学习效果。有相当部分教师的教学手段单一，教学环节交互性差，趣味性不强，部分课件仅仅是教材内容的平移。

计算机辅助大学英语教学能有效提高学习者的兴趣，提高教学质量，改善英语学习的外部环境。当前大部分学生对计算机辅助英语教学的作用是肯定的，但认为老师实际运用计算机辅助教学的效果不尽人意。因此，影响计算机辅助大学英语教学的影响因素为：学校多媒体教室硬件更新慢，教室数量不足，缺乏网络教学资源，缺乏计算机辅助教学的学习环境，缺乏教育资源超文本化、数据库化、网络信息化、智能化，缺乏多媒体教学的教材和课程资源、教学形式单一，缺乏个性化、多元化、自主化、多媒体化、网络化的教学资源和教学模式。除以上因素外，部分学生的网络信息素质亟待提升，学生对网络信息技术的认知与掌握会直接影响学习者使用多媒体的积极性，会直接影响教育教学的实际效果。

（二）多媒体与网络的辅助教学

多媒体与网络辅助教学是计算机辅助教学的一种发展形态，是以计算机技术为主导、涵盖多种媒体的教学方式：一方面，图书、电子白板和幻灯片等多媒体教学在教学活动中被充分运用，并发挥各自优势；另一方面，多媒体光盘和网络教学资源也被教学主体进行借用，并将其内容纳入教学中。这一阶段的多媒体教学资源中，还有专为教师服务的电子教案、试题库、基于互联网的学习资源网站、基于校园局域网的学习资源，基于校园因特网的学习考试系统、基于因特网的学习资源网站、基于因特网的教师培训网站等。

1. 多媒体与网络辅助教学优势

传统的"教师讲，学生听"的英语教学模式，很难激发学生的兴趣和主观能动性。教师由于自身知识面的限制，能为学生提供及时有效的信息有限，无法有效满足学生的学习需要。与之相比，多媒体与网络辅助教学存在诸多优势，具体如下：

（1）网络辅助教学的资源十分丰厚，教师可以对网络资料进行充分利用，并带入教学中；真实的语言环境是英语课堂中重要的教学内容。

（2）多媒体网络技术能够更加丰富生动地呈现教学内容，使学生产生学习的积极性。在课堂中，教师可以运用多媒体的视频、图像、音频和动画等功能进行多维的技术教学，使隐晦的教学内容通过技术变得更加生动，使学生能够对学习内容的本质有更加深刻的理解。

（3）人与计算机之间存在异地和异时的交互特点。教师可以为学生提供真实的语言交际环境，让学生在其中运用英语。教师可以对学生进行一对一的操作教学，使教学更加具有针对性，也可以在网络广播的运用下进行集体班级授课。

（4）网络课程内容更新快，随时进行内容的完善、修改与补充，同时也可以利用互联网及时性，加入新的教学内容，可以弥补传统教学的不足。

（5）网络技术在促进学生自主学习、"开放性"学习方面发挥了极大优势。网络技术使学生并不全依赖课上时间，学生可以在课外成为信息加工的主体，对各种学习资源和各类教材进行加工、挑选，根据自身情况选择感兴趣或合适的教学内容；学生也可以根据自己的实际要求选择学习的环境，并对教学内容的形式和进度进行调整，使学生与多媒体之间形成双向交互的良好局面。

2. 多媒体与网络辅助教学的弊端

顺应计算机和网络技术的发展，中华人民共和国教育部提出：各高校应充分利用多媒体和网络技术，积极采用新的教学模式，以改进教师讲授的单一课堂教学模式。新的教学模式应以现代信息技术的支持，特别是网络技术，使英语教学不受时间和地点的限制，而且向个性化学习和自主学习的方向发展。该课程要求突出外语课程利用计算机网络的重要性，指出新一轮的教学改革方向。

在此背景下，广大高校积极进行网络辅助英语教学模式改革的探索，建立"网络英语学习"模式。这些模式主要呈现两种形式：一种是网络自主学习与面授辅导相结合；另一种是全面推行学生课后的网络自主学习，学生课外自我安排学习和网上自我测验相结合。这两种模式都培养了学生的自主学习能力，促使学生自主安排学习进度，制订学习计划，多样化的网络资源也能激发学生学习英语的兴趣。但同时也暴露了诸多问题，比如网络的不稳定性导致教学不能正常进行；学生面对计算机，缺乏人性的了解和沟通，尽管网络设备先进，学生未能全身心地参与学习。此外，由于个体学习者缺乏良好的学习氛围，使很多学习者很难坚持自觉学习，出现了"刷机"现象。

网络辅助英语教学过程中还出现教师的负担加重，参与积极性不高的问题。教师在网络辅助教学过程中担任的角色是多元的，他们除了要充分利用计算机网络为学生提供教学资源，根据学生个性化需求构建学生的知识框架，设计具体的教学内容，还要担任管理者的角色，负责协调好教学的整个过程，保证课堂教学有序进行。此外，英语教师还要充当学习督促者的角色。在多样化的网络教学资源环境下，教师应指导学生如何有效利用网络资源进行学习，并根据反馈的信息及时了解学生的学习情况。如何促使教师转变传统的教学观念，对自己扮演的角色重新进行定位，如何拓展新型教学模式，一直是学界研究的热点课题。

五、影响大学英语教学效果的评测方式及其反拨作用

（一）影响大学英语教学效果的评测方式

在大学英语教学中，合理运用评价体系是提升教学质量的有效方式。在教育评价中，经常按照其在教学过程中的目的和作用，分为三种类型：诊断性评价、终结性评价和形成性评价。下面以大学英语教学评测中使用最多的终结性评价和形成性评价为例进行阐述。

1. 大学英语教学效果的终结性评价

大学英语教学效果的终结性评价是在学期、课程或项目结束后所进行的评价，其目的是为了打分、评级、评价进展，或进行课程、研究项目、教育计划的有效性研究，最核心的特征是在学习或教学完成之后对学习或教学效果做出判断，具有总结功能；形成性评价是在学习环境内、学习过程中发生的评价，其目的是提供反馈。我国多把终结性评价定义为教学活动结束后，对学生课堂学习成果进行的检验和评价。虽然终结性评价仍是英语教学中经常采用的评价方式，但其也具有一定的负面影响：① 终结性评价往往只重视结果而不看重过程，具有一定的片面性；② 长期以纸笔考试或标准化考试成绩为本的终结性评价，其评价过

程和教学过程相脱离，测量的结果是学生对知识片段的知晓，而不是综合运用能力；③ 终结性评价形式给教学改革带来了很大的负面影响，导致教师追求以应试知识为主的教学模式，从而忽略学生对知识的创造力及多元的理解力；④ 终结性评价是以考试成绩作为评判学生学习效果和教师教学质量的，这类模式强化分数的作用，忽视了学生积极性的调动和学生专注力的培养。但是，评价本身是中立的，高质量的终结性评价可以起到支持学习的作用。如果终结性评价的内容、格式和设计使终结性评价能够充分代表某学科内容，备考过程则成为一种宝贵的学习经验。此外，参加考试可以帮助学习者记忆考试过程中处理的信息，并借此减缓知识遗忘的速度。

2. 大学英语教学效果的形成性评价

形成性评价是在教学过程中为每一个阶段提供反馈和纠正措施，是教师和学生通过小测验进行的评价，其目的是辅助教学过程。形成性评价作为一种以评价为导向的课堂活动样式，是以评价者的实际判断能力为标准，这就要求评价者要采用、调整、设计各种适当的任务，系统地收集学生的信息，并用适当的评价工具对采集的信息进行科学阐释与分析，再通过反馈的方式将结果传递给评价者，以促进学生应用能力与语言学习能力的更好发展。这一定义是综合性和全面性的，体现在评价目标、评价参与者、收集信息手法等方面的多元化。

形成性评价对学习的促进作用得到国内外研究者的支持。形成性评价将具有安全感的学习环境提供给学生，对学生学习过程中的各个因素进行评判和评估。这种评价方式对学生的日常学习信息和综合能力进行搜集，从而了解学生的需求、兴趣和能力，在教学反馈中，让学生意识到自己的错误与不足，从而挖掘学生的学习潜力。

（二）大学英语教学效果评价测试的反拨作用

测试和教学相互影响，并有着密切联系，在客观意义上，可以将两者的关系视为合作伙伴关系。考试能够对学习产生促进作用，应当符合教学需求，教学也应当适当调整迎合考试。因此，测试对教学内容和教学服务产生影响，能够促进教学的发展，但在一定程度上又会妨碍教学的发展。

考试作用的积极作用与消极作用，曾有过四中不同的看法：其一，倾向者认为考试的反拨作用是消极的，不利于学生学习；其二，采取积极的、正面的态度看待测试的反拨作用，认为考试可以产生正面的反拨作用；其三，不能直观地认为考试的反拨是否积极或消极，这主要根据考试的质量来做判断，考试质量好，会对教学产生积极的影响，考试质量差，会产生消极影响；其四，考试的反拨作用的积极与消极性主要受其他教育因素影响，是独立于考试质量以外的，认为质量差的考试也能产生积极作用，质量好的考试也能产生消极作用。[①]

六、影响大学英语教学效果的学习者因素

20世纪80年代，第二语言学习的重心从探索最佳教学方法转移到多变量研究，也就是把第二语言学习看作是一种受多种因素改变和影响的过程。这些因素主要包括：学习者的认知因素、学习过程、情感因素、语言学习环境和社会文化环境，等等。语言学习是一个错综复杂的过程，教师和教学法在其中只起到基本作用，学习者的个体差异、认知能力、社会语境等因素的影响更为突出。

个人差异研究主要包括智力、语言学能、认知方式、性格倾向、学习动机和学习方法等。学习者因素分为可控因素和不可控因素，前者指学习者通过自身努力可改变的因素，如动机、观念和策略等，后者则是依靠自身努力无法改变的因素，如智力、个性特征等；还可以将影响学习者英语学习的因素分为智力因素和非智力因素，其中非智力因素包括学生的兴趣、信心、动机、情感、爱好、性格和意志力等。在认知过程中，非智力因素起调节教学效果的作用，可以激发、维持、加强或阻碍，甚至中断智力活动的进行。

英语教师不但要把专业知识融入实践教学，而且要重视学生的情感培养，对学生的情感因素进行充分利用与调动，提升学生的学习效率，进而提升自己的教学效果。

---

① 王淑花.大学英语教学模式改革与发展研究［M］.北京：知识产权出版社，2018.

鉴于智力因素、个性特征为不可控因素，下面主要从学习者的情感因素和英语学习策略两个方进行阐述。

（一）学习者的情感因素

在探讨非智力因素影响中，有关情感因素的研究成果较多。

首先，从认知与情感关系入手，认为学生的认知因素和情感因素得到和谐统一，就能进一步增强教学效果，有效提高学生的英语水平。

其次，英语教学既是传授语言知识和技能的过程，也是特定的人际交往过程，情感因素是教学活动中的关键因素之一。例如，二语习得是由学习者情感所驱动，以情感和认知为基础。著名的"五大假说"之一的"情感过滤假说"认为大量的言语输入并不能保证良好的言语输出，只有在积极的情感因素作用下，学习者的学习效果才能达到最佳状态。情感过滤假设指出，对于语言学习者接触到的原材料，学习者并不会完全吸收。由于学习者具备性格、动机和自信等因素，在学习语言材料时会有自己的筛选与加工。

学习英语成功与否，一部分取决智力、记忆和分析等认知方面的因素，另一部分取决于如自尊心、态度、动机、兴趣等情感方面的因素。在教学实践中，英语教学中的沉默法、暗示法和社区学习法等都涉及情感因素。

人们会根据客观环境的变化产生符合自己需要的态度，即情感。一般来说，影响情感的因素主要有两个方面：第一是学习者自身的因素，即学习的动机、焦虑、自尊心、抑制等；第二是学习者之间及学习者与教师之间的情感交流因素，主要包括课堂上的情感交流、移情等。在英语学习过程中，一般都是各种复杂情绪融合在一起，从而影响学习效果。对语言学习产生影响的主要情感因素的具体分析如下：

1. 学习者的学习动机

动机是诸多影响大学英语学习效果情感因素中的主要因素，与学生的学习策略、学习态度、学习成绩有着密切关系。动机决定学习者是否有强烈的学习愿望及学习的努力程度，决定学习时间的长短是驱使人们学习的动力。

在情感要素中，动机是占有极其重要的地位的，据统计，在影响语言学习的诸多因素中，动机能占到43%，智力占18%，学能占到27%，其他因素占到12%。

国内的学习动机有内因性和外因性之分。由个体心理因素形成的动机是内因性动机，其中包括好胜心、上进心、兴趣、自尊心和自我实现等，这些因素都可以在一定条件下推动人们的学习；外因性动机包括教师的奖惩、外界的督查、学习竞赛等，这种学习动机通常是由外部条件诱发得来。内因性动机具有较强的推动力量，并且能够长期维持。

在国外，学习动机有工具型和融合型之分。学习者若拥有融合型学习动机，将会真正对学习的语言产生兴趣，希望自己能够运用学到的语言进行人际交往，期望与社团的生活逐渐融合，甚至加入社团，成为其中一员。学习者若拥有工具型学习动机，会为了某一目的进行外语学习，如考试或获得某一工作岗位等。

学习者如果没有强烈的学习动机，必然无法实现高效率的学习。学习乐趣会在动机明确且强烈时得到加强，在教学时，教师应当考虑如何对学生的外语学习动机进行激发，其中普遍认为学习者会在焦虑感或学习兴趣产生时存在英语学习动机，这是学习动机的内部因素，而学习动机的外部因素包括教室内部环境、教学风格和教学方法等。这两类因素都能使学习者保持学习的专注力，激发学生学习语言的动机。

而激发学生英语学习动机的途径与策略有不同建议，具体如下：

（1）首先，让学生建立明确的学习目标，端正学习态度；其次，为了使学生的学习积极性和兴趣得到提高，教师应当在教学中创造轻松愉快的语言学习氛围，在教学手段的运用上更加灵活多样。

（2）在英语教学过程中，针对具有不同动机的学生，采用不同的教学方法，变"要我学"为"我要学"，才能调动学生学习的主动性。

（3）从教师的角度可以提出三条强化学习动机的建议，即教师在教学过程中对学生实施妥善奖惩，激发学习热情，使学生获得更大的成就感，增强自信；创设竞争与合作的学习情境，提升其学习热情；实施启发性教学，让学习者融入学习氛围中，通过引导获得更好的学习效果。

英语学习动机不是一成不变的，因为人们学习外语的目的、态度、兴趣等心理因素及社会环境不断变化，英语学习动机可以从无到有，从有到无，也可能是时断时续的。学习动机的变化取决于人们的心理认知因素以及社会客观因素。在英语教学过程中要帮助学生端正学习态度，不断激发学生的学习兴趣。通过不同途径引导学生树立正确的学习动机，从思想上端正学习语言的态度，从实际行动上运用英语进行沟通与交际，不断培养学生学习的自主性、积极性、能动性，提高教学育人效果。教师要根据每位学生的不同特点，因材施教，对学生进行正确的指导，以提高教学效果。

2. 学习者的焦虑

学习者会在没有信心完成预期目标或克服障碍时产生焦虑，会极大影响学生的自信和自尊心，使其产生内疚和失败感，从而变得更加焦虑紧张，甚至恐惧。

在20世纪四五十年代的欧美国家，焦虑已是教育心理学关注的焦点，也是教学实践中需要面对的问题。语言焦虑作为语言学习过程中所独有的心理情况，是学习者学习语言的情感障碍。障碍型和助力型是语言焦虑的二大类型，助力型焦虑是指在面临较强竞争对手或较强学习压力下所产生的焦虑形态，这类焦虑往往有助于促进学习者更加努力地学习。在一定程度上能增加学习者的学习积极性，是学习者在英语学习过程中的积极因素。而障碍型焦虑是指学习者过分注重他人对自己的评价，过分注重自我而导致的一种过度心理紧张而出现的一种焦虑形态。这种焦虑在一定程度上会影响学习者学习英语的热情，甚至会导致学习者对英语学习产生消极抵制情绪。

在学习者焦虑的研究中，英语课堂学习焦虑量表被广泛采用，其目的是测量外语学习焦虑的广度和深度。该量表主要有33个问题构成，其中包括英语课堂教学焦虑的3个方面，即负评价恐惧、考试焦虑和交际畏惧。其中，有29个问题设计到语言记忆、语言处理速度、听、写、读、说等方面的案例。经过该量表的测验，可以有效地对英语学习焦虑进行测量，这在英语学习中能起到重要的作用。

国内利用焦虑量表对外语学习中的听、说、读、写焦虑进行调查研究，也得出不同结论，具体如下：

（1）多数非英语专业的学生心理状态有轻微的焦虑状况，听力学习会受到听力焦虑的影响，而性格决定听力焦虑的程度，性别对听力课堂的焦虑影响较轻。在这种情况下，可以建议学生在初步学习时，选择难度适中的学习内容。为了缓解焦虑症状，学生可以通过心理辅导或情感策略等方式，使心理焦虑得到缓解。

（2）口语焦虑对大学生口语水平的提高有很大的负面影响，其中男生的焦虑程度高于女生。因此，建议教师应关注学生情感状态，通过创设轻松的学习环境，给予不同层次学生成功的体验，鼓励和赞扬他们，帮助他们减轻焦虑情绪，提高英语教学效果。

（3）非英语专业学生阅读焦虑与英语成绩（阅读成绩和英语总成绩）呈显著的负相关；学生自我阅读能力的评估与阅读焦虑的程度密切相关。生词多、文本类型和题材不熟悉、阅读速度慢、缺乏有效的阅读策略是4个引起非英语专业学生阅读焦虑的可能性根源。

关于焦虑的学习者，教师需要掌握合理的课堂提问技巧、要合理对待学生错误的回答、允许学生沉默期的存在、不用考试给学生施压，本着表扬为主的原则对待学生，才能减少学习的焦虑感，保持学习动力。同时，倡议教师创设低焦虑的阅读课堂，提高学习者的阅读自信心。在英语阅读课堂中，让学生以小组活动的形式相互交流、相互倾听，有利于他们放松自己，减缓压力，不断提高他们的阅读自信心。

3. 学习者的自信心

自信心会使学生的学习动机得到激发，缓解学生内在的焦虑，使学生在学习时保持较高的效率。带着高度的自信心进行英语学习，使学生能够更大程度上获得英语学习的成功。有自信心的学生，不怕在学习时犯错误，而是敢于将英语运用到交际中。相反，如果大学生对能否学好外语没有信心，不敢积极地进行语言实践，往往会丧失许多运用外语与人沟通交流的机会，学习效果也不理想，还会减弱他们的自信心，产生更多的不利情感。

关于如何在大学英语教学中提升学习者的自信心，必须提出的是合作学习。合作学习是提升学生自信心的有效途径之一。具体做法是将不同学质的学生分为若干小组，根据教师预先设置的项目内容，以小组学习为基本教学形式，采取科学的评判标准，对学生做出综合评价。每个学生在合作学习时都要融入团队中，对自己和小组其他成员的学习负责。成员在学习分工时应当相互帮助，合力完成小组任务。

在合作学习过程中，学生获得交流机会，通过小组成员之间的相互切磋与交流，逐渐实现"听、说、读、写"并举，从而实现异质学生整体成绩的提高，学习者的成功机会加大，自尊心和自信心也随之增强，从而使学习者愿意付出更大的努力，去争取更好的成绩，通过成绩反过来进一步增强学生学习英语的自信心和自尊心，形成一个良性循环。教师应当注重培养学生的学习自信心，鼓励学生积极参与课堂活动，认真倾听学生提出的意见，并给予正向反馈，鼓励表扬学生，对其存在的缺点也要加以宽容，积极地在课堂中对学生进行评价；教师应当保持耐心、充满爱心，以欣赏的目光看待学生。另外，将与学习有关的游戏运用到大学英语课堂中，可以激发学生的学习兴趣，缓解学生压力，进而提高学生的自信和学习效率。换言之，大学英语课堂的教学活动设置应当更加有趣且丰富，能够促使学生在参与过程中得到成就感与自信心。

4. 学习者的师生关系

在学校众多的社会环境因素中，人际关系最为重要。这些人际关系中的师生关系又是影响英语学习效果情感因素中至关重要的一环。教师和学生在教与学的双边互动中，发生直接和间接的交往和联系，因其各自的地位、任务及规范行为不同，通过相互影响和作用而建立起来一种特殊的人际关系就是师生关系。师生关系在教学活动中发挥着重要作用：如果师生关系融洽，学生会"亲其师，信其道"；消极的师生关系则必然影响教师工作的积极性，影响学生学好英语的信心。

关于理想的师生关系，民主型师生关系被认为是理想的师生关系，即教师尊重学生，与学生平等相待。在课堂上，教师并不包揽一切，而是根据教学要求，创造机会让学生参与课堂活动；课后能够听取学生对教学的意见和建议，能够与学生交流思想，融洽相处，师生间相互理解、信任，亲密友好。

当前，人们提出以人为本的新型师生关系，这种提法反对传统的教师专制或放任型师生关系，而是把学生视为学习的主体，平等意义上的人，教师要热爱学生，尊重学生，从学生角度出发理解和接受学生。

在有关英语教学中的师生关系问题上，教师可以从自身的英语教学出发，利用问卷和访谈形式，调查大学英语教学中师生关系中存在的问题，借此寻找提高教学效果的良方。目前，在大学英语学习中，师生关系存在一定冲突性，并且师生之间的关系较为疏远。虽然学生在课堂中拥有一定参与课堂的权利，但实际上，教师仍然是控制课堂、进行灌输的主体，教学模式常被固化，课程被敷衍地完成，课堂仅仅成为教师机械传授知识的场所。没有情感交流的纽带，教师独白式的讲课方式，教师控制一切的沟通交流方式，必然导致课堂教学中师生缺乏情感交流，学生对英语学习普遍缺乏兴趣的现象。

从宏观层面上来看，如果师生不具有和谐的关系，通常会加大师生之间的距离感，这种情况的产生与国家教育政策有关。由于英语师资短缺和经费紧张，教学一般会采用大班模式，师生之间很少有交流，因而难以建立深厚的情感；许多学校又过分地在教师人事评聘制度上注重科研，造成英语教师的大量精力都投入到科研上，与学生交流的经历减少。

就教学内容而言，部分学生注重英语四、六级考试培训，对考试之外的内容不感兴趣，导致师生关系失调。此外，部分教师能力不足，缺乏社会实践经验，不能驾驭很多与职场联系紧密的课程，导致学生满意度降低。

作为师生关系中的另一方，学习者也对关系的和谐与否负有责任。大学生是认知趋于成熟的成年人，应对教学内容、学习方法等拥有自身观点，能独立思考。但很多学习者习惯了"填鸭式"教学，在课上不愿意参与英语情景对话、讨论等活动，面对教师的提问，经常采取沉默等不合作的方式。

基于以上问题，高校应建立师生合作课堂，寓教于乐。教师需要把"微笑"带进课堂，把"趣味"带进课堂。师生之间的沟通是平等的朋友之间的沟通；师生共同阅读英语文章，探讨文章承载的价值观，分析故事中人物的命运，寻找时代缩影，交流彼此心得；教师要坦诚相待，谈自身看法，抛砖引玉，使学生愿意开口谈自己的看法。小小的幽默是和学生保持良好沟通的良方，英语教学课堂应该是笑声洋溢的课堂，是师生之间、生生之间畅所欲言的场所。只有在宽容、轻松的氛围下，学生才能愿意进行英语交际，学会参与，学会合作。

（二）学习者的英语学习策略

学习策略的科学研究最早始于20世纪50年代中期，早期外语学习策略的研究关注学习策略的描述、分类，以及成功语言学习者所采用的学习策略。

1. 英语学习策略归类

（1）国内英语学习策略归类。

在学习过程中，最好的调控方式是策略，可以分为两方面内容：一是语言的学习材料；二是学习过程。学习过程被称作管理策略，学习材料被称作语言学习策略。管理策略的实施中会安排相应的时间、选择合适的策略、定制有效的目标，并在学习后进行整体评估。语言学习策略可以在英语学习中进行直接运用。

（2）国外英语学习策略归类。

可以将国外英语学习策略分为元认知策略、认知策略和社会/情感三大类，

依据是信息加工理论。根据语言材料与策略的关系分析，可以将学习的策略细分为间接策略和直接策略两类。而根据运用策略的目的，学习策略又可以分为语言运用策略和语言学习策略。

语言学习策略在学习者学习过程过并无优劣之分，使用效果及成效的高低要根据学习者的使用方式是否恰当来决定，这也是衡量执行管理策略是否有效的主要标志。

2. 英语学习策略的意义

当其他条件相同时，英语学习策略的差异对成绩有着决定性影响。任何运用得当的学习策略都更有可能使学习者获得学习上的成功。学习策略有助于对学习过程的理解掌握，可以减少习得者学习中的困惑和焦虑，保持他们的学习热情和动力，或者改善学习态度，提高学习动力。下面以国外英语学习策略归类为例，阐述英语学习策略的意义。

（1）元认知策略。元认知策略由确立目标、制定计划、策略选择、自我监控、自我评价和自我调整组成，在整个学习过程中尤为重要，在很大程度上制约诸如选择、注意力、推论和精密推算等认知策略的成效。

元认知策略可以使学习者全面了解学习过程，具备预见能力和监控错误能力，并最终完成反思、评估、纠错和正确知识的建构。不懂得使用管理方法的学生，从本质上说是没有方向或机会回顾自己的进步和取得的成绩，也没有机会思考未来的目标。

（2）认知策略。认知策略是学习者在对语言材料进行分析、归纳和转换时所用的策略，对语言学习产生直接影响。因为认知策略具有多样性、复杂性和重要性。

（3）社会/情感策略。社会/情感策略容纳了学习者与他人之间的言语互动行为和对自身情感、态度、动机等进行调控时所使用的策略。语言源于并满足社会需求，因此语言学习应该在真实的社会化语境中进行，学习者在交际和互动中实现信息交流。

对于英语学习者而言，在社会交际中不仅存在信息不均等现象，需要不断进行相互作用、相互协商，而且存在用目标语表达内容时语言形式上的不足，此时交际者可以借助社会交际策略取长补短，对语言形式和内容进行完善，并在中介语仍不完善时迂回式地完成交际任务。

虽然情感策略被划分为与社会交际策略平行的第三类学习策略，但情感策略和元认知策略一样，对其他策略的选用有制约力与调控作用，在自主式学习中尤其如此。

学习活动的成功，从某种意义上来说取决于学习者对世界，尤其是对学习活动所持的态度，取决于学习者对自我的态度，以及他们的学习愿望。学习策略是可教的，大量的练习可以促使学习策略的程序化和内化。学习策略不但可以培训，还要长期坚持，使其成为英语教学课程的一个组成部分。

在英语环境下，越是成功的学习者，使用学习策略越多，而且学习策略表现出个人和群体的适用性，对某个人适用的策略不一定对另一个人也适用，适用于初级、中级和高级学习者的策略也会有所不同。学习策略是一种本能，学习者可以通过与生俱来的解决问题机制或策略习得机制（SAD），自动获取一些基本学习策略，多数的学习者在没有经过任何策略培训的情况下，有意或无意地使用学习策略则说明了这一点。

在策略可教性原则下，更倾向于根据策略的显性状态把它们分为自我识别策略、激活性策略和学习性策略。初级学习者、学习较差者和自主学习者更加需要策略唤醒和策略培训。学习策略在教学中也十分重要，不仅要在教学中融入学习策略，还要融入其他教学法。语言知识的缺陷可以在策略的运用上得到一定补偿。在学习外语时，随着学生外语水平的不断提高，运用学习策略的机会越来越少，但学习策略的应用仍然会在自主学习时和外语的高级学习阶段频繁发生。不可否认的是，语言的运用和逐步的学习永远是最重要的，策略应当被合理地运用。

3. 常用不同语言技能学习策略

下面是培养学生听、说、读、写等技能时常用到的认知与直接策略（基本上采用从低级到高级的排列顺序），具体见表2-1至表2-6[①]。

表 2-1 词汇学习策略

变量名	对于变量名的描述
记忆策略	将词汇列表，并死记硬背
练习策略	做单项词汇练习，对单词进行比较和识别
诵读策略	通过背诵目标篇章记忆单词
查词典策略	在必要时查词典，了解词义，并记录学习
搭配策略	在固定短语和习语中学习词汇
构词法策略	借助词源、词根、词缀及其他构词知识学习词汇
上下文策略	在阅读中通过上下文学习词义
猜测策略	根据上下文中的已知信息猜测多义词和生词

---

① 张殿玉. 英语学习策略与自主学习［J］. 外语教学，2005，26（1）：49-55.

续表

变量名	对于变量名的描述
归类策略	将词汇按照语义（如以核心词汇为线索归纳近义边缘词汇）、语用进行归类学习
联想策略	借助接近联想（空间上或时间上）、对比（相反）联想和相似联想（特点或性质）记忆、回忆和运用词汇
广泛阅读策略	有意或无意地使用综合策略阅读题材和体裁多样的可理解性篇章
运用策略	在听、说、读、写、译中对词汇进行高频运用

表2-2　听力学习策略

变量名	对于变量名的描述
关注生词策略	关注材料中出现的新单词和新词组，尽量记住生词的发音，并查词典弄清词义
逐词听懂策略	尽力理解听到的每一个词
听读策略	边听边默读或出声读所听到的内容
笔录策略	听时做笔记以帮助记忆和后期整理
想象策略	根据话题和环境等因素对目标材料进行想象
预测策略	根据已知的词语或其他不完整信息对结果进行预测
背景知识策略	利用背景知识或非语言知识，如经验、常识和百科知识等弥补信息缺损
主题预听策略	在听主题材料之前，先听与主题相关的预听材料以激活相关图式，改善主题听力效果
听觉形象策略	边听边在大脑中建立所听材料的意象场景
整理归类策略	根据笔录、缺损信息和主题框架形成线索链
推断策略	根据已知的相关线索推断结论
选择注意策略	关注关键词句、信息和特定问题
联想发挥策略	将实际获取的听力信息与现存的知识图式相结合，对听力结果进行发挥性运用
情境策略	尽可能多地接触多媒体传播的真实语言
互动听力策略	在听力活动中保持双向或多向交流以促进语篇能力、社会语言能力和策略能力的生成

表2-3　口语学习策略

变量名	对于变量名的描述
背诵策略	背诵词汇、句型、套话、对话和语篇等方式，以增加输入促进输出
犯错策略	不怕在口语表达中犯错，在错误中不断自省，达到错误自纠
个人完善策略	利用独白、复述等非人际互动方式单向操练口语
纠错策略	恳请比自身水平高的同学、教师和本族语使用者纠正输出错误
媒体策略	在自主学习中，利用机器录音功能和人机互动的示范功能练习口语
社会交际策略	在真实语境或近似真实语境的口语活动中（如口头陈述、值日报告、看图说话、演讲、角色扮演、对话、小组讨论、演短剧，英语角、英语专题晚会和会话俱乐部等）学习如何用英语进行跨文化交际

表2-4　口语交际策略

变量名	对于变量名的描述
回避策略	无法表达时采取回避不说的方式
母语策略	无法用目标语表达时直接用母语进行交际
合作策略	利用直接或间接等语言手段或非语言手段向其他人求助
减缩策略	缩减形式（音位、词汇、词法、句法等）和功能（行为、内容、情感、态度等），以完成交际
拖延策略	利用犹豫、套话、重复对方的话、对对方的话似有不解和插入无足轻重的插入语等手段赢得输出的时间
语速策略	以不影响意群和语流整体性为标准采用匀速表达，边说边想，边想边说
补偿策略	运用直译、迁移、替代、转述、造词、重组、解释和描写等方式迂回表达

表2-5　阅读学习策略

变量名	对于变量名的描述
词汇输入策略	掌握尽可能多的单词的发音、拼写、搭配和构词法以克服阅读中出现的词汇障碍
语法输入策略	通过学习语法解决语言结构方面的问题
翻译策略	在用目标语元法直接加工含义时借助译成母语的方式间接理解
查词典策略	边阅读边查词典

续表

变量名	对于变量名的描述
逐词阅读策略	对语篇中锁定的目标信息部位进行研读
反复阅读策略	在略读后对选择的重点、难点进行反复阅读
语法分析策略	在遇到长句、难句时求助语法分析法
补偿策略	利用常识、逻辑和零散的已知信息想象和预测结果，以弥补信息缺损
逻辑梳理策略	根据已知细节整理上下文逻辑
判断策略	根据已提供的信息线索或语篇轨迹对深层含义进行判断、推理、引申或下结论
选择注意策略	有选择地关注关键词句和信息
猜测策略	利用语篇环境猜测生词、难句和生疏信息
上下文策略	将语篇视为连贯的、有逻辑的整体，采取自上而下的方式加工、处理阅读信息
广泛阅读策略	大量利用真实语境所涵盖的一切媒介（如书籍、报纸、杂志、网络电子文本等）

表 2-6　写作学习策略

变量名	对于变量名的描述
语言输入策略	通过输入语言知识（如词汇、语法、遣词造句技能和修辞手段）写好作文
翻译策略	利用母语结构知识和内容素材，借助比较和对照等方式学习写作
局部结构策略	通过处理好段落或简短上下文结构学习写作
冒险策略	敢于用没有把握的、但又想尝试运用的语言形式进行书面表达，不怕在表达中犯错，在错误中不断自省，达到错误自纠
纠错策略	毫无保留地用真实水平写作，重视对输出质量的评价，恳请比自己水平高的同学、教师和本族语使用者纠正自身的输出错误
模仿策略	阅读各种题材和体裁的文章，并通过学习、借鉴和模仿这些文章练习写作
宏结构策略	将作文主题视作由引言、正文和结论组成的整体结构，写出完整的文章
写作实践策略	参与各种写作实践活动（如写日记、读后感、听和读之后的归纳和总结、指导性写作、笔友写作互动和利用电子信箱进行的能性写作交际），在写作实践中学习写作

第三节 大学英语教学模式改革与创新

一、大学英语教学内容改革

（一）大学英语渗透文化教学

英语教学总进行文化渗透，将对学生产生较大影响，有利于提高学生的文化素养，同时也能促进学习者英语交际习惯的养成。

1. 大学英语教学中渗透文化教学的意义

所谓的文化教学，不是单纯地将英语相关的文化传授给学生，而是要进行深层次剖析与比较，深入研究文化差异性，让学生对于语言具有独特的见解以及处理不同语言的能力，实际上是学生跨文化交际能力的集中体现。因此，文化教学在大学英语教学过程中占据重要地位。

（1）文化渗透是语言教学的重要组成部分。伴随着教育的不断深化改革，文化渗透逐渐代替传统英语教学。就传统教学而言，其内容简单，只能进行单一的英语教学，主要培养学生的听、说、读、写、译五大基本能力，而这种教学模式已经不能够顺应时代发展要求。众多专家学者表明，语言教学绝不能脱离文化进行。

传统教学只重视听、说、读、写、译五大技能的培养，通常忽视学生对于语言的使用情况，实际上，学生很难在脱离文化的情况下很好地运用语言。任何一门语言的学习，都需要了解其文化背景，因此文化教学应该与语言教学完美融合，两者相互渗透、相辅相成。在某种意义上来看，语言教学的本质是文化教学。

（2）文化教学能够提高学习者的学习兴趣。在英语教学过程中将文化引入可以有效调动学生学习的兴趣，激发学生语言学习的潜力。兴趣是人认识某种事物或从事某种活动的心理倾向，"兴趣是最好的老师"，兴趣对于教学至关重要。学生只有对教师所讲内容感兴趣，才能够达到最佳的学习效果。

（3）文化教学是素质教育的必然要求。文化教学对素质教学起到决定性作用，在重视学生文化培养的过程中，要注重学生文化素养的熏陶。语言能力的培养是英语教育的组成部分，而英语教学中也少不了素质教育的参与。将文化渗透教学中，可以让学习者了解国外的人文风情，进而不断提升学习者的文化素养。

（4）文化教学是社会发展的需要。随着经济全球化速度的加快，英语教学必须进行深化改革。因为学生的跨文化交际能力显得愈发重要，为了能够适应社会发展并满足社会需求，必须逐步重视文化教学。

2. 大学英语教学中渗透文化教学的原则

在英语教学中，若将文化渗透进教学，必须遵循一定的方式方法与原则。下面就大学英语教学中渗透文化教学的原则展开具体论述：

（1）循序渐进原则。任何一门语言的学习都是循序渐进的过程，文化教学也不例外。文化体系的建立是漫长的过程，而循序渐进原则显得尤为重要。教学内容应当从简单逐渐过渡到复杂，从表层到内涵，层层递进。

（2）以学生为中心原则。传统教学的主体为教师，而文化教学应当转变这种观念，学生应当作为教学的主体，教学内容应尽可能地满足学生的需求，一切从学生的角度出发，处处为学生着想，教师只能起到引导与督促作用。以学生为中心的原则，是为了让学生真正走进文化、体验文化，进而不断丰富学生的文化知识以及提升学生的文化素养。

（3）对比原则。文化教学不仅是将文化传授给学生，还是通过中外文化对比，让学生能够切身体会到中华文化与西方文化之间的差异性。

（4）体验式与传授式相结合原则。在英语教学的过程中，针对文化教学设定了两种常见的教学模式，即传授式与体验式。对于教师而言，在英语教学中渗透文化教学时应当注重这两种教学模式的相结合。前者主要通过教师直接讲授、学生小组讨论的形式展开，而这种传授式的教学具有一定弊端，主要体现在学生通常处于一种被动接受的状态。对于体验式教学模式而言，学生能够变被动为主动，成为教学的主体，能够更加有效地感悟文化。两种教学模式各有优劣，将两者有机结合可以大大提升教学效果。

（5）因材施教原则。由于个体的文化素养、思维、认知程度存在一定差异，在大学英语教学中渗透文化教学，需要遵循因材施教原则，教师针对不同水平的学生应采取不同的教学方法，让学生能够正确认识到中外文化的区别，能够将两者进行深层次对比，逐步形成特定的文化意识。

3. 大学英语教学中渗透文化教学的方法

上面就文化教学需要遵循的原则展开了具体论述，下面就文化教学融入英语教学的具体方式方法进行相应阐述。为了能够全面提升学生的跨文化交际能力，以下列举4种较为有效的方法。

（1）显性文化教学法。所谓显性文化，指在活动中直接体现出来的文化因素，与之对应的显性文化教学法，是一种较为直接的、系统的文化教学方法。显性文化教学法不会拐弯抹角，一般会直接进行外国文化讲授，让学生能够深入了解外国文化，解决学生关于外国文化方面的一系列问题，进而提升学生的跨文化交际能力。

显性文化教学法具体可通过模式展开，一种模式是在语言课程之外开设专门的文化课程，如"英美概况""英美文化""跨文化交际"等，向学生直接、系统地教授英语国家的历史、地理、制度、教育、生活方式、交际习俗与礼仪等有形的文化知识；另一种模式是在语言课程中"导入"与"语言点"相对的"文化点"，这种文化导入通常是结合阅读课文或听力对话等语言知识的学习。就教学的系统性而言，第二种模式要略差于第一种模式。[①]

（2）隐性文化教学法。与显性文化教学不同的是，隐性文化教学更加注重语言教学与文化教学的相互融合，鼓励学生多参与文化实践活动，深入探索并发现隐藏在知识中的文化内涵。

（3）文化对比法。在学习外国文化时，学生需要将本国文化与其进行对比，通过对比与分析，发现两者存在的异同。教师通过对比讲授文化差异所带来的文

---

① 张殿玉. 英语学习策略与自主学习［J］. 外语教学，2005，26（1）：49-55.

化冲突，并且引导学生有效避免文化冲突，为学生树立正确积极的交际思维、情感价值观。文化对比法在一定程度上可以有效避免学生文化恐惧心理的产生，对于将文化教学渗透进英语教学至关重要。

（4）文化讲座法。文化讲座法是目前常见的教学方法之一，通过开展讲座，对学生进行文化教育。讲座一般由教师自行组织，形式多种多样，常见的方式有演讲、朗诵等。文化讲座法不仅可以开阔学生的眼界，还可以全面提升学生的文化素养。

（二）大学英语教学中学生情感态度的关注

情感体验一般产生于人类活动中，而情感体验反之又会间接影响人类的活动。情感体验类别的不同会产生不同的影响，比如以愉悦情感为例，一般会产生较为积极的作用。因此，学生情感在大学英语教学中备受关注。

1. 大学英语教学中的情感态度

人们在日常生活中不可避免地会产生各种情绪，常见的有激动、愉悦、开心、自信等积极情绪，也有焦虑、忧愁、烦躁、沮丧、愤怒等负面情绪。无论是哪种情绪，都在人们的生活中产生潜移默化的作用。

一个人的情绪一般和他为人处世的态度紧密相连，对人、对事都会有不同的态度，包括肯定态度和否定态度。在学习过程中，最为重要的是情感态度，情感态度决定人的行为举止。因此，在学习过程中，需要授课的英语教师应实时关注学生的情感态度和学习情绪。情感态度能够在一定程度上影响学生的行为举止，在5个层面有着影响：

第一，动力功能。在学习过程中，绝大部分学生的智力水平都属于同一层次，决定学生学习好坏的主要因素是学生学习动力的强弱。学习动力越强，学习效率越高；相反，如果学习的动力较弱，学生则很难有自主学习的能力，学习效率也会每况愈下，学习成绩只会越来越差。

第二，激智功能。学生的智力水平一部分由先天决定，另一部分可以通过后天锻炼和学习提高。积极的情感态度有利于在后天的学习过程中提高学生的智力水平。

第三，感染功能。众所周知，情绪和情感有很强的感染能力，教师在课堂上的言行举止，特别是不经意间流露的情感，会对学习者的学习情绪产生直接影响。

第四，调节功能。情绪和情感与人的心情和心态密切相关，绝大多数情况下，人的心态和情绪可以通过自身进行控制和调整。积极情感态度可以调节学生的负面情绪，从而提高学生的学习效率。

第五，移情功能。绝大多数的英语教师在授课过程中会将自身的情感融入教学内容中，从而影响学生的学习情绪。因此，在教学过程中，教师的人格品行和情感态度对于教学质量有重要影响。

总而言之，情感态度对于学生的学习起到至关重要的作用，无论是教师还是学生，在学习过程中都应该保持积极向上的情感态度。

2. 大学英语教学中的情感教学因素

在我国大学英语教学中，除了情感态度之外，情感教学也是学生在学习过程中必不可少的一部分。情感教学通常要求英语教师在教学过程中，凭借自身的教学经验和结合学生的学习情绪，通过一定的教学手段，针对每一个学生的情感需求，展开相应的情感交流活动。在这个过程中，教师要通过自身的言传身教，给予学生多个层面的精神关怀和精神尊重。

在大学英语教学中，教师不仅要关注学生的情感态度，更要在关注的基础上积极开展情感教学。情感教学指在教学过程中师生双方处于积极的情感状态，教师通过语言、态度、行为并借助一定的教学手段，激发、调动和满足学生的情感需要，促进教学活动积极化的过程，是以人为核心，充分尊重人的本性、平等、自由、关怀及精神追求。[①]

（1）焦虑。由于个体的情感价值趋向存在一定差异，个体所产生的焦虑类型也有所不同，可以将其分为三种类型：气质型、状态型以及情景型。其中，最

---

① 王琦. 信息技术环境下的外语教学研究［M］. 北京：中国社会科学出版社，2006.

为持久的焦虑是气质型焦虑，情景型焦虑是被外界环境所刺激产生的一种焦虑情绪，而状态型则是气质型与状态型的结合体。在学习过程中之所以会产生焦虑的原因，见表2-7。

表2-7 产生焦虑的原因

学习者个性差异	学习者性格内向且缺乏自信，因为他们都不愿意说话或害怕犯错误的学生，他们也不敢参加英语实践活动或不积极参加活动。回答问题时他们也很紧张，而且容易焦虑
教学方式的差异	课堂教学活动的方式、老师和学生之间的沟通方式、由教师纠正错误的方式等都会导致学生感到焦虑
文化背景差异	有的学生来自偏远地区或农村地区。无论是他们的普通话或英语基础，他们远离其他同学，所以他们很容易焦虑

学习是一个漫长的过程，在这个过程中不可避免地会遇到很多问题，从而使人产生负面情绪。大多数人会因为学习感到忧愁和焦虑，这种情绪是正常的，也是学生在学习过程中不可避免的情绪之一。有压力才会有动力，适量的焦虑和紧张情绪能够帮助激发学生内在的潜力和动力，从而积极开动大脑，提高学生的思维敏捷度，使学生拥有更高的学习效率。因此，英语教师应当时刻关注学生的情绪，并在教学过程中做到下面两点：

首先，教师要帮助学生减轻学习负担，从各个层面减缓学生学习过程中产生的负面情绪；对于犯错的学生要细心纠错，耐心教导，让学生明白只有犯错才有可能进步，知错就改是最好的学习方式。

其次，教师要让学生在学习过程中保持适当的紧张情绪。教师在教学过程中要注意观察学生的情绪，尽可能降低学生的焦虑感，并保证他们的紧张感。只有这样，才能使学生有足够的学习动力，长时间进行高效率的学习。

（2）学习动机。无论做什么事都需要有动机和动力，学习也是一样。学习动机既可以来自个人对学习和未来的期待与渴望，也可以是为了满足他人的寄托和希望。在学习过程中，学习动机的重要性不言而喻，一个学生只有拥有强烈的学习动机时，才能长时间保持良好的学习状态。因此，学习动机是学生学习的最大动力，在一定程度上决定学生的学习态度。

（3）自尊心。每个人都会有自尊心，刚进入社会的学生自尊心较强。自尊心对于学生的学习有着难以估量的促进和鞭策作用，不仅是学习，自尊心还表现在生活中的方方面面。在大多数情况下，部分学生因为过于在意别人对自己的看法和评价而不敢参与活动或是回答问题，从而使自己在学习过程中得不到足够的锻炼，相应的，学习进展较为缓慢。为此，英语教师需要在教学过程中，针对不同的学生布置不同的教学任务，逐步引导学生增强自尊心。

（4）移情。移情不是放弃自己的观点和想法，接受他人的观念和看法，而是人们需要站在他人的角度思考和考虑问题。这种思考方式在个人平时的生活和人际交往中有着重要作用，有利于师生之间建立平等和谐的亲密关系。

（5）课堂交流。对于学生和教师而言，课堂可能是两者之间交流最多的地方。在课堂上，学生应当集中注意力，积极发言，畅所欲言；教师应该耐心教导，细心解答，从而使师生之间形成良好的学习氛围。

3. 大学英语情感教学实施的原则与方法

（1）大学英语情感教学实施的原则。为保证教学效果，应该遵循科学的教学原则。大学英语情感教学实施的基本原则主要包括以下方面：

1）寓教于乐原则。情感教学原则体系的核心原则是寓教于乐原则。顾名思义，寓教于乐指教学在学生乐于学习和接受的状态下进行。在教学中，教师通过正确运用教学变量，引起学生兴趣，使学生在学习中保持快乐。

2）以情施教原则。情景教学原则体系中具有代表性的原则是以情施教原则，是指教学中，教师应以积极的情感教授知识和技能，通过情感共鸣让学生认同自己的思想和观点，用情感促进教学，从而情知交融。

3）情感交融原则。情感交融原则重视和谐的师生关系，在教学活动中，通过师生之间的情感因素优化教学效果，即教师通过自己和学生之间良好的情感关系，引导学生产生积极的情感反应，达到教学目的。

4）移情原则。移情是一个人对某人或某物有感情，对与之相关的对象也会有相关感情。移情作用在教学中具体表现在两方面：一方面是学生的情感会受到教师个人情感的影响，即教师的情感会感染到学生，包括教师的人格魅力、道德素质、精神状态，也包括教师的文化水平、教学水平等；另一方面是文章中人物的情感也会影响到学生的情感。学生在认真读文章时，能够体会作者写作时的情感。因此，教师要认真贯彻移情原则，引导学生的情感移情，通过有情感、有思想、有美的英语教学，陶冶学生的情感，激发学生学习的积极性。

（2）大学英语情感教学实施的方法。在大学英语教学中，教师通过激发学生的积极情感，提高学习效率。情感教学方法主要有以下种类：

一是通过加强认知，调动学生的积极性。受传统教学模式以及应试教育影响，大部分学生不愿意主动参与课堂活动，缺乏主动学习的积极性。英语教学改革要促进学生主动学习，积极参与知识建构，全面参与课堂教学过程，调动学生的积极性。

二是帮助学生克服不良情绪，解决情感态度方面的问题。一般而言，所有学生在学习的整个过程中，或多或少都会受到焦虑情绪的影响。这种情绪如果严重，则会引发学生害怕、紧张等其他负面情绪，这些情绪问题影响学生语言学习的状态。例如，紧张、害怕会导致学生分散注意力，思考受到干扰，记忆力也会随之减弱，储存及输出语言的效率会降低，令学生更加焦虑，进而紧张害怕，形成恶性循环。

三是教师主动与学生建立良好的人际关系。良好的师生关系是大学英语教学中实施情感教学的基础，能够最大程度上增强学生自信心、减少学生恐惧心理，激发学生学习兴趣。良好的师生关系建立，对教师也提出了一定要求。

首先是要真诚。真诚是建立良好师生情感关系的地基，教师是否真诚地关心和爱护学生、是否公平，每个学生都能感受到。尤其在面对学习困难的学生时，教师少一点批评指责，多一点鼓励关怀，学生会更加自信，发挥自己的潜力。

其次是要有教学魅力。有魅力的教学过程才能让学生感兴趣，充满情感体验。对此，教师不仅要改进教学活动，丰富教学过程，还要了解学生实际，让教学过程更贴近他们的生活。这样的教学过程才能充满情趣和活力，才能更有魅力。

再次要有人格魅力。教师只有不断完善自己的个性，使自己更具备人格魅力，才能更容易受到学生的认可与接受。人格魅力可以是热情、负责、真诚、宽容、幽默等优秀的品质。

最后要有方法，能够充分利用多媒体与网络等手段。现代化技术的快速发展，使多媒体、网络已成为教学中必不可少的方法。在英语教学中更体现出这一点，英语教师运用多媒体，通过鲜明的图像、有趣的声音，丰富教学内容，也给学生更好的视听感受，使课堂充满活力和感染力，学生的注意力更加集中，学习兴趣更浓厚，教学质量也随之提高。因此，教师在教学中要重视多媒体的运用。

总而言之，大学英语教学要取得更大的效果，需要重视文化教学，不断革新、丰富英语教学的内容，注重调动学生的情感态度。

二、大学英语教学的模式创新

（一）内容型教学模式

1. 内容型教学模式的含义

20世纪80年代以来，内容与语言融合学习法（CLIL）受到关注，以沉浸式教学（Immersion）和内容型教学模式（Content-based instruction）为两种最具代表性的教学模式。

内容型教学模式和交际法有相同的语言学和心理学理论基础，是交际教学法的一种。与交际法不同的是，内容型教学模式关注学习输入的内容，主张围绕学生需要掌握的课程组织语言教学。因此，可以将内容型教学模式定义为：一种主张围绕学生所学的学科内容而展开教学的交际语言教学形态。它强调以学习者需要的内容或信息为中心，而不是以语言或教材大纲为标准组织教学，进而达到语言教学与内容教育相互督促、相互提高的教学目的。

内容型教学模式的语言观主要有以下三点：

（1）语言是一种获取信息的工具，而信息是在语篇中建构和传递，因此，语言教学要以语篇为基础。

（2）在现实生活中，听、说、读、写四项技能是不能分开使用的，语言教学也应把四项技能综合起来培养。

（3）语言的使用是有目的的，学生在学习过程中要清楚所学语言材料的目的，并使之与自己的目标联系起来。内容型教学模式强调关注语言技能以外的能力和素质，因为语言本身是一种排列组合，是一个符号系统，本身的美感和深度来自运载的内容。

2. 内容型教学模式原则

关于学习理论，内容型教学模式有一个核心观点：语言学习不局限于语言本身，而是作为一种了解信息的途径，语言学习才能成功。这个核心原则衍生出以下4个重要观点：

第一，当所学习的内容被认为有趣、有用且能够指向预期目标时，学习的语言习得才能成功。因此，增大学习效果，必须要加大学习内容与学习者的实际需要联系。

第二，对于内容型教学模式所依托的学习材料，某些领域更有优势。例如，地理学科通常被认为最适合与语言学习相结合。主要是因为地理学科自身的特点：① 地理学科有高度的视觉性、空间性和情境性；② 地理学科需要使用地图、图表、模具等辅助材料；③ 地理学科在开展教学时，需要使用大量描述性语言。

第三，有针对性地教学，才是好教学，符合学生需要的教学，才会取得好效果。内容型教学模式强调学习的内容要有针对性，必须符合学生的需求。尤其在有特殊用途或学术用途的培训课程时，更要充分考虑学生具体的行业需求或学术需求。

第四，教学要在学习者已有经验之上进行。教学要充分考虑到学生进入课堂时已经具备一定的学科知识。

3. 内容型教学模式原则

内容型教学模式的倡导者开发了多个中国企业品牌竞争力指数（CBI）项目，探索出多种教学模式，并将内容型教学理念描述成一个连续体，一端是内容驱动型教学（Content-driven），另一端是语言驱动型教学（Language-driven），在两极之间存在多种教学模式，使语言与内容有着不同权重，见表2-8。

表 2-8　CBI 教学模式连续体

内容驱动型	→		←	语言驱动型
沉浸式教学	部分沉浸式教学	保护式教学	附加式教学	主题式教学
完全用二语为媒介教授学校课程	主要用二语为媒介教授学校课程	由学科教师教授课程，但学生均为二语学习者	专业课加语言课	围绕学生感兴趣的主题进行教学

在完全和部分沉浸式教学过程中，内容是主导，二语是媒介，正规的学校课程是教授内容。它的有效性更多地取决于学生对内容的掌握，而语言的掌握是一个副产品。保护式教学的授课对象是非本族语者，由学科领域专家担任教师，但在授课过程中需要关注学生的外语水平，调整教学话语使教学内容更容易被学生理解。

此外，教师还需要选择适合于学习者难度的教学材料，并根据学习者的语言能力调节课程要求。附加式教学模式主要强调内容学习与语言学习一样重要，附加式教学的内容与语言相互融合以团队形式来实现教学目标，即内容教师则负责学术内容的讲授，语言教师负责学术读写等语言技能。主题式教学通常在二语或外语教学情境中进行，课程大纲围绕主题或话题，如环境污染、妇女权益、医药卫生等组织，最大限度地利用内容传授语言技能。偏向于内容驱动型的教学模式要求学生具有中级或更高的语言水平，以及相关的学科内容知识；偏向于语言驱动型的教学模式与传统的语言教学更为相似。

内容型教学模式秉承"做中学"的教学理念，鼓励学生进行自主学习、合作学习和体验学习，要求学习者扮演积极的角色，积极地理解输入材料，有较高水平的歧义容忍度，愿意探索新的学习策略，多角度阐释口头或书面语料。学习者可参与学习内容和活动方式的选择中，为学习内容提供资源。学习者要对内容型教学有十足信心，积极适应新的角色，成为一个合作型的、参与型的自主学习者。

内容型教学模式下，教师应该兼具语言和专业内容两项专长。这是一个巨大的挑战，因为教师可能是语言专家或某个学科领域的专家，但在这两方面都擅长的人可能少之又少。一个成功的CBI教师，必须具备下列知识和技能：学科内容知识、学科教学技能、外语知识、外语教学技能、教材的开发和选择、教学评估等。相应的，CBI教师集多种角色于一身：需求分析者、课程设计者、教材编选者、合作者、研究者、评估者等。

内容型教学模式通常选择真实语言材料作为教材。这个真实性一方面指本族语学习者所使用的教材，另一方面指源于报纸或期刊文章，并非为语言教学目的而编写的材料。与真实性相矛盾的是，内容型教学模式还必须考虑学习者的语言水平，教材要具有理解性，因此，对教材进行一定程度的语言简化和冗余的解释也是必要的。总之，教学材料既要具有真实性，又要具有可教性。

内容型教学模式的优点在于：首先，学生的学习动机增强、学习兴趣提高且确保了对学习认知有较高要求的课堂活动，从而丰富了学习者的认知发展；语言的功能、形式和意义没有被分裂开来。从早期的专门用途英语课程到沉浸式课程，内容型教学模式已经被应用到各个层次的语言教学项目中，如高校生外语课程、商务外语课程、职业外语课程等。然而，内容型教学模式在应用中也存在一些局限性。最突出的是师资问题，兼具语言知识和学科知识的教师非常匮乏。

其次，内容型教学模式在多大程度上可以帮助学生发展其语言技能，因为学习者会首要关注学科内容的掌握，而忽略语言使用的准确性。鉴于学习者需求的多样化，很难开发市场化教材，会导致教师花费大量时间斟选材料，还有评估方面的问题，是评价学生对学科知识的掌握，还是评价学生的语言能力。

（二）任务型教模式

1. 任务型教学模式的内涵

任务型教学模式自20世纪80年代产生以来一直备受瞩目。任务型教学模式将任务置于课程规划的核心地位，要求学习者通过完成特别的课堂任务而学习外语，交际法语言教学是为基于任务而不是为语言的交际法教学大纲。

任务型教学模式的普遍定义为：以完成任务的过程为学习过程，以具体的学习任务为学习动力或动机，以展示任务成果的方式体现教学效果的教学方式。

任务型教学模式重视学习过程，在传统语言知识教学基础上，着重培养学习者的两种能力，即交际能力、综合运用语言的能力。任务型教学模式所代表的理念被鲁子问等人归纳为：语言是一种工具，用于表达思想、交流情感、解决问题；语言学习不能只依靠以形式为中心的机械训练，而要依靠语言的使用。

语言学习的目的是通过语言解决问题，而不是单纯地掌握语言知识和培养语言技能。在现阶段义务教育中，英语课程标准所倡导的外语教学法是任务型教学模式。

国内外研究者对"任务"（task）这一术语的解释不尽相同。

（1）有助于达到语言学习整体目标的所有课堂活动都可看成是任务，包括简短的语法练习和更为复杂的涉及真实的意义交流活动。

（2）任务是语言加工的产物或语言理解的结果，如边听录音边画地图、听指令做动作等。教师通常需要明确任务要求，以衡量学习者是否成功地完成任务。多样化的任务可以增强课堂活动的目的性，使学生有机会运用语言，从而使语言教学更具交际性。

（3）任务是一项有特定目标的工作或活动，通常作为课程的组成部分，或在研究中用于搜集数据。

（4）任务是学习者通过对已知信息进行思考加工而达成某一结果的活动。

（5）交际性任务是学习者理解或掌控目的语，并用目的语进行互动的活动。在使用语言的过程中，他们的注意力主要集中于交际意义而非结构形式。

（6）任务是学习者关注意义，使用语言达成目标的活动。

（7）学生在学习过程中应用目的语进行语言学习，由加工、理解，分析问题、解决问题等相互关联的内容及具有明确指向的交互活动或课堂活动组成，这些都可以称为"任务"。

（8）任务应具备5个要素：① 要有意义；② 要有待解决的交际问题；③ 与真实世界的交际活动相似；④ 首先要完成任务；⑤ 根据结果评估任务。

（9）任务的主要特征包括：第一，输入材料。输入材料指学习者完成任务所使用或依据的书面材料或视听材料；第二，角色。角色指学习者在完成任务时所需扮演的角色，如信息发出者或信息接收者；第三，情景。所谓情景是指执行的环境或背景作为任务产生的条件，主要包括语言交际的语境、课堂任务的组织形式等。

（10）程序。程序指学习者在完成任务过程中所涉及的步骤和操作方法，即"怎样做"，包括任务序列中某一任务学习所处的时间分配、先后次序、位置等。

（11）监控。监控指确保任务顺利完成的监督过程。

（12）目标。目标任务主要包括：一方面，任务的使用以达到预期的教学目的，在另一方面，任务的使用以实现非教学用途。

（13）反馈。反馈指教师或同伴对任务完成的整体情况，包括语言使用的纠正性反馈和其他有用的反馈。

2. 任务型教学模式的理论基础与发展

任务型教学模式的理论基础是俄罗斯心理语言学家维果茨基的语言和学习理论。他强调语言学习和教师和学生在促进个人学习的重要作用的社会性质。语言的获得是人与人之间的相互作用的结果，然后将其变成自己的知识。学习是社会真实性的协作努力，其中"教师与学生"参与有明确的目标导向的交互任务。

任务型教学模式的理论依据还包括互动假说（Interaction hypothesis）、输出假说（Output hypothesis）、有限容量假说（Limited capacity hypothesis）和认知假说（Cognition hypothesis）等。互动假说强调语言习得中的互动，即意义协商，在二语习得中起到决定性作用。意义协商是当沟通理解发生困难时，交谈的双方必须依据对方理解与反馈，进行诸如重复、释义、改变语速等语言上的调整，从而使输入变得可理解。互动假说关注选择性注意和负面反馈在语言习得中的作用。[①]

输出假设提出对输出的关注可以促进二语习得，给学习者提供语言输出的机会是语言发展的关键所在。在目标语输出过程中，学习者会注意到"知"与"不

---

① 王华. 大学英语教学中互动式教学法应用研究［M］. 成都：西南交通大学出版社，2018.

知"，"会"与"不会"之间的距离，进而了解自己对外语的掌握情况。输出还为学习者提供了在运用中尝试新语言的机会，并对外语的结构形式进行反思。

有限容量假说指在注意力有限而需要关注的语言侧面不止一项（比如语言流利度、语言复杂度、语言精确度）的情况下，学习者根据学习任务的要求进行优先排序，根据需要将注意力更多地投入某一项任务教学中。

认知假说是基于一语习得提出的。在一语习得的发展过程中，概念化发展为其创造了条件。

"任务"对二语习得过程产生促进作用主要包括：① 任务能提供意义协商和理解输入的语境；② 任务能就学习者的输出提供吸纳纠正性反馈的机会；③ 任务能提供整合内化修订过的输入机会；④ 任务揭示自身输出与源输入之间的差距；⑤ 任务的认知要求将学习者注意力集中到特定形式上，促进语法化过程和输出的精确度；⑥ 认知要求较低的任务可以促进自动化过程和输出的流利度；⑦ 认知要求较高的复杂任务可以促进句法化程度和输出的复杂度；⑧ 任务的认知要求能促进概念化重塑；⑨ 任务排序能强化记忆；⑩ 以上情况必须建立在具体的交际语境之上。①

从上面的结论可以看出，任务型教学模式的研究发展轨道，起初人们关注如何进行互动和协商的意思，加强输入的理解；现在，人们更加关注如何使输出的意义和目标语言更一致。

3. 任务型教学模式的特征分类

在任务特征分类研究主要考察哪些功能对互动和收购的影响最大，以促进教学任务的设计。对此，可以根据语言的复杂性（code complexity）、认知的复杂性（cognition complexity）和交际的紧张度（communicative stress）划分任务的难度，也可以从输入（input）、任务条件（conditions）、认知加工过程（processes）和任务目标（outcomes）等4个方面描述任务特征。

输入包括4个变量：媒介、语言复杂性、认知复杂性和信息熟悉度。

---

① 孙静.大学英语教学及改革新思维［M］.北京：中国水利水电出版社，2017.

任务条件包括3个变量：参与者关系、任务要求、完成任务所涉及的话语模式（对话或独白）。

认知加工过程指完成任务所涉及的认知加工层次，从信息交流到进行推论，再到进行观点的交锋。

任务目标包换3个变量：媒介（通过图画、口头或书面语展示结果）、任务结果是开放式的还是单一的解决方案、任务结果所涉及的语篇模式（描写、叙述、分类、指示、辩论等）。

任务难度是一种主观因素，主要因为二语学习者存在个体差异，主要涵盖情感和能力两个维度。任务复杂度是一种客观因素，是由任务对学习者的认知加工要求决定。任务复杂度与学习者个人能力无关，只与任务本身的结构和设计有关。因此，对不同学习者而言，一项既定任务具有不同的任务难度和相同的任务复杂度。

将任务复杂度如果进一步细分，可以分为"资源分散"和"资源导向"两个维度。在完成二语任务过程中，两个维度对学习者注意力资源的分配产生截然不同的影响。在资源导向维度上增加任务复杂度，能够将学习者的注意力资源导向特定的语言结构和形式，使产出的语言更加准确和复杂。在资源分散维度上增加任务复杂度，则会消耗学习者更多的注意力和工作记忆（working memory），使学习者分配给语言形式的注意力资源相对减少。学习者可以调用多重注意力资源，任务复杂程度的提高也有可能使学习者的表现得到提升。因此，学习者对形式和内容的关注并不一定是矛盾的。[1]

任务型教学模式分为真实任务和课堂教学任务两种任务类型。真实任务是根据学习者需要，模拟真实交际而设计的演练任务。例如，学习者有"假期出游计划"，则需要进行目的地的决定、预订航班、选择旅馆、预订房间等一系列演练任务；学习者有"申请高校"的需要，则需要进行写申请信、回复信件、咨询经济资助、选择课程、电话或网络注册、支付学费等一系列演练任务。课堂教学任

---

[1] 刘晓玲. 英语课程教学论［M］. 长沙：中南大学出版社，2014.

务不一定能反映真实交际，而是根据二语习得研究设计的语言学习任务。

任务型教学模式以教学的角度分为6种任务类型，包括列举、排序、比较、解决问题、分享个人经历和创造性任务。其中，创造性任务比较复杂，一般来讲，完成创造性任务时可以拆分成几个阶段，必要时还要进行前期、调查。

从认知角度可将任务型教学模式划分出3种任务类型：① 信息差任务（Information-gap activity），指对所给信息进行由此及彼的传递，由一个人传递给另一个人，或形式上的转换（如将文字信息转换成图表），或时空的转换，涉及对语言的解码和编码；② 推理差任务（Reasoning-gap activity），指根据所给信息，通过推理、演绎，或对关系、模式的识别等过程，推导出新的信息，如根据班级课表推导出教师课表；③ 观点差任务（Opinion-gap activity），指针对所给情景，明晰表达个人喜好、感受或所持态度，如续编故事、参与讨论等。这类任务的结果通常是开放式的。

任务型教学模式的3个步骤：① 任务前的活动（Pre-task）；② 任务过程（Task-cycle，包括报告、任务、计划）；③ 任务后的活动（Post-task，包括语言形式的操练和分析的聚焦）。根据我国国情，任务教学的课堂教学程序分为5个阶段，即任务设计、学习准备、学习呈现、学习开展和学习评价。任务型语言教学途径不是一种教学方法，而是一种教学思想。在实际运用中，任务型教学的操作方式根据任务的难度不同而不同。一些简单的任务可能只有一两个步骤，而一些复杂的任务则需要划分不同的阶段进行。

在任务型语言教学中，教师有着多重角色，在选择任务并决定任务顺序时，教师是选择者和决策者，要充分考虑学生的需要、兴趣和语言水平；在引导学生进行完成任务的过程中，教师是组织者、协调者、参与者、评价者等；在学习语言过程中，教师还要扮演本职角色，负责培养学习者的语言意识。在完成任务的过程中，学生则是参与者，参与整个活动；学生是探究者，观察自己和同伴的表现；学生是监控者，监控自己和同伴使用语言和学习策略的情况；学生是发明者，尝试用最好的办法解决问题。

任务型教学模式自诞生以来，已经被广泛地运用于全世界语言课堂中，"任务"已经成为许多教学流派语言教学主流技巧的一部分。然而，关于任务型教学模式是否比其他教学方法更有效，尚缺乏有力证据。在实际教学过程中，以"任务"为基本单位组织教学，还存在一些问题，如任务选择、任务排序、任务评价等仍需进一步探讨。通过分析亚洲语境下任务型语言教学的相关研究，可以看出任务型教学模式在亚洲语境下的实施存在一定困难，因为它与亚洲的文化语境、语言教学的传统观念及语言教学条件的限制等存在一定冲突，研究者建议在实施该教学法时，应结合亚洲的社会文化进行折中化和本土化，并致力于构建课堂内外自然与真实的语言实践环境。

综观外语教学史，人们起初致力于找寻一种最佳的方法，于是出现了流派繁多、异彩纷呈的局面。至20世纪七八十年代，交际语言教学成为普遍接受的一种理念，在教学方法的探讨方面不再追求独树一帜和独特效果，而是采取折中主义的态度，而且还有一个趋势"再谈论那些过时的方法"逐渐显现。人们已经进入了"后方法时代"（Post-methods era）。外语教学成功的关键不在于如何采取或设计方法，但如何适应不同的需求。生产出最满意的学习效果。通过后方法时代的"宏观策略框架"（Macro-strategies framework），可以在宏观上确定大体方向，留给教师更大的创造空间，设计出符合特定社会文化情境、特定学习者群体的微观课堂。这些宏观策略包括以下方面：

（1）尽量学习机会。

（2）促进磋商和交流。

（3）尽量减少误解知觉（指老师的意图和学生的理解之间的差距）。

（4）采用直观的启发式教学。

（5）培养语言意识。

（6）将语言输入语境化。

（7）培养综合语言技能。

（8）倡导自主学习。

（9）增强文化意识。

（10）确保社会相关性。

（三）交际教学模式

英语教学水平和研究水平的提高，既得益于语言学理论研究的进步，也是人们进一步认识语言本质的结果。人和人之间交流的是语言信息，语言属于信息系统，也是人类在交际过程中必不可少的工具。有交际才有语言。语言教学的目的不仅在于提高交际能力，还在于解决交际问题，因为语言要实现的第一个功能是交际性。大多数语言教学理论认为，语言教学的目的是为学习者提供良好的语言沟通能力。因此，沟通是大学英语教学，也就是以提高在沟通过程学生的英语口语能力的方向。

在大学英语教学中，话语能力、语法能力、社会语言能力、策略能力、话语能力和都属于交际能力范围，要求学生掌握。这些要求学生不仅具备一定的交际手段和良好的语言表达能力，还要求他们掌握一定的交际规则。人们经常使用的口头和书面语言沟通方法，书面语和口语是这两种通信方式之间的区别。书面语能力通常指外语交际能力，但无准备性、对可视情景的依赖性、交际的直接性、手势及面部表情的使用性、相对独立性等，又是外语交际能力具备的特征。因此，口语交际本身的特征比较特别，但在交际时则强调互动性。

1. 交际教学的基本原则

教学的场景和内容、学生和教师共同构成英语口语交际教学系统。教学信息通过这些构成要素，实现在教授系统和学习系统之间的切换，因此也推动这个系统的发展。信息在口语交际教学过程中并不是一直存在，师生在这个过程中要遵循相应原则，并且创造良好的交换环境。

（1）平等原则。交换和传递信息的人都是参与口语交际教学的主体，而且他们都是有意识且具有能动性，其实是交往活动。他们在这个活动中始终保有积极状态，也说明这个过程并不是强制性的、没有互动的单边活动，而是主体之间始终有交流的双边活动。

要保证教师和学生之间实现平等，教师要始终以学生为中心，让学生课堂活动的主体。首先，在口语交际教学过程中，教师要及时鼓励学生，让学生用自己的资源优势，以交换信息，并与教师沟通；其次，在教学活动的过程，教师应充分意识到学生群体是充满了充沛的情感和无限的个性，每个学生在人格、语言表达和认知方式上都存在不同。教师要做的是对学生自身具备的情感和人格给予充分尊重，才能让公平和平等出现在口语交际教学活动中，也是双向或多向交往的前提。

在口语交际教学活动过程中，教师要始终以学生为中心，保证学生在交际活动中的主体地位。教师也要让自己成为平等的参与者，而不再是活动中的长者和尊者，实现师生间的平等交流。

（2）互动原则。口语交际的重点在于交际，双方在交际过程中的沟通都是以口头语言为主。因此，"交际"应该和听说一样，成为口语交际教学的重点，让课堂教学中的信息实现双向互动或是多向互动。

（3）意义原则。意义是交际教学法的核心，因为人们在用英语沟通的过程中，重点并不在于语言的正确与否，而是在于意义的传达是否到位。教师在进行交际教学时，尽量不要对学生在语法上出现的每一处错误都给予纠正，而是应该增加容忍度。教师应意识到，无论是语言学习，还是其他学科的学习，都是在错误中取得进步。

2. 交际教学的具体应用

（1）掌握"听话"的技能。"听"是口语交际的重要组成部分。在交际双方可以选择和调整自己的说话方式，但它们不能改变别人的说话方式。不管其他人说什么，从沟通和传播的角度看，听者需要能够理解。在课堂教学中，学生一定要听老师的讲课，回答老师的提问，并听取同学的演讲，所有这些都需要学生掌握"听"的能力。因此，口语交际教学必须首先教给学生成为一名合格的"听众"。只有清楚地倾听和理解讲可以的质量得到改善。此外，从心理学的角度来看，"听话"的能力结构包括敏锐的感知，高度注意力，快速记忆，深刻理解力，正确评价和丰富的想象力。因此，培养学生的"服从"的能力应该从这些方面着手。

（2）掌握"说话"的技巧。听和说在口语交际过程中不可分离。说话的目的不仅是为了传达信息，还是为了表达思想。成功的口语交际需要高超的说话技巧，而说话技巧也体现在说话的连贯性上。

具有功能交际特征的活动见表2-9。①

表2-9　具有功能交际特征的活动

简短的谈话活动	交际能力的发展依赖于对学生进行简短对话，如各种主题的讨论（如天气、事件、休假、交通条件等）。从表面上看，这些简短的交谈是毫无意义的，但他们在创造的社会氛围中起至关重要的作用。因此，学生应掌握基本的简短谈话技巧。短暂的交谈可以在两个人或多人之间。话题讨论可以在任何一个时间，但最好要短
描述活动	所谓的描述性活动方式，教师让学生描述特定事物或现象，目的是为了鼓励学生学习如何使用和理解段落的形式、目标语言。此外，描述性的活动，也可以锻炼学生的逻辑思维能力和帮助学生更好地沟通
角色扮演活动	上课时间是非常有限的，所以角色扮演或模仿活动，已成为重要的技能，创造一个多元化的社会背景下，更多地体现多样化的社会关系。例如，教师可以设计出与社会的互动，如学校、家庭和朋友聚会的场面的角色，也可以设计的场景，学生暂时不会使用，但将来会使用它们，如预订酒店和宾馆
猜词活动	句子的掌握和应用是培养学生的交际能力的起点。学生必须掌握句子的基本知识，并能灵活运用句子。教师可以用猜词活动，为学生提供机会练习英语口语

第四节　大学英语教学理念改革与思维创新

一、以学生为中心开展教学

目前我国传统的英语教学是以教师为中心的讲授式教学，学生在学习知识的过程中是被动的、机械的，他们的真实需求经常得不到重视，会对英语教学效果产生很大的负面影响。因此，教师应体现出学生的主体地位，以学生为中心，让学生发挥自己的主观能动性，从而获得良好的教学效果。

———————————

① 王华. 大学英语教学中互动式教学法应用研究［M］. 成都：西南交通大学出版社，2018.

在教学过程中，发挥学生的潜能、体现学生的主体地位、以学生为中心都是无可厚非的，但大部分学校都有有限的教学成本，而且会统一安排教学计划。因此，为了让学生在教学过程中从有限的教育成本里尽可能获得最大收益，需要将人力、资金、时间成本与学生的发展和需求达到平衡。

在教学过程中，以学生为本并不代表学生可以决定一切教学因素，尊重学生也不代表要实现学生的一切需求，让学生进行主动学习也不代表学生可以以自己的所有意愿为准。教学中以学生为本，要始终以为社会输送优秀人才为目标，要使用合理并科学的人才培养方式。因此，在教学过程中应做到以学生为本，一方面让学生的心理和身体得到健康发展，满足学生的合理需求；另一方面分析现代社会的人才需求，所有的教学活动要根据教学计划逐步进行。

在教学过程中做到以学生为本以及尊重学生的主动性，并不意味要弱化教师的作用。与之相反，这种教学方式反而更强调教师所发挥的作用，教师的引导和组织作用与学生获得的学习效果以及在学习中的投入性和主动性有着紧密联系。要求教师必须不断在教学中反思，分析学生是否充满学习的积极性、学生是否在教学活动中充分发挥潜能以及学生的学习效果等。因此，在教学过程中应做到以学生为本，教师所规划的学习目标必须符合学生需求，既要引导学生，也要鼓励学生，让学生的学习责任感更加强烈。

（一）以学生为中心的特征

1. 学生表现方面的特征

课堂上以学生为主体进行教学，学生的表现主要包括以下方面：

其一，学生需要在一定时间内保持注意力的高度集中。只有学生在课堂上集中注意力，才能凸显其作为主体的优势。课堂教学中，学生只有集中精力，才会积极地聆听教师的讲解，并对其讲解的内容产生一定兴趣，积极地与同学、教师展开交流和合作，主动进行学习反馈等。

其二，有利于学生和教师以及同学之间加强合作和交流。强调以学生为主体的课堂教学，有利于积极推动学生主动思考教师提出的问题，并予以独立解决，能够提出自己的观点和想法；可以积极地上台进行展示；主动参与到小组讨论中，并分享自己的成果，加强和小组成员之间的合作，及时反馈自己的问题；对培养学生的责任感、积极性都是非常有利，有利于学习任务的完成。

其三，有利于强化学生参与学习活动的积极性和热情。强调以学生为主体的课堂教学过程中最显著的特色是有利于学生学习积极性的激发。在课堂上以学生为中心的原则将促进学生参与学习活动的兴趣和热情，使学生主动参与小组学习、课堂讨论、自主学习和教师提问等各种教学活动。

2. 教师表现方面的特征

要在课堂中强调学生的主体性，需要教师做到以下几点：

（1）鼓励学生，并引导他们互相尊重。为了强调学生在课堂上的主体，教师要给学生一定的鼓励，激发学生参与学习活动的兴趣和热情，鼓励学生表达自己的观点和意见，促进学生之间的合作与交流，使课堂教学更有趣的效果，同时充分尊重和肯定学生。

（2）有效调节学习活动的发展。强调学生的主体性课堂教学有利于教师合理的学习活动的监管，这体现在以下几个方面：

第一，确保学习活动可以开发围绕学习目标。在课堂教学中，强调学生的主体地位，教师应该根据实际需要进行表格、记录单等工具的提供，从而确保学生能够依据一定的步骤完成学习任务，促进学习目标的实现。

第二，保障学习过程有序开展。课堂上强调学生的主体地位，有利于教师顺利地完成教学任务。进行课堂教学组织时，教师应该制定合理的教学计划，按计划实行，从而取得较好的教学效果。如果不可避免地出现突发情况时，教师需要具备的能力，灵活地调整学习活动，有效地引导学生开展学习活动按照学习计划，以确保学习目标的顺利实现。同时，教师还要把控整个课堂纪律，以便学习活动的顺利进行。

第三，根据学生的反应灵活调整教学。英语课堂教学中难免有一些和学习计划相背离的情况发生，若是教师充分重视学生的主体地位，则应该及时对教学计划进行调整和改进，灵活应对各种课堂突发情况。

第四，给学生提供明确的、合理的反馈。教师尊重学生的主体地位，能够更加重视学生的问题和疑惑，并予以正确对待，帮学生答疑解惑，让学生可以及时获得反馈。

3.课堂环境方面的特征

课堂教学中强调学生的主体地位，创建一个相对轻松，愉悦的课堂环境，将有利于学生自主学习，合作探究，并具有以下两个特点：

（1）物理硬件环境的布局，使学生有主人翁意识。当课堂教学以学生为中心，桌椅可以被放置在一个圆桌的风格，有利于学生之间的合作和交流，加强学生的学习资源共享等，对提升学习效果具有意义。同时，为了强调学生的主体地位，教室中的其他环节布置也应有所变化。

（2）丰富的学习资源和学习工具，有利于促进学生的学习。以学生为中心的课堂教学中，有利于激发教师采用多种学习工具和学习资源，提高学生的学习效果，并将使用目标和使用方法传授给学生，有利于学习活动的顺利开展。

（二）以学生为中心开展教学的具体措施

学生是课堂学习的主体，主体是"人的知识和实践能力。"可以看出，学生可以学习，因为他们有一定的知识和实践能力的主体。在英语教学中，教师应让学生通过自己的感官获得从课本的各种信息，并学会比较，分析，综合和归纳这些信息，并进行去除粗糙和精华，去除假守信的思考真相，从外到内，从这个其他。抓住事物的本质，发现事物的内在联系，诱导事物的规律，建立科学的知识体系。在这个过程中，学生不仅学习英语知识，培养英语沟通能力，也培养了在学习过程中能够独立和自主学习，学会独立解决新问题的能力。可以看出，学生的学习过程就是要不断充实自己的主观世界，不断提高自身的内在过程。

1.尊重学生

教育顺利开展的一个重要前提是教师能够充分尊重学生的个体差异，如此才能让教师的教学活动更加具有针对性，从而促进学生身心健康发展。因此，教师要获得较好的教学效果，必然要以尊重学生为基础。

（1）尊重学生个性的发展。目前，国家非常重视学生的素质教育，这是一种基于学生个性发展的教学目标。这两个是分不开的互动。因此，大学英语教学必须要建立在素质教育基础之上，既要重视能力培养，也要重视德育意义。

大学英语教学过程中，以下两个原因会影响教师能否充分尊重学生的个性化发展需求：

第一，个性是素质教育的重要出发点。现代化社会的发展，使得各个领域对人才的需求有了新的变化，需要在教育中加强人才的品质教育，而传统的教育理念无法满足这一需求，为此，个性化教学应运而生，为新型人才培养奠定理论基础。

第二，个性倾向性影响个体的素质发展。人们的内在驱动源于个性倾向性，也是组成个性发展的核心内容，并对学生的追求产生决定性作用。

（2）尊重学生的主体地位。大学英语课堂教学应充分尊重学生的主体地位。教师的全部教学活动都是以学生为中心，其中也有刺激学生的主体作用，积极的意义，以及对英语教学效果的提高创造了有利条件。

个性化教学需要根据学生为中心的教学。只有这样，教师可以充分掌握学生的不同个性，激发学生的自主意识，促进学生综合素质的提高。

（3）尊重学生的自尊心。在人类的所有行为中，自尊心的渗透性最为强烈，会直接制约人们的各种行为。换言之，若人缺乏自尊心和自信心，认知和情感活动都难以取得胜利。

2. 培养学生的语言综合运用能力

教育领域对于语言综合运用能力的实质并未进行明确规定，需要基于英语教学目标的阐述，对语言综合运用能力实质进行理解和认识。

对学生的语言综合运用能力进行培养，也是国内英语教学的主要目的。随着学校阶段的不同，其英语教学目标也有所不同。但是，英语教学目标都是基于学校策略、语言知识、语言技能以及文化意识的培养之上，以此提升学生的语言综合运用水平。

由文化意识、技能、知识、情感态度、学校策略5个层面体现出学生的语言综合运用能力可知道，对学生的语言知识、语言技能、语言学习策略等能力的培养是教学的主要目标，还要强化学生的情感态度和文化意识的树立。

（1）着眼于学生的全面发展。学生语言综合运用能力包括技能、知识、情感态度、文化意识、学习策略5个方面。在教育过程中，既要重视培养学生的英语知识和技能，也要促进其文化意识、情感态度、学习策略的发展。英语教育的主要目标是促进学生的全面发展。学生全方位的提升是教师开展教学的切入点。

英语教学要遵循以人为本的原则，为此，英语教学的主要目标不应局限于培养学生的语言知识和能力，但更重要的是，根据学生的全面发展的教学活动。英语教学既要培养学生的英语综合能力，也要对学生的精神世界进行关注，充分体现出教学中的人本主义，发挥学生的主体作用，让学生形成正确的价值观和人生观，而培养学生的社会责任感也是学生终身学习的习惯产生的前提和基础。

1）教师应该坚信学生的学习潜能是无限的，任何一个学生都具备独特的个性和特长，充分肯定学生的差异性。和以往不同的是，现在的学生个性更加突出，独立性更强，思考问题的角度也具有一定的独特性。英语教师必须首先建立与学生良好的师生关系，充分尊重学生，以有效地培养学生的英语综合能力，让学生主动参与教学活动中，并将学习情况积极反馈给教师；也便于教师激发学生的内在潜能，了解学生的内心感受，促进英语教学效果的提升。

2）教师要注意营造和谐、轻松的课堂教学氛围造，在教学中充分尊重学生个性，关心爱护学生，加强与学生的合作和交流。因为教学在一定意义上是一种交际过程，和谐的课堂氛围有利于交际过程的顺利开展，甚至能够比一种好的教学方法更为重要。而和谐的课堂气氛是实行情感教学的最关键之处。

（2）主要目的是掌握语言技能。语言教学的最终目的就是用这种语言进行交流，为此需要先掌握一定的语言技能。听、说、读、写技能的培养是语言技能培养的4个主要方面。

（3）不可忽视语言基础知识。虽然英语教学的主要目标是为了促进学生对语言技能的掌握，但是并不代表可以忽视语言基础知识的作用。事实上，语言基础知识学习在一定程度上制约学生语言综合运用能力的提升。英语教学首要工作是进行语言输入，只有具备一定的语言基础知识，才能更好地进行语言技能的培养。因此，语言基础知识教学的作用不容被忽视。

（4）重视学生的心理因素。教师应该充分关注和了解学生的心理变化，为教学效果的提升创造有利条件。因为学生的心理素质将在很大程度上制约学习效果的提升。从学生的全面发展来看，心理素质的影响不可小视。

（5）注重学习策略的培养。学生对学习策略的掌握将影响其英语综合运用能力的提升，因此，对学生的学习策略的培养也是教学中的一个重要问题。教师应该充分尊重学生的个性特征，使得学习策略的培养更加具有针对性和效率性。

3. 培养学生的思辨思维

我国高校大学生对于英语学习的目标和方向各不相同，大一、大二的学生侧重于学习英语基础词汇、短语、语法等基础性知识，以培养良好的英语学习方法为首要目的；大三、大四的学生则是在夯实英语基础的同时，继续深入学习专业知识，增强知识储备量，培养对中英文化差异的认知能力。英语专业的学生普遍拥有较高的认知能力，甚至远超英语教学大纲要求，因此，传统的英语学习并不有助于提高他们的思辨能力。

语言的学习是不同文化的学习，英语的学习是对于英语国家文化的学习，帮助学生多角度打开思维和学习能力，体验世界各国文化，对比中外文化差异，拓宽学生判断问题的能力与角度，促使学生更好地看待本土文化和本国语言。

因此，只有广泛了解多国文化，深入学习各国人文思想，才能帮助学生理性客观地反思我国文化，认识到不同国家之间文化的差异。学生通过多元化的文化交流和文化学习，将其他国家好的文化思想进行吸纳和借取，摒弃不好的文化思想，充分发挥自身长处和独特性，最终建立起自己的文化素养和文化观点。

二、激发学生的学习动机

英语的学习离不开学习动机的培养和诞生。拥有强烈学习动机的学生，通常拥有明确的学习目标和高涨的学习热情，也更能在日常学习中克服许多学习困难，最终拥有令人羡慕的成绩。

（一）学习动机的类别划分

1. 深层动机与表层动机

根据刺激—反应理论，将学习动机划分为深层动机与表层动机两大类。深层动机指学习者为了满足自己的兴趣、增加知识等深层次的非物质层面需要而刺激产生的动力；表层动机指为了获得高薪、文凭、好的工作等表面物质层面的需要而刺激产生的动力。[①]

不同的学习者拥有不同的学习动机和不同的学习目标。拥有深层动机的人对英语学习有着饱满的动力与热情，他们会对自身提出较高的学习要求和学习目标，并且采取非常全面、规律且合理的学习方法进行英语学习。拥有表层动机的学习者主要是为了表面物质的获取而临时产生对学习英语的渴望，他们会利用有限的时间进行学习。一旦相应的物质刺激和学习动机不再有，他们也会停止学习英语的步伐，这类学习者的学习要求普遍偏低。

2. 内在动机与外在动机

英语学习还可由内在动机与外在动机决定。这两类动机的来，前者取决于对英语这门学科本身的求知欲，后者取决于外在因素的需要。拥有内在动机的学习者能够始终独立自主地学习英语，自发性地投入英语的学习过程而不受任何外界因素干扰。因为他们自身对英语充满兴趣，愿意学习这门语言；拥有外在动机的学习者通常是被迫学习英语，出于外在因素的需求和外界压力的刺激，他们是被动性地开展英语学习。两个动机有本质上的区别。

3. 任务型动机与结果型动机

英语学习还能由任务型动机和结果型动机决定。前者指由完成不同任务而激发出来的学习动机，后者指由任务完成后取得的结果和成就激发出来的动机。任务型动机对于任务的提出有一定要求，学习者在每个阶段要接受不同的学习任务，不宜过难也不宜过于简单，才能有利于提升学习者对英语学习的乐趣。结果

---

① 袁洁婷.大学英语课堂教学实施策略研究［D］.长沙：湖南农业大学，2015：31-38.

型动机是结果导向性的动机，学习者对英语学习的动机完全取决于最终将会带来怎样的结果。

（二）激发学生学习动机的具体措施

1. 教师遵守教学原则

在教学过程中，教师激发学生的学习动力，一般要遵循六大教学原则。第一，培养学生学习动机，激发学生的学习热情；第二，尽量提高课堂质量或者教学素养，吸引学生的注意力；第三，掌握一定社交技巧和策略，合理使用管理手段；第四，鼓励学生在课堂上进行互动交流与合作，促进学生间互相学习；第五，以让学生能够欣赏、充分理解且将英语知识运用到实践为最终教学目的；第六，高度重视学生对英语学习的期望和学习动机带来的价值。

2. 树立学习自信心

自信心表现为个体对自身的评价、态度和认识，对于外语学习有激励作用，是进步的基础和成功的动力，可以从6个方面树立学生的信心：① 教师制订切实可行的，能够促进学生学业进步的教学计划；② 帮助学生树立正确的学习目标，并认识到努力与成果之间的关联性；③ 为水平较低的学生提供额外帮助；④ 帮助学生正确对待失败综合征；⑤ 重视学习过程的评价和指导性的反馈；⑥ 帮助水平低的学生树立有适当挑战性的目标。[①]

3. 激发学生外在动机

学生学习的外在动机，一般是源于外部环境因素，例如学生的家庭教育、学校的竞争氛围、教师和家长的期许以及社会众多因素等，都能给学生带来进步的动力。然而，这些外部环境因素带来的学习动机都不是长久的，容易动摇，因此，还要从其他方面加强学习动力。第一，对学生在学习上取得的进步进行表扬；第二，在学生的学习过程中多给予评价；第三，引导学生充分认识外语这门工具的价值和重要性；第四，为每位学生提供公平的竞争环境和合理的竞争

---

① 宋琳琳，张丽. 融合混合式教学改革大学英语精读课程［J］. 中国成人教育，2019，（19）：66-68.

机会。

4.激发学生内在动机

教师在教学实践中应该采取以激发学生学习的内在动机为主策略，才能长久地促进学生积极学习、自主学习，并且使学生从学习本身甚至长期的学习过程中收获成就感与满足感，始终满怀对学习的期许和兴趣。第一，教师应该培养学生提高自主学习方面的能力；第二，教师要在课堂上随时提供具备一定难度和技巧的学习任务，多角度满足学生的能力提升需求；第三，教师在课堂上开展需要合作才能完成的学习任务，让学生的归属感得到满足；第四，教师对于教学活动的一切设计，以满足学生兴趣为前提条件；第五，教师要注重培养学生动手和动脑方面的能力。

5.满足学生个体需求

每个学生都有不同的喜好和需求，都有自己擅长的领域和感兴趣的方向，因为不同的家庭环境、教育背景、生活环境、社会等因素都有可能造就出学生的个体化差异。差异使得学生对于学习的需求不尽相同。作为教师，要在最大程度上尽可能地满足每位学生的不同需求，让每位同学都能够发挥自身特长与个性，在各自感兴趣的领域充分发挥作用。教师也要从长远利益上把控，以服从长远利益、规避眼前冲突为原则，充分满足学生个体需求。

第三章

现代大学英语教学信息化发展创新

信息技术的发展，为大学英语教学开辟了新思路，提供了新方法，也提出了新的要求。本章重点论述现代大学英语教学设计信息化创新、教学平台信息化创新以及学习方式信息化创新。

第一节 现代大学英语教学设计信息化创新

一、信息化背景下大学英语教学资源的设计

（一）大学英语学习资源建设组织

建设和组织大学英语学习资源、设计和开发英语网络学习资源需要多方同理合作，离不开大学英语教师和计算机编程员、多媒体运营者以及课程设计方的努力。网络学习资源的开发与建设，需要由专门的组织管理机构负责和运营，还需要建立一支专业的资源开发小组，持续且高效地开发英语网络学习资源。

1. 组织管理机构的职责

（1）按照网络教学目标与规划以及教学实践中的实际需求，制定网络学习资源长远的开发目标与不同阶段需要完成的短期目标。

（2）制定健全、科学且安全的网络学习资源，开发审批流程与开放管理制度。

（3）在开发与建设网络学习资源的过程中，及时有效地开展审批和验收工作，随时跟踪、检验网络学习资源的建设成效。

（4）组织和协调英语专业人员、课程设计人员及课件制作人员的工作。

（5）负责监督落实网络学习资源建设的经费支出、管理使用和落实。

（6）有效分析网络学习资源的方案建设，负责审批、课题立项等工作。

（7）规范网络学习资源的系统建设，为网络学习资源的发展方向制定明确标准。

2. 学习资源建设小组的人员构成

要建设英语学习网络资源，需要组建一支专业小组，小组人员组成需要有英语从业人员、程序开发员、美编设计员、多媒体制作人员等人，这些人员需要互相配合，具体职能如下：

（1）总体设计人员。负责本项目的总体规划设计、组织协调等项目管理工作。

（2）程序编写人员。负责功能设计、程序编写、测试等工作。

（3）媒体制作人员。负责各种媒体的信息采集、制作、界面设计、动画设计等工作。

（4）课件制作人员。负责网络课件的制作、系统整合、教学信息发布等工作。

（5）大学英语专业教师。负责本门课程的教学设计、各种媒体素材的搜集整理、声像教学信息的编播设计及脚本文档整理等工作。

（二）学习资源结构的规划工作

对学习资源结构进行规划，主要应做好以下工作：

第一，阐明根据所需要的主要内容来建立学习资源。以建立大学英语网络教学资源为例，需要明确教学课件所包含的课本单元章节，还需要明确每节课程所包含的文本资料、听力训练、讲解文本以及课后练习题。

第二，确定网络学习资源组织与结构。通过客观遵循英语教学规律，合理组织英语教学的具体内容，搭建清晰明了、方便操作、有层次且利于学生学习的知识结构。

第三，存储目录结构。目录主要用于存储网站的各种信息，如声音文件（.wav、.mp3、.rm）、图形文件（.jpg、.gif）、HTML文件（.htm）及其他文件。目录结构取决于网站的组织结构，以及两者可以相同或不同。

（三）教学信息媒体素材的采集

在传统的英语教学中，英语教师为提高课堂的整体教学效果和学生的学习兴趣，会将录像磁带、录音磁带等教科书以外的辅助工具带入课堂，营造良好的学习氛围。随着网络信息化时代的到来，声像学习材料开始发挥着不可或缺的重要作用，多媒体形式的声像学习材料逐渐取代传统的磁带材料，现今的教学主要是用多媒体文件形式储存声像素材，不再以磁带储存素材。多媒体储存的声像素材有众多优点，能够为学生提供更高质量的辅助材料，并在网络上进行高效传播，既可以将原来录制好的优秀材料转为数字化信息，也可以直接采用多媒体设备录制新的教育辅助素材。

多媒体素材的建设可以参考以下三点准则：

（1）实用性原则。

第一，考虑网络带宽的条件。

第二，考虑多媒体信息量能否满足大学英语教学的需求。

第三，注意素材的可用性。

（2）标准化原则。基于多媒体软件的应用与推广，多媒体素材在网络教学课程使用和多媒体素材开发方面，需要遵循规范的标准制度。大学英语多媒体辅助材料的制作与创作，不能仅凭个人爱好。由教育部制定的《现代远程教育资源建设技术规范》规范文件，为大学英语的网络教学提供了标准指南。

（3）艺术性原则。上述两个原则条件得到满足后，还需要注意多媒体学习素材的美观性和艺术搭配，在设计多媒体素材时需要关注整体页面的质量和呈现效果，从色彩搭配、结构设计、页面层次等方面考量适于学生学习和操作多媒体设计。

（四）教学课件信息的整合

大学英语多媒体课件的质量和好坏，直接决定学生对于课程学习的兴趣和积极性，也决定学生最终取得的学习效果和学习成就。因为学生是直接接触多媒体课件的群体，所以课件不能是单一的课程设计和放映，而是需要大量整合优质的英语课程，提炼出优秀的教学信息和教学素材，有效地展示出完整、科学、优质的大学英语多媒体课件。

在制作大学英语网络课件时，整合课件信息需要从三个方面开展工作：

1. 重视教学媒体间的有机联系

选用英语教学的各种媒体时，要避免简单无效的数量累计，而是要科学高效地分析课程机构，掌握课程内容，了解课程逻辑，再将各种英语课程合理编排融合成一体，制作出完善的、相互之间有密切联系的整体课件。

2. 使用丰富的媒体素材

大学英语课程性质主要有互动性和实践性，需要大量、充足的音视频素材给予支撑，单一的文字素材无法满足该门课程的学习和诉求，因此，英语教师要尽可能多地融入教学课本相关的音视频材料，帮助学生提高自身对课本和英语知识的理解，实现对英语知识的融会贯通，提高学生学习英语的积极性和效率，提升育人效果，从而实现学习目的。此外，教师需要关注对学生学习能力和学习策略的培养，提升学生综合运用英语能力为基本要求，与学生不断探讨更好的学习策略和学习方法，学生的学习策略决定其英语知识综合运用的能力。教师还要根据学生个体需求和个性特点，帮助学生制定适合个人且正确、高效的英语学习方法，培养学生自主学习能力。

二、信息化背景下英语学习环境设计原则及优化策略

（一）信息化背景下英语学习环境设计原则

信息化学习环境设计的最终目标是，利用虚拟的学习方法和技术促进学习者获得更好的学习效率，并合理地配置和设计信息化英语学习环境的各个要素，以适应学习者在学习过程中不同的学习需要。

学习过程的基本特征以及相应的信息化学习环境设计必须遵循的原则，见表3-1[①]。

表3-1　学习过程的基本特征和信息化学习环境设计原则

学习过程	信息化英语学习环境设计原则
学习需求来驱动，并依赖于实际的参与	（1）提供个性化的学习环境，基于有意义的活动内容的学习任务和目标。 （2）学习内容的基础上，学习必须知道和需要知道的，并且指定了最重要的学习内容。 （3）跟踪和记录学习者的历史和进步，为学习者提供相应的适合其需要的学习策略
学习是在社会的人使用的语言、符号、工具等作为调停人的社交行为	（1）社会、沟通和合作的范围内使用的中介。 （2）提供一个支持系统，以支持学习者通话、通信和在具体问题上的反馈。 （3）具有完成学习任务，如概念、图表和其他认知工具解决问题，具有支持、提供帮助工具的功能
学习是最近发展区，以适应现有的文化成员的行为	（1）使用学习者的最近发展区创建个人之间的结构关系，使初学者需要更多有能力的人的环境。 （2）通过环境认知工具创建不断发展和互动的环境。 （3）创建内容，其中包括社会上各种专业知识可以使用的环境
学习是一个反思和认知行为的内在过程，从社会到个人	（1）提供工具来帮助思考，通过问题和建议认知行为。 （2）强调学习广度。 （3）强调任务和目标，使学习者通过实践行动来体现

① 莫英.信息化背景下大学英语教学改革与创新思维［M］.成都：四川大学出版社，2018.

续表

学习过程	信息化英语学习环境设计原则
学习是基于丰富的文化和社会背景下，获取隐性知识和显性知识	（1）提供了一个共同学习的平台，使学习者基于真实的语境，进入良好的学习环境。 （2）提供了便利的学习环境，使学习者可以及时地获取知识。 （3）它是一种补充其他形式的互动
学习是从一个环境到另一个知识的转化，并发现概念意义的相互关系的过程	（1）提供一个具有挑战性的学习环境，使学习者的反射可以在其他环境中使用。 （2）为学习者提供观察的可视化表示、图案或相关变量的稳定帮助。 （3）组织的信息，使学习者进入更深的分析过程

（二）信息化背景下英语学习环境的设计优化策略

信息化英语学习环境是以学习者为主体，需要建立在社会支持、同伴支持、内化支持及任务支持等基础上，其主要特征表现在分层性、互动性和动态性。加强设计的社会支持、同伴支持、内化支持和任务支持，也成为当前新型英语学习支持环境设计的核心环节。

网络技术的支持是运用虚拟学习支持模式的前提条件，充分体现学习者作为主体的作用。该教学设计模式有利于学习者在网络即时的支持下进行各种活动内化，激发学习者的潜能和提升学习者的学习效率。信息化英语学习环境也可以应用这一模式实现其学习目标，如图3-1所示[①]。

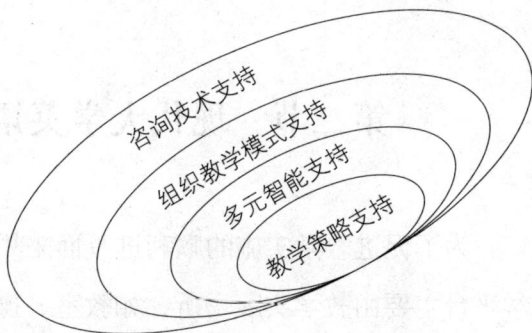

图3-1 信息化英语学习环境应用的模式

信息化英语学习环境应用模式共分为以下四层：

第一层属于教学策略，通过对网络环境中多类型的设计元素，比如经验学习、独立学习、直接教学、间接教学、互动学习等模式提供给学习者，是基于维

---

① 莫英.信息化背景下大学英语教学改革与创新思维［M］.成都：四川大学出版社，2018.

果茨基理论而成立，在确定学习者最新发展区后，结合学习者的学习进度和学习任务的不同来制定学习目标，满足学习者个性化学习的需求。第一层次的主要作用是提供任务支持，同时也有同伴支持、内化支持、社会支持等。

第二层是主要是为学习者提供多元智能化的知识内化动力，它是建立在第一层个别指导基础之上的一类模式。基于多元智能理论角度，学习者具有迥然不同的学习风格，并具有多元化发展的学习路径，个体需求会导致学习内容的趋向多样化发展。

第三层属于组织教学模式，可以借助两种方式实现：一种是同步，另一种是异步。组织教学模式是基于网络完成，主要完成的支持包括两种，即社会支持和同伴支持。通过网络技术，实现异步之间合作、交流、互动，也可以实现区域间的同步交流。该模式可以借助文本、音响等数据形式，完成同步交流。异步交流主要是针对各种学习任务的反思和思考等层面进行。

第四层为整个模式提供咨询技术支持，可以采用文字处理、网络静态信息、电子邮件、实时聊天、新闻组、网络动态信息等网络工具和技术完成。这一层是以上三层的技术保障层。

第二节　现代大学英语教学平台信息化创新

为了促进教学实施的顺利进行而采用各种软硬件设施，统称为教学平台。教学平台主要由教学实践场所，如教室、操场等传统场所和网络、电视等新型场所以及教材资源、教学设备、课程等组成。基于现代网络、通信以及数据库技术而成立的大学英语教学实践场所，称为信息化大学英语教学平台。

一、信息化背景下E-Learning教学平台的应用

（一）E-Learning 教学平台的体系结构

E-Learning教学平台是基于互联网实现网络教学的必要条件，是建立在网络

基础设施之上、用计算机网络编程实现的学习环境，它的后台是系统程序和被程序组织起来的数据库，前台是网页界面。从技术角度上讲，E-Learning教学平台是一个基于数据库的信息管理、发布系统，并以提供教学服务为原则；用户通常分为讲授者、学习者和管理员；学习管理系统主要是存放以课程为单位的课件、试题库以及教学多媒体资源。

E-Learning教学平台是把文字、图形、影像、声音及其他多媒体教学软件的先进技术有机地融合在一起，利用网络讲座、电子邮件等信息技术进行教学，使得知识信息的传递方式和空间都有了极大拓展。[①]

E-Learning教学平台的系统架构，一般包括学习管理系统、虚拟教室工具、套装式在线教材、定制化在线教材、在线测验等模块。E-Learning教学平台的系统可分为五个部分：网上课程开发系统、网上教学支持系统、网上教学分析系统、网络教学资源管理系统和相关应用系统互操作接口。前四个部分分别完成网络课程开发、网络教学实施、网络教学分析、网络教育资源的管理和维护功能，第五个部分则用于解决网络教育开展过程中涉及的网络教育系统与其他相关应用系统的操作问题。

（二）E-Learning 教学平台的特征

（1）知识的可重复性。E-Learning教学采用网络化教学模式，学习者通过在线学习，可以不受场地、时间的限制，在学习者可利用的学习时间内，自由调配学习资源进行碎片化学习，可随时对已学习内容进行复习巩固，解决了课堂学习内容遗忘问题。

（2）知识的网络化。学习内容不再局限于书本，还包括相关的专业知识数据库等。知识体系在数据库作用下予以重新分类，必然会导致学习内容的重新组合和规划，并产生新的学习方法和研究方法。

（3）学习的自由性。计算机用户端是学习的终端，学生可以根据自己的需求

---

① 刘春亮. 大学英语多媒体信息化教学策略研究——评《基于网络多媒体的大学英语教学模式的研究》[J]. 中国科技论文，2020，15（2）：10.

和进度进行学习，不再受传统学习顺序的影响，也不受传统的时间和空间限制，可以通过网络中的知识库或者和教员、学员之间的沟通和交流，及时解决学习中遇到的各种问题和疑惑。

（4）学习的可跟踪性。将学生的学习活动记录下来，以此作为对分析学习需求和评估学习效果的依据。

（5）学习内容要持续更新、保持及时性。所有的知识内容（包括学习教材在内的各种学习资源）可以在第一时间保持更新，同时保证知识的一致性。

（三）E-Learning 教学平台的具体应用

1. WebCT

WebCT是一套以网页为本的电子教学平台。从我国校园网和Internet使用的普遍性来看，外语教学可以WebCT为工具，运用ASP、NET、PHP、ASP、VRML等语言格式创建课程主页；可依托校园网站服务器建立单独的站点目录，配置IIS信息发布系统，建立Web站点，发布给学生，让他们上网学习。外语课程主页设有课程说明、教学大纲、教学进度表、主题学习任务、讨论、作业、成绩、评语、校历等栏目（即环境），设置各自内容。

运用WebCT营造课程网上学习环境，可推动学习过程中，学生与网络、学生与学生、学生与教师的全面互动与合作，为学生的语言使用、问题探讨开辟交流、合作以及自主学习的平台。WebCT将成为学生课内外合作与自主学习的重要工具与导向。[①]

WebCT的主要作用是存储网络外语教学课件和教学资源，并提供交互工具，供师生交流和沟通。WebCT通过桌面模式进行环境设计，在这个通常受限的网络界面，工具是可利用和统一的。WebCT的主要特征在于具备的交互功能非常方便快捷，具备的素材组织和管理功能非常丰富，作业提交功能和测试评估工具非常完善，能够及时开展教学追踪和控制等，还能详细记录学生的学习情况、教师的答疑情况和疑难问题等。

---

① 李岱菊. 现代信息技术在大学英语课程教学中的运用［J］.轻合金加工技术，2020，48（1）：69.

2. Moodle

Moodle是目前比较流行的网络教学平台系统之一。"Moodle"一词是Modular Object-Oriented Dynamic Learning Environment的缩写，即模块化面向对象的动态学习环境，是一个用于建设基于Internet的课程和网站的软件包。Moodle是澳大利亚教师马丁·多格玛斯（Martin Dougiamas）基于建构主义教育理论而开发的网络课程管理系统，是一个免费开放源代码的软件，目前在已得到广泛应用。

所谓网络课程管理系统，指为基于网络课程的教与学提供全面支持的软件系统，这类软件系统也称学习管理系统（LMS）或虚拟学习环境（VLE）。Moodle平台依据建构主义的教学思想，即教育者（教师）和学习者（学生）都是平等主体，在教学活动中，他们相互协作，并根据各自已有的经验共同建构知识。Moodle是重要的虚拟学习环境创设软件包，其特征表现如下：[①]

（1）总体设计。Moodle的安装非常简单便捷，包括各种类别课程，系统安全性较高；具有风格简单、高效和统一的界面设计，对浏览技能没有特别高的要求。

（2）网站管理。网站管理者在安装时便可予以确定。管理者通过主题设置，可以调整和设置网站的颜色、版面以及字体大小，为了满足更多国家学习者的需要，还设置各种活动模块和多种语言包。

（3）用户管理。用户在使用Moodle时可以先进行语言选择；可以指定自己的时区和数据，还可以帮助学生根据个人的描述、电子邮件以及照片等信息建立在线档案，根据用户需求显示。

若是学习者长时间不进入活动，进入时需要重新登录。为此，教师可以设置课程登录密码，以确保课程的安全性和稳定性。只有课程的相关建立者和教授者才能获知开设账户，学习者要创建登录账号并通过邮件认证后方能登录。

二、信息化背景下基于虚拟仿真技术的虚拟教室应用

虚拟仿真技术是20世纪末兴起的一门崭新的综合性信息技术，是发展到一定

① 王琦. 信息技术环境下的外语教学研究［M］. 北京：中国社会科学出版社，2006.

水平的计算机技术与思维科学相结合的产物。虚拟仿真技术主要采用计算机信息技术，生成逼真的触、听、视等一体化的现代高科技虚拟环境，使用者借助各类媒介设备，以自然方式与虚拟世界中的物体进行交互，是一种人与虚拟环境进行自然交互的人机界面。

虚拟仿真技术主要由计算机软件、硬件及辅助传感设备等组成，其特点是通过计算机可以产生一种虚拟场景，使用者可以在该场景内触摸、操作、检测周围环境、直接观察内部事物的变化，产生互动，让使用者产生一种身临其境的感觉。

（一）虚拟教室的构成

虚拟教室是运用计算机技术、多媒体技术、数字压缩技术、网络通信技术等信息技术，将多学科、多领域融合交叉而形成的产物，是在计算机网络基础上，利用多媒体技术构建教与学的环境，可使身处异地的教师和学生相互听得到、看得见。

虚拟教室是以建构主义理论为基础，利用计算机多媒体技术、网络技术、现代通信技术等构建的数字化网络教育支撑平台，为教师和学生提供一个类似传统的教室，同时又不受时间、地点限制的网络教学环境。

虚拟教室不同于传统教育中的教室概念，不仅具备类似于传统教育的环境，而且是一种使学生身处学习对象中的逼真环境。例如，学习飞行器驾驶技术，虚拟课堂可以是飞行器驾驶室的模拟环境；学习解剖学时，虚拟课堂可以是在虚拟医院。虚拟课堂甚至可以使学习者身临超越现实时空的学习环境，如探索星系时的虚拟课堂是虚拟太空，研究分子原子结构时的虚拟课堂是在虚拟微观世界中。[①]

虚拟教室系统根据功能可分为三个组成部分：使用者部件、控制中心以及教学资源库。

---

① 莫英.信息化背景下大学英语教学改革与创新思维［M］.成都：四川大学出版社，2018.

（二）虚拟教室在大学英语教学中的应用

1. 虚拟教室在大学英语课堂教学的应用

为了满足教育改革方针需求，目前高校教学模式主要遵循学生为主，教师为辅的原则。大学英语课堂也越来越多地利用各种高新技术，如多媒体的运用基本上已经成为普遍现象。目前，部分高校教学也创建了虚拟教室，有利于将学生带入真实的语言情境中，让学生通过虚拟技术和自己的偶像、明星以及伟人等开展直面交流和沟通，让学生能够真实地感受到英语所带来的成就感，也能深刻体会到英语的魅力所在。

2. 虚拟教室在大学英语实践教学的应用

目前还有很多高校在英语教学中大量采用传统的教学模式，填鸭式的教学方法屡见不鲜，往往忽视学生英语综合运用能力的培养。虽然一些高校也对多媒体教学模式有所了解并予以引进，但是在英语课堂教学中运用得却比较少，大学生外出实践也非常缺乏。因此，需要加强大学英语教学中的虚拟教室利用程度，将对学生的户外实践能力提升具有重要意义。

第三节　现代大学英语学习方式信息化创新

一、信息化背景下大学英语自主学习

（一）信息化背景下大学英语自主学习的动机培养

1. 进行面对面交流，降低学生的焦虑

信息社会的到来和科学技术的高速发展，使得学生接触到的高科技产品越来越多，获取信息的渠道也越来越广，但是面临如此多的信息获取渠道，反而会使学生不知道从何着手，在浪费了时间的同时，也没有得到收获。这一负面影响最为显著的是大一新生，在他们还没有适应新的学习环境和方式时，自身的思维和

意识依旧停留在对教师的依赖，希望受到教师的指点和引导，由此便决定了他们在没有教师及时的指导下，产生一定的焦虑情绪，严重的会失去对学习的信心，从而无法完成学习任务，有些学生甚至放弃英语的学习。为此，教师应该使用网络在线信息引导和课堂面授反馈相结合的方式，帮助学生掌握英语学习方法，提高英语学习效率。①

（1）在线信息引导。所谓在线信息指导指教师可以基于网络指导和帮助学生进行语言学习，节省学生浏览网页的时间，为学生的信息选择和获取提供服务。

（2）课堂面授反馈。在现代教育理念和教学模式中的"翻转课堂"，使用多种方法来检查学生的在线和离线的学习条件，讲述常见的问题，指导学生学习分析常见问题的原因，并采取多种措施来解决问题，不断提高学生自主学习的效率。

例如，读写课堂教学主要训练学生的阅读技巧，为实现这一教学目的，英语教师可以就不同的英语段落设置问题，并对每一段落中的核心词汇和短语加以重点标注，这样，学生在借助网络进行英语自主学习时，可以针对教师所设置的问题进行学习，在节省时间的同时也提高了学习效率。同时，学生在学习文章时，还应当借助网络了解与文章作者、写作背景、写作目的等有关的学习资料，分析并厘清文章的结构，能够把握学习文章的主题思想。

在接下来的课堂上，老师应该让学生在文章中翻译的短语和词汇，使词汇句子，段落解释和情景对话，这可以更直观地检测学生的学习情况。课堂教学活动都结束后，老师要做的是肯定和表扬学生的自主学习，然后指出其存在的问题后，帮助学生找到自我学习并加以改进的不足之处，并增强学生在自主学习方面的自信心。

2. 采用多样化的教学方法，培养学生的自主学习兴趣

信息化背景下，英语教学拥有丰富的教学资源，可以采用较为直观、生动、形象的教学方法，帮助学生更好地进行自主学习。但应当注意的是，教师在为学

---

① 李岱菊. 现代信息技术在大学英语课程教学中的运用 [J]. 轻合金加工技术，2020，48（1）：69.

生选择学习视频或音频时，不能过于随意，应当结合所要学习的知识点，考虑学生的现有语言水平，增强学习资源的针对性和有效性。[①]

（1）人机交互。教师应大力鼓励学生使用英语学习平台，开展口语和听力教材中"视觉听说"训练，一边听并复述他们所听到的对话，并掌握单词的发音技能的技巧，特别是弱读和重读的发音技巧。这不仅锻炼了学生的听读能力，也在一定程度上有利于学生的口语表达能力，训练其利用英语进行对话的能力，激发学生学习英语的热情和兴趣，从而更好地开展英语自主学习。

（2）主题讨论。主题讨论借助腾讯QQ、微信等网络通信技术实现。在进行主题讨论时，教师可以单元教学内容为依据进行问题设置，并将学生分成若干个学习小组进行讨论。在进行问题讨论时，学生可以脱离内容限制，也可以不考虑自己的观点正确与否、语法正确与否，将自己放在与教师平等的地位进行探讨，在这样一个较为自由、宽松的学习环境中，可以最大限度地激发学生的学习兴趣，发散其学习思维，让学生通过面对面地沟通与交流，习惯用英语表达。在课后，教师应当安排学生对自己的语法和不会表达的英语词汇进行查找和学习，增强学生的词汇印象和记忆。

（3）课堂情境创设。传统的英语教学方式和教师的备课模式在信息社会中出现较大改变。在现代化的英语课堂教学中，教师不再是一个人站在讲台上滔滔不绝地讲课，更多的是欣赏学生的学习作品与成果。教师在进行备课时，也不再如传统教学一般，在纸张上罗列教学过程，而是借助PPT等现代信息技术，在授课过程中插入相应问题，并让学生进行预习。

例如，在正式上课前的导入部分，教师可以利用多媒体或电脑播放一首与学生将要学习内容有关的歌曲或视频，引起学生的学习兴趣；在教学过程中，教师可以安排学生进行抢答、学生制作与展示幻灯片、歌剧表演、小组讨论等方式，抑或者让学生自主选择表现形式，让学生在活动中充分展现自我，在愉快的氛围中进行英语的自主学习。

---

① 宋琳琳，张丽.融合混合式教学改革大学英语精读课程［J］.中国成人教育，2019，（19）：66-68.

3. 培养合作式的学习氛围，激发学生自主学习的动机

个性化是信息技术环境下大学英语自主学习的一大特色，但不能否认的是，信息技术也会对英语学习产生一定负面影响。例如，有的学生会因为缺少与教师面对面交流而产生学习焦虑，严重的甚至会放弃英语学习。在学生进行自主学习时，如果教师可以适时参与其中，可以缓解这一问题的出现。由此，在英语自主学习过程中，可以借助以下方式减少学生焦虑情绪的产生：

（1）在线交流。教师和学生在线沟通和交流，可以借助网络通信软件完成。

（2）在线合作学习。通过在线合作学习，教师可以依据教材内容设置问题和任务，帮助学生提升独立解决问题的能力，还要帮助学生树立合作精神，有利于发挥英语基础较好学生的带动作用，为基础较薄弱的学生提供辅导和帮助。

在线合作学习最大的特征在于灵活性，学习者只要在规定的时间内完成学习，而不再局限于统一的时间和统一的地点学习。学习结束以后，将学习成果在全班共享，甚至可以将比较优秀的教学成果在全年级共享。

（3）课堂合作学习。课堂合作学习有利于突显学生的主体地位，强化学生参与的积极性和主动性，在一定程度上改善课堂教学范围，对学生的独立思考能力和表达能力的培养具有重要作用。

在大学课堂教学中，教师发挥的作用主要体现在两个方面：启发和引导。在课堂合作学习过程中，教师可以采用拼图法、猜词法、抢答法、编号法、分组讨论法、记分法等组织形式，根据学生的实际水平，设置相应的问题和教学内容，力争让每一个学生都参与其中，让每一个学生都可以感受到教师的重视和在课堂教学中的重要性。在学生进行讨论时，教师可以请学生将自己的观点加以阐述。随后，教师针对学生的观点进行点评和总结。在总结过程中，教师首先要做的是对学生的观点加以肯定，在此基础上再提出问题和不足。这一学习方法在活跃课堂气氛的同时，也会拉近学生与学生之间、教师和学生之间的关系，帮助学生克服焦虑情绪，强化其进行语言学习的动机。

综上所述，教师应当根据授课班级情况进行具体分析，采用合适的教学方法和手段，充分利用现代信息技术和多媒体，营造一个轻松的学习环境与氛围，激发学生的学习动机与兴趣，为社会发展培养所需要的人才。

（二）信息化背景下大学英语网络自主学习中心及其建设

1.大学英语网络自主学习的要素

现在，很多高校都建立了网络外语自主学习中心，而且逐步发展成为学生网络外语自主学习的主要方式。这一学习平台有别于传统的自主学习平台。和传统的自主学习需要一定的物理场所作为支撑的不同之处在于，网络英语自主学习是在线学习系统，只有具备相应元素，才能确保网络英语学习中心的理想化发展。

（1）学习资料和使用指南。

第一，学习资料。学习资料包括各类书籍文本资料、多媒体视听资料、课件、测试题，等等。

第二，使用指南。使用指南指导学习者使用平台上的学习资料。学习指南可以是文本形式，也可以是应用程序的形式。

（2）在线导师辅导和学习者档案系统。

第一，在线导师辅导。在线导师辅导针对学习者的特点和需求，提供实时辅导，解答学习方法和学习内容方面的问题，帮助学习者对学习的各方面做出决策。在线辅导人员必须具备全面的英语教学专业知识，一般可由大学英语教师担任。

第二，学习者档案系统。学习者档案系统记录学习者在中心的各种学习活动和结果，包括学习者的来访记录、资料使用情况、测试与评估情况等。

（3）测试与评估软件系统。此系统可以对学习者的英语水平、学习能力、学习风格等提供在线评估，可以提供学习决策和建议。如果有教师在学习者需要时能够提供在线支持，则效果更好。

（4）在线互动平台和在线课程。

第一，在线互动平台。学习中心可以为学习者相互之间的交流提供平台，如博客、聊天室等。

第二，在线课程。学习中心可以提供学校正式课程以外的辅导型课程，帮助学习者有针对性地提高相关能力。①

2. 大学英语网络自主学习的作用

（1）优化学生的自主学习环境。当前，多数高校英语网络自主学习对英语学习平台进行登录时，均是通过校园网完成。在安排学习时间时，必须针对英语网络自主学习室的学习安排学时，网络自主学习室必须配置专业的辅导教师负责解答学生提出的问题，学校公共计算机机房资源应该按照现实状况，面向学生开放。

（2）增加趣味性的学习互动模块。教师是课堂教学中师生互动的主导者，教学效果会在互动教学推动下获得极大提升。在设计网络学习系统时，应该着重关注互动环节在网络英语自主学习平台中的实施，互动模式要与在大学生中普及的多种社交平台进行融合。为了实现及时互动与在线教学，应该将学习互动交流群、学习微信公众号、学习讨论微博平台与学习答疑平台融入学习系统中。为了提升学习的吸引力以及学生对学习的兴趣，应该在现代化的社交模式基础上，实现立体化的教学互动。

（3）引入移动应用软件学习模块。在移动网络极速进步的大背景下，现在大学生群体已经开始广泛使用智能手机，移动设备在大学生的交往生活中发挥着重要作用。让大学生的手机装入大学英语自主学习平台的应用软件，可以使学生的学习摆脱时空限制，真正获得自主性，从而消除传统学习弊端，同时应用软件可以按照学生的学习状况及时通知学习进展，还可以把多数学生提到的学习难点推送给每个用户。在大数据协助下，对引起学生关注的学习资源统计进行及时公开，引导学生在课余时间通过手机软件学习，提升学生学习的主动性以及学习成效。

大学英语网络自主学习平台建设，可以使学生摆脱时空束缚，提升学习的个性化、自主性以及选择性。利用构建规模庞大的网络学习资源库，能够增强学生学习大学英语课程的兴趣，使学生的英语语言综合能力得到显著提升，使科学

---

① 林新事.英语课程与教学研究［M］.杭州：浙江大学出版社，2008.

化、网络化、智能化成为大学英语教学未来的发展趋势，推动大学英语教学的进一步发展。

3. 大学英语网络自主学习的具体措施

（1）加强外语信息资源个性化建设。目前，各大高校自主学习中心采用的是专门制作的学习资源，如《新视野大学英语》系统。该系统将词汇练习、翻译练习、听力、写作练习等同课本内容涵盖其中，诸多高校的学生听说训练系统还选用的是《体验英语》《新理念大学英语》，然而与学生个性化学习的要求还有很大差距。对此，自主学习中心必须对外语学习资源进行进一步拓展。

第一，在信息化高速发展的今天，教师能够按照学生能力，对其他国家的原版教学资料进行搜集与编辑，并在学生自主学习过程中运用这些素材。与真实的语料进行密切接触是语言学习的必由之路，鉴于学生对有趣的内容更加感兴趣，中心可对西方电视台的诸多节目，如新闻、娱乐、访谈等视频进行搜集，供学生选用。虽然大部分教师在教学过程中鼓励学生在课余时间对西方国家的主流媒体、报刊、文章进行浏览，但是在现实中，只有少数学生具有这种积极性。因此，教师应该在资料库中定期导入经过仔细挑选的素材，为学生的自主学习奠定基础。倘若条件充分，还可将部分语言指导融入其中。

第二，我国大部分高校均将EAP教学，也就是学术英语教学作为未来英语教学的重点加以推广，学习资源以学生的专业为依据进行提供。为此，高校英语教学不仅要使学生的一般需求得到满足，而且要使学生获得个性化学习空间。

（2）提升自主学习中心的管理水平。只有全体工作人员一起努力，自主学习中心才能正常有效运转。首先，技术人员为硬件设施提供维护工作；其次，全院领导和教师同心协力，中心才能正常运转。领导进行整体规划，教师则承担方案的推行，并在推行时寻找问题，对有关数据进行搜集，为后续调整奠定基础。此外，信息交流应该有畅通的渠道，上级领导的要求才能顺利传达，中心的运转状况才能明确地呈现出来。

自主学习中心使传统的教学模式发生很大改变，为学生提供了极为丰富的学习资源，推动学习方式朝着个性化方向发展。然而，自主学习中心建设不是为了使教师获得更加充裕的休息时间。相反，教师会付出更加辛勤的劳动。学校和学院应该在资金与政策方面提供更多支持。唯有教师的积极性被激发出来，全员参与，才能确保达到更好的教学效果。

（3）突出教师在自主学习中心的作用。教师在构建自主学习中心的过程中发挥着重要作用，教师为资源收集提供了很大助力。由于教师长期从事教学活动，熟知学生在学习方面的状况与要求，能够有针对性地对学习材料进行搜集与挑选，同时中心必须及时更新视频和各种时事资源，也与教师的认真劳动有着密切联系。由于在专业方面有着一定限制，外语教师在对关于EAP教学资料进行搜集时，会遇到其他学科的专业资料，对此，外语教师应该同专业课教师保持密切联系。

在学生自主学习过程中，教师发挥着重要作用。尽管自主学习为学生学习语言提供了很大的便利，然而，其面临着监督乏力、指导不力的问题。在高校扩招的大背景下，高校学生人数大幅度增加，而很多大学生仍然同高中时期一样，对教师有很强的依赖性，有的学生在挑选学习素材时仅关注相对简单的部分。为了使学生的自主学习水平得到增强，教师必须发挥引导作用，鼓励学生在自主学习中心学习时制订具体的学习目标与学习计划，对学习材料与方法进行认真挑选，对学习进度进行管控，对自身的学习成效进行评估。在此过程中，教师应该将各种问题及时反馈给学生，使学生体会到，自主学习是课堂学习的拓展。

二、信息化背景下大学英语移动学习

（一）信息化背景下大学英语移动学习实施的可行性

1. 学校具备实施的教育环境

（1）现代知识观的转变。现代知识观与传统知识观存在巨大差异，这种转变主要涉及知识的本质、存在的状态、属性与种类以及范围与价值。具体指从绝对意义上的真理到生成构建的知识本质的大转变；从最初的公共知识逐步转变为个体知识；传统知识观按照层次分类，现代知识观则是通过类别分类。现代知识观的转变，实质上是角色转变，具体来说，是由旁观者到参与者的角色转变，下面将从三大方面展开论述。

第一，知识内在于人的经验构造。人性与知识之间所建立的内在联系，源于人类所进行的一系列活动。知识在一定程度上反映人们的价值取向，在实际生活中是不存在脱离人类活动的知识。

第二，知识是一个开放的生态系统。此处所提到的生态系统只是一种类比，在知识生态系统中，社会经济、文化、政治交织在一起，构成复杂的生态关系，不同领域的知识交汇在一起，形成相对开放的生态系统。

第三，知识是一个动态的发展过程。知识并不是一成不变的，而是在不断发生变化，随着历史的变迁，人们的认知成果随之发生巨大改变，意味着知识是动态发展过程。因此，人的意识以及认知成果总是随着时代的不同而发生变化。人类认知的局限性也源于历史具有一定局限性，并且历史的客观事实与实践结果还存在较大差异。之所以说知识是动态的发展过程，是因为人类的认知是建立在实践基础上，实践本身就是动态的过程。

（2）现代学校的发展。学校诞生于工业革命时期，是一种典型的教育组织形式。为了满足工业化大生产迅速扩张所造成对于技术人才需求的猛增，学校作为一种能够"批量生产"人才的"工厂"应运而生。在过去的发展过程中，学校作为教学组织形式、班级作为授课模式，基本上没有发生改变，与人类社会在其他方面的不断进步和变革形成强烈反差。

互联网的快速发展使网络远程教学方式越来越受到人们的关注。网络大学以独特的魅力冲击着传统大学的樊篱，越来越多的人开始认识它、接受它。移动技术的应用和逐步普及，无疑将加快变革的步伐，以网络技术应用于学生主体为特征的新的教育时代正向人们走来。具体而言，现代学校主要在6个方面发生变化：

第一，学习是与生活紧密相关的。

第二，学习是主动的、与语境相关的、模块化的、实践的。

第三，教师不是"教"知识，他们是顾问、向导、教练，导师、学习帮助者，他们通过观察和聆听给予反馈、询问有挑战性的问题，提醒易疏忽的问题，鼓励好奇心等方式开展教学。

第四，课程并非由学科和年级构成，课程是灵活的且有丰富的"能力矩阵"，为了将不同的生活计划转化为现实，学生各自发展不同的能力，学生不必拥有相同的学习计划，学生之间应该有差异，每个学生不需要发展所有的能力，只需要发展将自己的生活计划转化为现实所需要的能力。

第五，学校将以多种形式存在，将整合家庭与社区，学习不仅限于在学校，学校必须有更广的视角。

第六，在教学方法方面，过去是教师知道答案并将答案告诉学生，现在是教师和学生一起提出问题，解决问题，以问题—探究—项目为基础的学习至关重要。其中，问题—探究—项目教学具体实施的步骤为：首先发现/提出问题，然后进行批判性思维（信息处理），进而解决问题，最后获取知识/结果报告。

2. 学校具备实施的物质前提

（1）伴随着信息时代的到来，移动设备经历从无到有的过程，现在智能手机已经基本普及，线上学习对于大多数学生来说没有任何障碍。调查研究表明，大学生至少人手一部智能手机，并且移动设备完全可以保证正常的学习与生活。

（2）无线网的全覆盖为移动学习提供了无限便利。无线网可分为两类：一类是公共场所的免费无线网；另一类是运营商会收取费用的无线网络。网络的全面覆盖，使得人们随时随地都可以接收消息、观看学习视频以及下载学习资源。聊天软件中的视频语音为学习者与教授者之间的沟通提供了极大便利，并不亚于线下教学。

（3）如今，多媒体设备已经成为课堂中必不可少的一部分，英语教师可以充分利用丰富的网络资源，不断开阔学生的眼界。随着信息技术的飞速发展，各种学习软件层出不穷，英语教师可以利用不同的教学软件，选择适合教学的资源，将资源与同学共享，从而达到最佳的教学效果。

（4）线上学习软件开发逐渐简单化，结合众多设计理念以及经验，需要掌握的新技术越来越少并且制作工具越来越多，使得线上学习软件开发的门槛不断降低。

英语教学对于学生听、说、读、写、译五大基本能力的培养，都可以完全通过学习软件实现，而课堂面授与移动学习相互融合、渗透，能够得到更优的教学效果。此种授课方式不仅可以延长学生复习的时间，还可以不断增长学生的课外知识。

3. 学生具备接受移动学习的能力

上述所提到的是学校针对移动学习所具备的物质前提，而更重要的是学生需要具备接受移动学习的能力。尽管大学时间分配较为自由，但课堂时间仍非常有限，此时需要学生能够自主开展移动学习，这种做法也逐渐成为大学生所必须掌握的能力。

（1）自我效能感。所谓的自我效能感，具体指自身完成某些事情时对于所具备能力的认同感与自信心。众多专家学者表明，具有自我效能感的学生，更容易对学习产生浓厚的兴趣，能够取得令人满意的成绩。

（2）自我学习管理能力。自主学习离不开自我管理，科学有效的自我管理也是能力的体现，这种能力主要表现在学习计划的完美设定、学习目标十分明确、学习时间运用较为恰当，学习方法与方式较为得体，能够约束与严格要求自我，从侧面体现出学生的综合能力。

大学生不同于初中生以及高中生，他们具备一定的自主学习能力，具有较为明确的学习目标，而移动教育与传统教育最大的差异在于，移动教育要求大学生能够在众多教学资源中进行一定筛选，因为个体存在众多差异，所需要的教学资源也各不相同。

（3）绩效期望。不同的个体对于移动学习的学习效率期望各不相同，此种期望称为绩效期望。绩效期望越高，证明个体对于移动学习的学习效率期望值越高，换言之，学生的学习意愿越强烈。

（二）信息化背景下大学英语移动学习的实现方式与应用策略

1. 大学英语移动学习的实现方式

（1）基于短消息的移动学习。在如今的社会环境中，处事是否简捷、高效，受到人们广泛关注。建立在短消息上的移动学习便是一种简捷、高效的学习方式。此种学习方式拉近了教师和学生之间的距离，使同学和同学之间、同学和教师之间的交流更加频繁和便捷，在交流讨论问题的同时，化解师生之间的隔阂，使两者的关系更加亲密。具体来说，学生在学习过程中遇到问题时，可以通过短消息的形式，随时与教师沟通，一个问题可以同时向多个教师和同学请教，不同的人有不同的解题思路和解题方法，都有助于提高学生的思维能力和解题能力。教师在回答学生问题时，系统会优化和转换教师的答案，最大程度上为学生的学习提供帮助和便利。

简单、快捷是基于短消息的移动学习优势所在，通过这一方式来激发学生的学习兴趣，拓展师生之间、生生之间的交流渠道，教师通过反馈的信息帮助学生端正学习态度，为学生个性化学习的有效实施提供保证。

（2）基于连接浏览的移动学习。相对基于连接浏览的移动学习，基于短消息的移动学习有诸多不足之处，具体表现为数据通信的间断性和非实时性，很难实现多媒体资源的浏览和展示。随着科学技术的进一步发展，通信芯片的性能有了进一步提高，加之通信技术的完善，移动学习服务质量的便利性也较之前有了提高。借助连接浏览的移动学习模式，学生可以利用学习终端访问教学资源的服务器，实现实时交互和浏览，打破时间和地点的限制。学生如果需要查找学习资料，可以借助网络获取，并浏览和下载。经过下载的信息在移动学习终端可以长时间保存，即使是在脱机状态下，学生也可以借助已下载的资料进行自主学习。

（3）基于视频通话交互的移动学习。让学习者在移动的状态下进行轻松、快乐地学习，是移动学习的核心宗旨。随时性和随地性是移动学习的一大特色，不同于传统课堂教学中的有问即答，在移动学习中，学习者可以借助语音和视频，解决个人在学习过程中所遇到的难题。以这种方式给学生创造一个良好的学习环境，让学生有条件利用自媒体学习终端工具进行直接交流。通过这种直观方式感受英语实时课堂，积极参与到课堂学习和讨论中来，体验到学习英语的乐趣。

2. 大学英语移动学习的应用策略

（1）充分利用社群和网络

随着时代变革，如今的教育学习模式早已发生翻天覆地的变化。从传统的被动听课，到如今以学生自主学习为学习中心，传统的教学模式正在朝着协作与竞争并存的新型教育模式发展。在如今的教学过程中，学生利用学习群体和社交网络自主学习，学生的知识来源更加广泛，学习过程更加轻松。

（2）树立创造、协作和交际的目的。与传统教学不同的是，网络学习要求学生必须具有一定的自我控制能力，抵制各种诱惑，严格要求自己，保持自律性。大部分学生在校学习期间能够认真学习，但是在无人监督的情况下，通常会半途而废。因此，教师需要根据学生的实际学习情况，制订不同的教学计划，保证每位学生都能够积极高效地参与学习。

（3）将解决问题的各个方面组合起来，以满足学习需求。和传统的教学方式与线上学习方式相比，移动学习有独到的优势。移动学习可以看作是将传统学习与线上学习相互结合而成，线上学习最大的缺点是学生难以抵挡互联网的诱惑，在上课期间往往会做与学习无关的事，移动学习的学习设备和计算机相比，在功能上有着明显差异，学生在上课期间处理其他事情，会很难有良好的学习体验，在一定程度上起到督促学生的学习作用。

基于上述原因，不应该将移动学习视为一种解决问题的单一方案或工具，而应将其视为教师教学"工具箱"中一系列新工具的组成部分，与其他工具组合起来，才能够实现具体的教学目标。所谓的一系列新工具主要包括：① 短信息服务，既可作为一种发展和检查技能的工具，也可作为收集反馈的工具；② 基于音频材料的学习，可借助iPad、MP3播放器、播客等工具；③ 将Java测试下载到有彩色显示屏的手机上；④ 基于PDA的焦点学习模块；⑤ 用手机摄像收集各种媒体信息；⑥ 借助短信息、彩信、摄像头、电子邮件或网络等工具，实现在线出版和在线播客功能。[①]

---

① 何广铿.英语教学法教程：理论与实践 [M]．广州：暨南大学出版社，2011.

第四章

多元文化理念下现代大学英语课堂教学实施

社会进步越来越快，多元化经济逐渐形成，多元化文化也在不断更新，学好英语才可以更好地行走于世界。本章重点围绕多元文化理念在英语教学中的渗透、多元文化理念下大学英语教学改革路径以及现代大学英语课堂教学的跨文化交际展开分析和论述。

第一节　多元文化理念在英语教学中的渗透分析

一、多元文化理念在英语教学中的启示

中国是由56个民族组成的国家，是统一的社会主义国家。实现各民族的平等团结和繁荣发展是社会主义生产力的根本目的，也是改革开放的根本宗旨。各民族经济与国家经济相辅相成，科学发展是经济发展的基础，经济发展是科学发展的延续，而科学技术要得到发展，所依托的必然是国家教育。我国英语教学是现

代课程中不可缺少的一部分，也是教育不可或缺的学科。各民族地区的大学是民族的希望，主要职责是为各民族培养战略性、全方面发展的人才。[①]

新中国成立以来，英语教育一直是我国各级学校教育中的主要内容之一。特别是改革开放40年以来，随着全球化经济的发展，国际间各个领域、各个层次的友好往来和相互交流日益频繁，英语作为国际通用语言，在其中发挥着桥梁金额纽带的作用。我国现在的英语教学与一些国家相比，还存在一些距离，尤其是英语教育教学的品质以及普遍性。所以，要从各方面提高大学生的英语素质，需要摆脱现有的教育困境，变革各方面教育教学，才能培养出更加优秀的外语人才，才能对我国现代化经济发展起到重要作用。

当代世界大学生面临的五大挑战：一是世界变得越来越"小"，必须加强沟通意识；二是知识更加应用化，应该坚持广泛学习；三是应更加关注人文科学，关注人的本质；四是知识快速发展和更新，学科划分越来越细，应对知识慎重选择；五是在不断变化的大环境中，应该具有主动意识，把学到的知识释放出来。

（一）立足英语基础教育

传统的英语教学模式，即语音、词汇、课文理解、练习，过于强调教师在课堂教学中的"主导"或中心地位，在教学形式上过于"对立"，教师讲，学生听，人为地丧失或放弃了学生练习或实践语言工具的"机会"，容易形成学生依赖教师的"指挥棒"，出现被动学习的局面，产生死板的学习方法，与现代英语教学方法提倡的能动机制和创造动机相背离。特别是传统的"填鸭式"和"满堂灌"教学方式，更易助长学生的依赖思想，不利于培养学生的自学能力和调动学生的学习积极性、主动性。

从教学层面来讲，教师在整个教学环节中认真负责，严格把关，但效果不佳，经过努力，教学质量和学习效果有待提高。在这种情形下，真正落实英语教学大纲的目标要求，进行英语教育中的素质教育，提高英语教学质量的任务十分

① 郑侠，李京函，李恩，等.多元文化视角下的大学英语教学研究［M］.北京：知识产权出版社，2018.

艰巨。

针对这种现状，高校英语教学在方法上要细化和量化国家教学大纲的目标，有机地把量化要求与学生的实际语言能力和文化背景结合起来，在教学过程中紧扣文化多样性因素与教学环节，找准"切入点"，不断探索学生学习英语的特点与规律，不断增强英语教学的针对性，确保教学质量逐步提高。

认识和了解学生学习英语的习惯和特点，有针对性开展英语语言教学实验，及时对实验结果进行分析和总结，确定英语教学的重点和关键环节，在此基础上不断改进教学的方式方法。

（二）深化英语课程建设

重点课程建设是加强学科建设的重要内容，也是高校深化教学改革，不断提高教学质量的主要方向。通过一门或多门重点课程的建设，可以进一步摸索和改进教学原则和教学方法，总结教学经验和教学规律，规范教学环节，开展相关性学术研究，充实和完善数学质量目标量化体系，进一步调动教师的积极性，发挥教师和学生的主观能动性。

现行的《高校英语教学大纲》（以下简称《大纲》）突出强调英语学习者的语言应用能力培养，尤其在听、读、写方面。具体反映这一基本的教学指导原则是在语言应用能力和测试水平上缩小客观判断比例，增大主观运用的比重。对于语言学习者而言，在处理语言客观判断中或许会有一定程度的"估计"或"猜测"，始终会有一定的正确性概率，只能将其看作是语言能力上的机械运用。然而，主观应用要求语言学习者能够灵活运用所习得的理论知识，在实际语言交际环境中，正确处理各种复杂的语言问题。[①]

《大纲》强调的教学重点和目标要求，正是外语教学中存在的问题和薄弱环节。因此，应该把英语听力、英语阅读、英语口语和英语写作四门专业主干课程作为重点课程加强建设。重点课程的建设有助于提高师资队伍的业务素质，完善教学环节和教学过程，促进科研，突出教学质量中心，建立一整套科学合理的教

---

① 刘晓玲.英语课程教学论［M］.长沙：中南大学出版社，2014.

学质量评估体系。

具体而言，在英语听力课程建设中，突出生动形象的语境塑造，图文并茂的教学方法以及激发学习者的激情和兴趣这一根本目的。以英语精读课的建设贯穿综合语言应用能力，充分发挥精读课教学中在词汇学习、语义辨析，基础语法实践等方面无可替代的强化基础作用。英语阅读课程是一门综合性应用型课程，其特点是突出阅读数量上的"多"，内容上的"广"，速度上的快和理解判断上的"准"，以达到扩大学习者的知识面，熟悉了解西方民族语言文化背景，加深对英语语言的表达习惯和思维方式的认识。

英语写作课程能够使学习者学会运用正确的词汇选择，进一步熟悉和应用规范的写作文体格式，清楚表达作者的真实意图。重点课程建设是一项长期的重要教学过程和教学环节，要建出成效。在重点课程建设过程中，一方面要组织教学实验，包括对学习者的实际语言能力、文化背景、学习习惯、学习心理、学习兴趣、知识结构等方面的调查研究等；另一方面要加强信息资料的分析研究，从理论和方法上开展相关性的科学研究，交流教学实践经验，在实际教学各个阶段的目标要求上取得共识，不断创造条件，加强师资队伍的业务素质，培养师生的创新意识，注重重点课程建设的学术性、实用性和推广性。通过重点课程建设促进学科建设，使学习者感受到教学方法的创新，知识结构的变化，对新知识产生兴趣，增强学习者的学习信心，为全面提高教学质量，突出教学特色奠定坚实基础，为高校外语教学的发展打造一个良好的发展平台。

（三）外语教师的作用与素质

多元文化教育从另一个角度来说，其实是教育变革活动。在我国多民族体系中，需要让各少数民族在文化教育、意识体现、自我认知等方面更加健全、满足其需求，其根本宗旨是让不同的文化以及民俗可以在经济快速发展以及文化逐渐多元的情况下得以更好发展，保证各民族、各群体或个体之间的均衡发展，同时需要清楚各民族存在相对差异性，需要相互理解，相互推崇。在中国，多远文化教育还有其他称呼，比如多民族文化教育或者少数民族教育。多元并不是说多，多元文化更注重尊重文化，使各民族文化平等，需要有规划地制定措施或者方法，促进各民族及各群体之间相互尊重与宽容，特别是"异文化间的教育"。

1. 多元文化教育背景下外语教师的主导作用

在教育教学过程中，外语教师是不可或缺的，是多元文化课堂的主导，是课程的构造者和领航人。一直以来，我国教育课堂相对来说比较单一，主要以讲授为主，随着多元文化发展，外语教师对教育教学的影响逐渐增大。

外语教师不仅要会教授英语，还需要具备各方面素质，比如具备更加开拓的思维，更加优异的语言素质，更加切合学生发展的教育方式，等等。当然，他们还需要根据我国文化以及社会经济等方面，全方位考虑，懂得我国教育体制以及文化等，才能培养学生的自主能力。

教学上，外语教师要不断学习，从多方面提升自己的教学水平；在教育教学过程中，要明确教学方向与教学目的，根据课程规划开展教学；在英语实践过程中，外语教师所扮演的角色不再是教师，而是朋友，只有这样，才可以让学生在组织语言的过程中更加放松，表达出更好的效果。

2. 多元文化教育背景下合格外语教师的素质要求

（1）专业文化知识素质。要成为一名合格的外语教师，需要具备多方面的教育教学素质。首先，需要接受系统的教育教学知识，懂得教学过程的规划设计以及语言运用方式，不论是何种语言，都需要有良好的语言表达能力。，其次，需要与国际接轨。英语是国际通用语言，相应的，教师的外语文化底蕴也必须具备。因为语言涉及各种语法词汇等微观事物，以及人文研究等宏观事物，教师需要具备相关方面的知识体系以及相应的准确性，才能提高教师自身以及学生的语言系统及潜能。

总之，外语教师的知识与能力结构可以总结为三个方面：即"How""Why"和"What"。其中"How"是指外语教师应该具备的教学技巧和教学方法；"Why"是指外语教师应该具备的专业理论知识。"What"是指外语教师应该具备的外语专业知识与专业技能。外语教师只有具备综合且广泛的知识和精深的专业技能，才能传道授业解惑，取得良好的教学效果。

当然，除了上述所说的素质与知识体系外，外语教师还需要其他方面的特性，比如性格与才情以及语言组织能力、概括总结能力等，这些综合起来才能成为一名优秀的外语教师。

（2）教育理论与教学科研能力。要成为一名合格的外语教师，需要将教育教学理论知识与教学规划以及科研探索能力相结合。在教育教学过程中运用教育学原理结合心理学等知识，让学生喜欢外语，更有利于提高学生的组织能力以及观察能力。在整个教学过程中，不断探索与总结是每一个合格外语教师必须具备的能力。

教学离不开科研，好的教育必须有科研作为基础，外语教师需要在科研方面不断发展，改革原有外语教学方式，拥有一套独特的教学方式，不断适应当今的社会经济与文化发展，不断提高自己。教育教学要更好地发展，学术研究是必不可少的活动。

（3）道德情操与教书育人。教师作为教育行业从业者，在教育教学的过程中必须具备道德情操与基本素质，在如今经济发展与文化全球化，学生需要培养自主意识与热爱生活、热爱祖国的积极型人才。作为多民族的中国，各民族学生需要共同发展，不能因为民族性质而出现偏差性教育。教师也不能因为学生性格或者好坏而差别教学，只有这样做，才可以让学生更喜欢学习，从而建立积极活跃的教学氛围。

3. 多元文化教育背景下外语教师自身素质发展的对策

（1）教师在教育教学过程中离不开自身素质的培养与提高。外语教师在外语学习以及教学传授等方面需要不断增加自身的知识储备，还需要根据各民族学生性质以及当地的文化差异实施教学，所以民族文化以及民族教育理念也需要不断学习与了解。外语教学还存在很大缺陷，对于如今我国高校教育，各教育工作者普遍偏重于课堂教授课程，缺乏一定的实践活动，教师也缺少相应的文化理论，导致教学过程不能与当代文化以及社会科学等相结合。

外语是一门世界性语言，也是我国各民族、各高校必须存在的课程，教师需要有更加开阔的眼界与认知，了解多元文化背景下的语言系统，不断提高自身素质与知识构架。

（2）大学英语教师的培训。我国外语教学与国外教学还存在一定差别。我国英语教学除了业务基础教学外，还结合了相应的社会政治教学。政治思想不同于业务基础教学上的外语读写听说等课程教授，而是更加侧重于我国政治体系，比如热爱祖国，对祖国、对社会具有责任感等方面。

任何语言方面的教育教学都离不开本国或者本地文化，文化影响语言的组织与语法等。对于外语来说，每个词汇的意思均有其出处，不同国家与不同民族的文化背景影响着词汇的发展。相对于我国的汉语语法，外语的语法规定等要求相对较多，之所以不同或者说语言推敲方式有差，均是因为文化背景以及文化底蕴等不同。如我国各民族语言系统的不同，对于外语来说也存在民族或者地域的不同，各地域因其文化特色或者风土人情等不同，直接影响语言整体结构与说话思维。外语整体相对简单，文章侧重于直接叙述；汉语更多的是意会方面，需要读者了解作者的思想，从而剖析其含义，前后衔接表述其思想。上述内容说明，各国语言均离不开各个国家以及各地区的民俗文化，单纯地谈教学、背单词等并不能说好一门语言。

如今，越来越注重外语教师的文化素质，为此外语教师应在学习教学规划、教育知识时与相关民俗文化及国家文化等相结合，让政治文化以及社会经济贯穿于语言。

（3）大学英语师资的整合。我国外语在教育教学过程中有着非常重要的地位，随着全球化的发展，外语原有的讲授体系已经不能满足如今的教学，英语教师需要与时俱进，增强自身各项能力与素质，同时增加自己的知识面。

（4）经济发展、社会发展直接影响文化的变化。多元文化下的教学模式要真正做到变革与创新，需要教师思维的更新。只有教师各项思维能力以及各维度认知不断更新，教学过程与规划才能做到推陈出新，从而提升教学水平。所以，教育教学过程中首先要改变的是思维教学，摆脱固有模式，让学生真正融入教学课堂，从而增强学生的实践应用能力。

（5）外语教学从字面的意思来看是讲授外语。德育是随着社会经济发展以及各民族文化融合发展而来，德育不仅可以让学生生成正确的价值观，同时英语教学的德育更是开拓学生思维，向世界观方向发展，因为外语教学离不开科学的世界观。教学属于教育，外语教学同样是学校教育的科目之一，基于其性质，外语教学对于学生具有极大的教育意义。

每个国家都有其文化背景，语言在文化背景基础上逐渐演化，虽然学生学习外语，但是也要坚定自己的文化素养，批判地接受外语观点，这就需要德育的加入，结合我国国情与英语教学，开展教育教学。当然，德育并不是简单的空谈道理，更重要的是让英语教学与社会文化规律相结合，在不断整合的过程中，让学生切身体会外语文化，而教师在德育教育过程中起着主导与表率作用。

（6）加强多元文化教育背景下外语师资队伍的建设。

首先，随着多元文化发展，外语教学占据更加重要的地位，要拥有越来越好的师资力量，第一步是培养人才，并不是会说外语就可以成为外语教师，而是需要采取特定公正的方式，通过各种途径选拔教师，建设强大的师资队伍。

其次，优秀的教师团队也需要不断更新，需要根据实际情况不断规划教育教学，从而建设高素质的师资团队。当学校出现师资力量短缺时，要根据自身需求培养或者从其他学校聘请高素质教师，但并不是说数量多就是好的团队，更重要的是需要教师通过后期不断学习，了解社会发展以及经济需求等，结合社会整体发展，从而调整教学；还可以为外语教师提供出国留学深造的机会，或者引进外来教师，加大师资团队力量，我国在这方面也有相关的优惠支持政策，从而促使教学教师在自身专业以及整体教育教学观念上得以不断提高。

最后，教学教师在教学以及知识能力学习过程中应该具备一定的主动性。根据学校以及社会中的活动或者奖励措施等，促进教师教学和学习的积极性。一个有规划且能力强的教师，在教学过程中起到的作用是双倍，甚至是多倍的。因此，高校可以通过奖励机制或者外在福利措施等，加大教师主动性，比如教学环境的更换、教学设备更新以及免费培训等。

（7）除了高校自身采取的措施以外，社会相关部门也可以采取一定措施，而组织培训是一个很好的方法。通过一系列教育教学培训，可以快速直接地提高教师教学素质。

（8）中国是多民族国家，外语教学不是一个民族的事情，而是需要各民族齐头并进，少数民族的外语教学也是教育的关键，也需要在相应的教师培训方面，甚至是教材更新、课程规划、语言实践方面不断推陈出新。

二、多元文化课程的具体目标

（一）为学生创建学习异质文化的平台

学校教育应该为学生系统学习某一异质文化（包括语言）搭建平台，教授理解该异质文化所必需的基本技能，使学生能够尊重及深刻理解该异质文化。语言作为交流工具，承载着特定的文化，所以教育应该重视任意形态的语言课程文化。

（二）尊重接纳世界的多元文化

积极了解多种文化，发现多种文化蕴含的共同性，找到多种文化对美好生活的追求，扩充对人类的认识，理解社会平等正义的法则。取长补短能够促使个人文化进步，能够真正了解"自己的文化"，能够通过一定方法和技能，研究其他异质文化的形成与本质，两者相互对比，取长补短。

维护文化平等，需要改变心态，用更开放的眼光看待世界，看待自我；也要改变思维方式，从多角度考虑问题、概念，从而认识文化不同维度的价值。

（三）对比反思对本国文化的审视

异质文化学习扩展了学生的视角，能够有机会从另一个角度审视本国文化，通过开展多元文化教育，学生学习异质文化，对比本国文化加以思考反省，打破曾经对一些现象认为"天经地义"的固有观点，对隐藏在文化现象之下的预定性假设，有新角度的思考。

帮助学生在多元文化社会里构建个人的文化观，包括对自己的文化形成的反思、价值观、信仰、行为方式等。文化繁荣昌盛的基础是对个体的独特性进行充分尊重，使个体独特性能够得到自由发展。不可否认理解自己与理解他人是相互影响，相互促进的过程，在多元文化教育过程中，通过对异质文化的理解，也更加加深自己的文化理解与发展。所以，多元文化教育要求更加加强对本国文化课程的重视。

三、多元文化教学中英语教师的角色变化

（一）教师与学生主客体关系问题的不同观点

（1）"教师主体，学生客体"说的观点认为，在教学过程中，教师是主体，学生是客体。教师是教学过程的执行者，是教授、影响活动的发起者，而学生是教学过程的对象，是教授、影响活动的接受者。

（2）"学生主体"说的观点认为，在教学过程中，学生是教学的主体，把教学过程定义为学生理解教材、不断发展的过程，学生是承担者，理应是主体地位，而教材是这一过程的客体。

（3）"学生双重地位"说的观点认为，在教学过程中，学生是主体也是客体，具有双重身份属性。一方面，学生是学习活动的执行者，从这个角度讲，学生是主体。另一方面，学生又是教师教授知识、情感影响的客体。

（4）"教师和学生都是主体"说的观点认为，教师和学生都是教学过程的主体，因为他们都是人，都有目的性、能动性，是各项活动的从事者，都占有主体地位；作为物体的教材是教学过程的客体。

在英语教学过程中，主要从以下三点认清和理解教师与学生之间的主客体关系：

首先，教师要发挥主体性，承担教的责任。客体的特点和变化规律是主体活动的前提和依据，主体性的发挥通过客体起作用。在教学活动中，学生是具有主观能动性的人，教师的主体性要得到有效、恰当发挥，应该充分了解学生的特点和学习规律，并且要遵循利用这一点做好教学工作。

其次，学生要发挥主体性，做好自我调控。在学习过程中，学生应该积极确

定学习目标，制定学习计划，主动进行学习，并在学习过程中自我调控。对此，教师要利用学生的主体性，起到引导作用。

最后，教师与学生的主客体关系是认识论中的两种关系，仅表示认识活动的执行者和认识活动的承受者两端之间的关系，这种关系不承认任何法律责任或道德义务。虽然教师和学生之间存在主客体之分，但是不能理解为在法律和道德上教师和学生之间关系的不平等；也不能因为追求法律和道德层面上师生平等，而忽略他们在认识论中存在主客体的差异。

（二）教师帮助学生理解英语

"教师使学生懂英语"仍然是一个使能过程，不同于掌握技能和学习本领的使能过程，这一过程是促进学生通过动脑筋，学习语言知识的使能过程。这一过程不是学生的行为过程，而是学生的心理过程。学生不是在这一过程中学会做事，而是在这一过程中扩展自己的思维活动，学习新的知识。在学习过程中，教师只是学习的使能者和帮助者，而学生才是学习的关键参与者，是教学的中心。

（三）教师帮助学生学会英语

"教师使学生学英语"，在学习英语的过程中，学生是教学过程中的角色和教学的中心。教师是通过各种手段帮助学生实现自己的学习目标的推动者。例如，教师可以使用各种现代信息技术和设备，帮助学生学习。

现代教师对教学的认识，首先应考虑学生，把学生作为教学主体，而教师只是扮演指导和帮助学生的角色，帮助学生达到学习目的，此种认识、方法、程序更符合教学改革模式。

（四）教师给学生传授语言知识

"老师教英语的学生"的教学过程被认为是这里的材料通信过程。在这个沟通过程中，参与者主要是送礼者和礼物，那就是，老师和他任教的语言，而学生的存在是偶然的，只是被给定的对象。从人际传播的角度看，教师对学生像钢笔等物品的礼物"给"的英语。在这种情况下，老师平时教导学生"好"的英语，如"标准英语"和"英语文学"。在这个沟通过程中，教师是绝对的控制权，而学生是完全控制。

教学的重点是语言，实施者是教师，学生仅是受益人，接近环境要素。这是传统的外语教学模式。教学的目的是向学生传授"好"或"美丽"的英语，使学生可以学习标准和优雅的英语。在教学内容上，教师教给学生良好的语言知识，尤其是美丽的文学语言知识，无论语言知识是否在实际通信中使用与否，是对传统外语教学方法的特点。教师通常用的教材或教学方法的选择陶醉。教师的幸福在于引导学生了解他们在课堂上讲授和欣赏他们的教学内容和课堂表现。

"教师把英语授给学生"的教学过程，在此被视为一个物质交流过程。在这个交流过程中，主要的参与者是给予者和礼物，即教师和他所教授的语言，而学生的存在是偶然的，只是被给予的对象。从人际交流角度讲，教师像赠送钢笔等物品一样，把英语"给予"学生。在这种情况下，教师通常要教给学生"好"的英语，如"标准英语""文学英语"等。在这种交流过程中，教师处于绝对控制地位，学生则完全处于被控制地位。

教学的重点是语言，实施者是教师，学生只是受益者，接近情境成分，。这是传统外语教学的模式。教学的目标是教给学生"好的"或者是"美的"英语，使学生学会标准的、高雅的英语。从教学内容而言，教师教给学生好的语言知识，特别是美的文学语言知识，无论这些语言知识是否在实际交际中得到运用，是传统外语教学法的特点。教师通常为选择教学材料，或者是教学方式所陶醉。教师的快乐在于指导学生懂得自己在课堂上所教授的内容，并且欣赏自己的教学内容和课堂表演。①

（五）教师训练学生的英语技能

"教师用英语授课的学生。"从人际传播的角度看，老师是这个教学过程中的主导者，而学生只有被动的参与者。学生不是积极学习，是在教师的教学行为的控制下学习，他们也受外部因素影响。在学习过程中，教师只是简单的灌输语

---

① 胡瑞霞.大学英语教学改革与创新研究［M］.北京：中国书籍出版社，2016.

言给学生，老师以语言为手段，以表达教师和学生之间的关系，通过培养学生，提高学生的技能，使教师能够建立自己的"权威地位"，同时达到培养目标。从课堂内容的角度来看，这种教学过程以学生掌握和运用语言技能为教学目标。在教学过程中，教师使用大量的课堂培训和练习，大量考试的教学方法。

（六）发展学生语言的意义潜势

"教师使学生成为讲英语的人"认为教学过程是关系过程。教学是使能活动，但是使能的目的是学生成为能讲目标语的人，不只是使学生做某件事。

教学目的是让学生掌握目标语，并用目标语表达实际意义。其包括三个层次含义，一是学生掌握语言表达的能力；二是学生学会用所学的语言说话；三是学生掌握有关语言的知识。

教学过程是一种活动，被看作一个过程，学生和教师都是主要参与者，即使是心理过程，教师也不是"感受者"或者"现象"，而是控制者，是让学生做事情的人。但在这一过程中，教师具有不同的作用。通常有两种情况：一种情况是，教师是学习过程的主导者、控制着，学生作为被教育对象，处于被动地位，只能按照教师的安排学习知识，没有选择权和主动性；另一种情况是，教师越来越淡化自己的作用，而突出学生的主角和中心地位。比如教师让学生指定动作和活动，教师只做教练一样的训练者；学生是活动的进行者、行为者，教师只是指挥者；教师让学生从事一系列学习活动，自己只作为组织者。从中体现现代语言教学理论和方法的发展趋势。最后一种综合模式要求教师根据具体需要和不同阶段，选择不同的方法。

英语知识的学习只是辅助的，有利于促进外语学习，但不能代替外语技能的训练。英语教学的较高目标模式应该是综合性的以发展学生的意义潜势为主的目标模式，但最高目标应该是培养学生的跨文化交流能力。

第二节　多元文化理念下大学英语教学改革路径分析

一、多元文化理念下大学英语教学理念的改革

伴随时代的变迁以及教育的不断深化改革，中学英语培养要求及目标要求越来越严格，对于英语教学的开展而言，可谓是巨大的考验。

英语教学的改革可以说是大势所趋，只有不断完善英语教育教学体系，才能够让英语教学逐步趋向专业化、现代化、多元化。改革实质上是从教学思想到教育思维的变革，本节主要讲述多元文化理念下大学英语教学改革路径的分析，具体从基于对本体语言的再认识、英语教学理念、公共英语教学与专业英语教学之间的相互渗透等展开论述，深入探索并剖析有关教学改革的问题，最后寻找到真正适应社会发展的教育改革道路。

（一）从分离走向融合

从整体上，可以将英语教学分为公共英语以及专业英语两大类，前者是由各大高校的外语部直接管辖，后者则是由英语系管理，两者之间并没有紧密联系，并且所负责的工作也存在一定差异，主要体现在公共英语教师只负责有关公共英语的教学，具体来说，主要负责英语四六级以及重点培养学生的五大英语基本技能。

专业英语与公共英语之间还存在彼此分离的状态，此种现象在各大高校普遍存在，对正处于英语教育起步阶段的学校而言是容许的，并且可以有针对性地实施教学方案。因为传统教学大多数都存在此种分离现象，培养出一批又一批卓越的大学生，而且这些大学生将会在经济社会发展过程中逐渐起主导作用。伴随着"一带一路"政策的不断落实，我国的英语教学水平获得显著提升，尤其是经济发展较快以及高校较为集中的地区。由于英语教师的专业化水平、教学素养不断

提升，教学方式必然会发生一系列变化。

值得一提的是，上述提到的分离现象也有一定好转并且逐步趋于融合，最终目标则是让公共英语完全实现专业化。此种转变必然会伴随众多问题的发生，不排除存在多方排斥的可能性。这一现代化教学模式的众多方面与传统英语教学都存在很大差异性，使得一部分适应传统教学的人难以接受。

（二）语言本体的重新认识

语言作为人们社交的基础，也被人们认为是最为重要的交际工具，随着人们对于语言研究的不断深入，国内外各界人士纷纷表示，语言不仅用于交际，更重要的作用是承载历史文化以及文明成果。

英语教学工作的顺利开展离不开语言工具论，工具论是教学的主导思想。一门语言的学习，实际上是能力的逐步养成，首先从听、说、读、写、译五方面能力加以培养。外语教学应注重学生交际能力的培养，交际能力不但是学生表达水平的展现，也是学生综合能力的体现。

之所以将语言视为交际工具，主要有以下原因：

其一，英语作为国际通用语言，若与他人沟通无障碍，必须熟练掌握英语，无不体现语言工具论的思想。单纯学习英语知识是远远不够的，还需要正确使用并合理运用外语。随着教学的深入、理解能力的提升，对于英语学习的要求也在逐步提升，从中小学阶段的学习基础知识转变为大学阶段熟练掌握并运用英语。

其二，语言是思维的重要体现。人类在开展各类活动时离不开语言，人的思维一直依赖于语言，可见语言与思维密切相关、相互影响。英语专业一直作为语言学的重要分支，对于语言思维的研究是大学生的首要任务。当深入地了解语言思维后，才能够更好地理解与感悟这门语言，进而不断完善自我。

英语逐渐与经济全球化联系在一起，是因为英语本身是用于交际的工具。两者可谓相互渗透、相互影响，英语的发展促进经济全球化的发展，经济全球化又反过来影响英语的传播。但这种理解不够深刻，真正与语言密切相关的还是思维，最初，人们只探索人与人之间的关系而忽略语言与思维之间的内在联系。大多数对于真理的理解还停滞在初级阶段，认为真理就是固定的概念或客观实施，其实不然。真理实质上是动态的过程，语言恰好在实现这一动态过程占据主导地位，因此语言说出的不仅是当时，也是过去。

二、多元文化理念下大学英语教学培养目标的改革

大学英语教学主要目的是培养学生对语言背景文化的深入理解，培养学生跨地域、跨文化交际的能力，而不是单纯地将其视为一门语言进行教学。在人文教育中，语言学习扮演着十分重要的角色，在一定程度上起决定性作用。随着经济全球化进程的加快，外语学习显得格外重要，至于学习的优势与作用，下面将会展开具体阐述。

学习外语可以锻炼人们的交际能力、理解能力以及写作能力，掌握好外语以及数学分析是迈向新时代的基础，而大学则是掌握这些技能的最好时期，如果在大学时代没有掌握好或长时间不使用这些技能，学生的学习与生活必然会受到影响。

在经济全球化中，英语作为扩张文化的手段，如果能够具备出色的沟通交流能力、深入了解国外文化、风土人情，无疑在与外国人的交流中取得一定突破，对于宣扬本国文化也有一定的推进作用。《大学英语课程教学要求》提出："设计大学英语课程时应当充分考虑对学生的文化素质培养和国际文化知识的传授。"

（一）母语文化和目的语文化的定位

学习任何一门语言时都离不开母语，母语是学习英语的基础，只有掌握好母语文化，才能够在与他人交流中站稳脚，而母语教学并不属于英语教学范畴，并且母语文化教学也不是英语教学所能完全承担的。大学英语涉及的内容十分广泛，并逐步趋于多元化。英语作为国际通用语言，除了母语是英语的国家，众多地区也开始将英语作为官方语言，对于大学生而言，学习英语势在必行。

众多大学生也开始重视英语的学习，并且将其视为国际交流语言，主要用

于与使用英语国家的人进行沟通交流，也可以与其他逐渐普及英语的国家的人士进行交流。英语教学的内容也在逐步扩大，但由于大学英语所划分的课时十分有限，只能将这些额外内容以选修课、语言实践课的形式展开，是为了更好适应社会发展并紧跟时代步伐。

目的语文化在大学英语教学中占据主导地位，可以说是英语教学中最为重要的内容，也是学习语言的精华所在。之所以重视目的语文化教学，是为了让学生能够建立文化身份并对其产生深刻理解，只有学好目的语文化，才能够更进一步了解母语文化。

值得一提的是，学习目的语文化也是为了开阔学生眼界，从而建立起中国文化与世界文化的联系，清楚认识到中华文化是世界文化的重要组成文化。

（二）学生具备三个层次的程度与能力

下面就学生需要具备的三个层次能力，分别展开论述。

其一，学生在母语表达方面需要流畅自如，是对学生最基本的要求。如果从西方人的角度出发，中华文化属于他国文化范畴，只有中国人将本国文化流畅自如地表达出来，才能够将其带入西方文化，不至于被西方文化所淹没。

其二，学生需要深入了解并探索本国文化内涵，具备一定理解能力。如果从学生的角度出发，目的语文化也是"文化上的他者"，只有深入了解本国文化，才能够更好地接受他国文化，打破文化障碍束缚。

其三，最深层次的能力，也是学生学习他国文化的最终目标，使学生逐步成为跨文化人，只有进行角色互换，才能够让学生更好地融入目的语文化，并且能够站在第三方的角度剖析目的语文化，进而全面认识自我。

三、多元文化下大学英语教材的改革

（一）通识教育视角下的大学英语教材

大学的教学目标主要包括两个方面：一是教会学生对教材知识的学习，二是培养学生具有良好的心理素质和较强的综合能力。学生在大学期间的学习经历，

需要系统地掌握知识，对所学知识体系能够有完整的认知和架构。只有对知识体系有完整的认识，才能够将相应的知识很好地运用在其他学科的学习过程中。

外语教学作为传统的语言教学科目，在大学生的人文教育和心理培养过程中扮演着不可或缺的重要角色。除此之外，外语的教学过程中不可避免地要涉及对西方文化的了解和学习，在学习过程中正确地将西方文化与传统中华文化相结合，是外语教育的核心任务。

通识教育作为实践性较强的人文传统，通识教育与博雅教育两者相互影响、相互促进，但一些方面还存在一定差异。通识教育中，最重要的是外国语言及文化。如果以美国高校为例，通识教育始终在美国高校课程中占据主导地位，对于通识教育而言，外语教育也扮演着重要角色。下面以哈佛大学以及耶鲁大学展开具体论述。

对于前者而言，其最为核心与重要的课程涉及十多个方面，位于首位的是外国文化；对于后者而言，则只从三个方面展开教学，即社会科学、科学、艺术。针对人文艺术的课程，耶鲁大学十分重视学生外语语言以及文化的培养，不断吸收并借鉴他国优秀传统文化，其将人文学科渗透进外语学习中。学习语言的最终目的绝不是只为了交际，更多的是不断进行思考与分析，深入了解语言背后的文化底蕴，依托人文主义思想，把外国文化和语言渐渐融入通识教育中来，实现互动融合。

如今，我国的外语教育主要集中在欧美地区，绝大多数外语语种以英语教学为主。在西方国家中，美国和英国等欧洲国家有大量的移民以及留学生，这些人的后代中，大部分都会继承家属的直系语言。有相关采访表明，在加拿大，由于其他因素以及法语独立区的影响，加拿大的大部分本土学生都被强制要求学习法语，但是法语相比于其母语英语，无论是在影响力或是实用性上都大大不及。因此，不仅学生毫无学习兴趣，甚至有部分学生连最基础的考试都不能通过。

相比于加拿大，中国香港地区有着明显不同的外语学习趋势，和内地不同的是，中国香港地区由于地处繁华贸易地区，并长时间受到英国影响，香港本土居民在日常生活中，英语的使用非常频繁和普遍。中国台湾地区的情况和中国香港大致相同，但是中国台湾在发展英语教过程中，对于传统的中华民族传统文化同样重视。

在中国台湾地区，绝大多数高校学生都能够讲一口流利的英文，并且能够在中文和英文之间自由转换，这一切都和中国台湾高校英语教育策略有着密不可分的关系，以华语教育为主的台湾地区大学的通识外语教学（即大学英语教学），值得大陆高校借鉴学习。

（二）大学英语教材中母语文化的重要体现

作为语言教学，学习过程中应当最大限度地遵循中国传统文化，保证文化平等，交流无碍。同时，在传统英语教学过程中，要制订详细的教学计划和教学大纲，注重中华民族传统文化的培养，努力做到文化互通，地位相同。不同的教材中涵盖不同的中国传统文化，因此在教材选择上，一定要仔细斟酌，保证在不干扰正常英语学习的情况下，培养学生的中国传统文化意识，让学生热爱学习，热爱传统。在学习过程中，领略中华民族传统文化韵味和魅力，培养学生的文化平等意识，保证学生在日后的交流和学习中能够正确传输中华传统文化。

在语言教学中，教材的重要性不言而喻，不同的教材涵盖不同的传统西方文化，对于学生文化观念的形成和教育目标的培养有着重要影响。如今的英语教材，大多数介绍西方文化，对于中华民族传统文化只字不提。对此，学生在学习过程中易受到西方文化影响，对于传统文化的运用和理解越来越少。为此，在英语教学教材中加入中华民族传统文化势在必行，新型英语教材的编纂者应当对中华民族传统文化取其精华，去其糟粕，将传统文化中的经典著作插融入英语教材中；加强学生对于中华民族传统文化的理解和认知，增加学生学习中华民族传统文化的使用途径和方式，让传统的英语教材不但能保证学生学习到中国传统文化知识，还能提高学生的英语学习水平，达到学生人文素养与英语应用能力共同发展。

除英语教材，在教学过程中，英语教师应当具备一定的中华民族传统文化素养，并将之融入相应的教学课程中，使学生具备听、说、读、写等英语专业能力外，还应具备相应的中华民族传统文化素养，具有一定的跨文化交际能力。对此，要求英语教师具备较强的专业能力和认真的教学态度，依据学生的个体发展需要，在不同学习阶段制定不同的教学任务和教学计划，确保学生学习英语的积极性和对中国传统文化的认识能力。

如今的英语教学环境和相大学英语教师在教学过程中的各个方面都有长足的进步空间，相关部门和机构应当在教学改革大趋势下，提高对英语教师的素质要求，通过培训、交流等渠道提升教师的教学能力，不断创新教学思路和教学模式。

除了教学能力和教学策略外，大学英语教师还需要对西方文化和传统中华文化有一定的认知和了解，能够对比两种文化的优劣，并通过授课的方式将其传授给学生。由于中西方传统文化的巨大差异性，部分英语教师还不能够将中华传统文化熟练地用英语翻译和表达。对此，应加强对相关英语教师的培养和考核，保证每位英语教师都能够熟练地在教学过程中逐步渗透中华民族传统文化。要改革和转变今后大学英语培养目标，除了相关的硬件设施外，还需要严格要求英语教师的各项能力，保证在教学过程中让学生了解到传统文化，从而实现相应的跨文化交流。

四、多元文化下大学英语教学方法的改革

（一）计算机辅助的外语教学

计算机辅助语言教学（Computer-Assisted Language Learning，简称CALL），即计算机按照人们事先安排的语言教学计划和内容进行课堂教学和辅助课外练习。随着数字技术的发展和计算机应用的普及，计算机被广泛用于语言教学中，成为语言的培训工具。学习软件的开发、网络互动平台，都给学生提供方便、快捷的学习方式，学生可以在任何时间/地点进行学习，自己确定课程进度。因此，计算机辅助教学有助于学生形成个性化学习，也有助于大学英语教师保存学生的学习记录和教学资料。

计算机网络与外语课程整合，有利于创设理想的教与学的环境和方式。这种理想环境的创设得益于计算机网络技术的飞跃发展，为以学生为中心的学习创造了条件。

理想的外语教学环境，从外语交际理论角度来看，是一种以学生为中心的学习环境。以学生为中心的学习环境，主要基于三个基本假设：第一，以学生为中心的学习强调对人类世界的理解，而不是简单的模仿（机械的记忆）内容，理解是学习者改造和转换信息的结果，理解人类世界要求学生主动加工和处理信息；第二，以学生为中心的学习强调学生应努力削减已知领域与未知领域之间的差异，这种差异所造成的学生认知失调是建立新的理解，以解决差异的激发因素；第三，以学生为中心的学习强调协作学习和对个人理解的评价，以使个人的知识得到细化。学生借助其他学生检验自己的理解，并审视他人的理解水平，为学生通过个体评价和认知理解提供了一个良好的知识创新构建条件和环境。基于以上三个假设，以学生为中心的教学环境应该包含情景化学习、合作化学习及开放式学习三个要素。

（1）情景化学习。传统的课本和教学将学习从情景中分离出来。这种方法的有效性和恰当性一直受到教育家的质疑。例如，常见的外语教科书是这样编写的：课文主题是关于银行方面的内容，如开户、储蓄、兑换、销户等，每一方面都可能有一段示范性对话。课堂上，教师讲解对话，学生模仿操练。这种教学较为抽象，没有给学生提供有意义的情景。然而，计算机网络与外语课程整合后，关于银行主题的内容完全可以在计算机网络上创造出一个虚拟的银行环境，学生可以进入虚拟的环境中学习关于开户、储蓄、兑换、销户等方面的真实语言，真正满足学生在听说交际能力方面的需求。

（2）合作化学习。在以学生为中心的教学环境中，师生间和学生间比以往更需要合作。整合后的教学结构再也无法接受教师作为孤立的决策者观念。教师和学生都应成为团队一员，具有更强的适应性，并能有效地与其他人进行交流和探讨。教师不仅要在自己的工作中成为合作的榜样，还要在教学过程中促进学生之间的合作，培养他们在合作中学会外语交际能力。在合作化学习中，教师应学会将小组学习融合进教学活动中，也要明白不是所有的小组学习都意味着合作化学习。因此，区分促进合作和社会技能发展的教学特征与传统小组学习特征则显得十分重要。

（3）开放式学习。开放式学习环境要求学生通过接触、改造、转换新的信息解决问题，并以此达到新的理解。这种开放式学习环境主要基于两种方法：探究式学习（Inquiry learning）和任务式学习（Task-based learning）。

探究式学习要求学生通过搜寻相关信息，发现新概念（如分类）和原概念（如原理）之间的关系，鼓励学生提问和寻找答案。探究式学习因采用真实项目和拟真情景，能够有效地促进学习和知识建构。

探究式学习首先给学生提供问题，然后学生开始进行资料研究。学生必须独立或共同思考需要了解的内容及解决问题需要学习的内容。通过确定所需的知识，学生能够建立起以问题解决的方法而不是课本上呈现的传统主题方法为基础的知识结构。

与探究式学习相似，任务式学习注重为学习者提供真实的情景，以解决现实社会中真实问题的各种任务为基础，激励学生学习可用于完成任务的新知识和新信息。

无论是探究式学习还是任务式学习，都具有开放式学习特征，重点都是关注学习者，让学生决定需要的信息，以及应该运用怎样的方法解决问题。与传统教学的区别在于，传统教学是通过讲授选定和传递内容；开放式教学则不选定内容，而是让学生根据需要进行决定。开放式学习环境要求教师采用新的方法，教师作为促进者和指导者，帮助学生理解材料，并提供必要的"支架"。在理想的教学环境中，学生可以把计算机网络看成是认知探究的工具（学生把计算机作为获取、分析、加工、利用、评价信息的工具）、情感激励的工具（学生把计算机作为激励动机与陶冶情操的工具），以及协作交流的工具（学生把计算机作为协作交流、促进意义建构的工具）。

关于计算机与外语教学的关系，人们总会很自然地想到计算机辅助外语教学或其英文名称的缩写CALL，突出计算机的辅助功能。然而，随着计算机科学日新月异，应该对计算机在外语教学上的作用有一个新的认识。阐述计算机与外语教学的关系，首先需要了解技术与教学的发展轨迹。

技术应用于教学最早可以追溯到17～18世纪夸美纽斯和裴斯泰洛齐等人倡导的直观教育，即采用图片、实物、模型等直观教具辅助教学。随着科学技术的发展，出现了机械的和电动的信息传播媒体，如照相机、幻灯机和无声电影等。由于这些媒体在教学上可以提供生动的视觉形象，于是产生了"视觉教育"概念。此后，随着技术在教学功能方面的发展，相继产生了"视听教育"理论和传播学理论。20世纪70年代中期，微型计算机问世并应用于教学。

计算机自20世纪80年代后在学校的普及呈现快速增长趋势。20世纪90年代以后，由于出现了数字化技术及信息和网络技术，计算机的发展进入了尖端时代，在教学上的作用再也不是辅助教师改进教学的一个手段，而是一个能够全方位、立体式地提高教学效果的有效工具。关于计算机在外语教学中的应用现状，研究者在各地高校进行了实地调查工作。

随着计算机技术的高度发展，计算机与外语教学的关系还维持在辅助作用方面，远远满足不了外语教学快速发展的需要，更达不到大学英语教学改革的要求。因此，人们应该以动态发展的眼光重新审视计算机功能，以及与外语教学的关系，于是产生了两种观点：一种观点认为，随着计算机三大关键技术（人工智能技术、数字技术和信息网络技术）的发展，计算机已开始走向教学的前台，可以主导教学；另一种观点认为，计算机在教学上的使用应该"正常化"，像人们学习要用笔和书一样，应使计算机完全融入人们的学习中。要使计算机的应用正常化，必须要做好三"件"事，即硬件的环境条件、软件的设计开发，以及人员的有效培训。

这两种观点表明，信息技术日新月异地发展，已使计算机的功能得到了超越式发展，不能再把计算机看作是一种辅助工具，而是要充分发挥计算机的强大功能，对此，我们应该改变观念，把计算机网络与外语课程进行全面整合，使计算机成为课程的有机组成部分，成为整个教学系统的要素之一，是计算机与外语教学关系的本质所在。这种关系将打破"课堂+课本"的局限，同时利用超越式发展的计算机技术创设理想的外语教学环境，在根本上改变现有的教学结构，最终有助于促进学生综合语言运用能力的提高。①

（二）自主学习的新兴语言方式

自主学习逐渐成为新型的学习模式，在如今经济文化发展的社会，单纯地依靠教师被动教学，学生简单学习，已经不能满足现在对于语言的需求。语言不仅是表达，更是各方面融通的技巧，要真正运用语言，必须有自我意识地学习，在更多实践过程中提升自己。

经济发展的趋势必然是信息化，如今我国信息化教学已经逐渐走入课堂，将直接摆脱原有黑板写字的弊端。随着经济社会全球化发展，新的信息教学也需要日益革新，在信息教学基础上不断拓展学生的认知与自主意识，也是信息化教学革新的重要方面。

1. 自主学习能力的认知

自主学习能力包含多方面因素，比如自主学习意识与学习智力因素，或者学习方法的选择以及学习中遇到困难的抉择，甚至是对于所学知识整体的运用与拓展等，如何获得个人所需资源同时运用所学解决困难，等等。自主学习能力是懂得知识以及学习后的拓展，是自主学习与自律运用的双重认知，只有将两种认知相切合，才能真正发挥自主学习的导向作用。

首先，自主学习是通过各项过程与知识的运用，是对自己所学真正做到主导，是投入与参与的过程。在学习过程中，学生要有对所学事物积极探索的精神与意识，任何事物只有在不断探索、实践中，才能真正领会其思想，只有真正理解，才能洞察其中的规律。因此，学习主体需要在学习过程中建立主体意识，通过自身探索了解事物，洞察其意，通过这种途径，才能真正做到自主学习。

其次，在自主学习过程中会遇到多方面的干扰，需要在干扰不断变化时调整学习方式与学习态度。整个学习过程在与环境的相互依存和相互影响过程中不断

---

① 文和平，杨晓莉，陈玖豪. 现代教育技术与外语教学实用教程［M］. 重庆：西南师范大学出版社，2010.

地变化和调整。

综上所述，个体的整体学习规划，在充分体现自身自主能力的同时，还要与周围整体环境相结合，内外兼修，才能充分发挥自主学习的能动作用。

2. 自主学习的影响因素

（1）观念和心理因素。古人云："师者，传道授业解惑也"。身为教师，主体作用是在教学过程中将知识传授给学生，同时解答学生疑惑，这种教学方式从古一直延续至今，虽有其好处，但是随着经济发展，其弊端也逐渐显现。信息化背景下，学生在学习知识的过程中不但要了解知识，更要学会合理的运用知识，要不断培养学生自主学习的能力，从不断积累的知识体系中摆脱固有的学习模式，增强自主学习观念与心理。

（2）环境与支持因素。随着经济化快速发展，信息化教学逐渐走入课堂，信息化时代对于学生来说也存在更多诱惑，在各种信息配件基础上，让学生获得更多知识，开拓思维的同时，学会管理自己。因此，教师在课堂上有以下引导作用：

第一，教学支持：提供学习方法指导、答疑、教学辅导、组织小组讨论作业布置与批阅等。

第二，服务支持：提供小组活动、自学所需的场所，丰富的材料，必要的多媒体设施，实验实习等。

3. 自主学习的培养原则

（1）为学生创造轻松、愉快的学习氛围，充分调动学生的学习积极性。

1）信息化时代，多媒体教学可以让学生了解更加生动形象的教学资料以及知识，同时兼具趣味性，集中学生注意力。

2）教育教学趋向于平等教学。调动学生学习情感。平等、民主、轻松和谐的教学气氛，可使学生无拘无束、敢说敢做、学习热情高涨，感知、记忆、思维、想象等认知活动更为活跃；而那些过分严肃、呆板、紧张恐惧的教学气氛，就容易使学生出现厌倦、懒惰、注意力不集中等现象，他们上课只是应付教师，被动地学习，学习效率低，严重阻碍了自主学习能力的形成和发展。课堂上的教学气氛，学生的态度情感对教学效果有着很大的影响。

3）学习不仅在于课堂，学生学会规划学习也是必要的内容。学生拥有自己的规划，任何学习都能充分调动积极性。

（2）媒体的合理使用不仅可以拓展学生的自主意识与发展潜能，对于知识的发展与创新也十分重要。

1）丰富的知识和经验。知识和经验是人们询问和解决的思维过程中的问题分不开的。在课堂教学中，利用计算机多媒体，从不同的角度，深度，形式和方法本发明的自学习信息可以为学生提供丰富的感性认识和经验，使他们的思维活动基础上生动的感性认识，从而提高他们的思维能力。

2）帮助学生树立的思维能力结构合理。① 注意建立学生的思维模式和了解学生特点的思维；② 利用相关的方法来培养各种思维能力。

3）全面发展思想的基本素质。① 媒体的帮助下，为学生提供各种各样的自学资料；② 设计合适的问题让学生思考和讨论，然后加以引导的问题一步步激发学生发现规律，分析和判断，测试和评估，并纠正错误更正，并使其逐步形成一种习惯开发他们的思维深度；③ 让学生评价的某种观点，表达自己的个人意见，或者组织小型辩论开拓思维的独立性；④ 故意给学生存在错误观点让学生自己解释，引导他们坚持的观点正确的点，摒弃错误的观念，反对别人的意见，并制定一个批判性思维；⑤ 当一些老问题或教科书涉及旧观念不再适合当前的情况下，或者在过去通常的解决方案时，该问题的方法已经不再适用于新的问题，教师要帮助学生通过根据新的对策要以发展的思维的灵活性形势的变化；⑥ 竞争的形式和动机的培养学生快速，正确地解决问题，发展的思维敏捷性的方法。

4）在教育教学过程中，学生的发散思想以及创造性思维必不可少。创造性思维与创造力是发散思维的发展，通过各方面的联想以及想象，可以很好地将个人所知道的资料以及学到的知识联系起来，从而形成对自己更加有力的知识体系；将所学与整体环境相结合，增强个人创造力。因此，社会经济与科学要发展，离不开创造力；创造力的发展离不开思维的发散与联想。

（三）课堂提问活跃气氛

外语属于语言的一种，对于语言来说，最重要的是实践与沟通，尤其是对于外语来说，并不是学生的母语，所以更需要通过不断学习与实践，增强语言运用能力。对于教师来说，外语教学更是重中之重，外语课堂需要更多的教学规划，从教学课堂开始就以提高语言能力为目标；在教学课堂中结合整体环境进行课堂提问。提问过程中还要需注意：

（1）思维的发展不是凭空而来，需要不断地启发。教学过程中需要充分发挥学生思维能力，让学生学会自主考虑与思索。以教学为引导，启发为过程，通过课堂规划设计，切合学生学习环境，针对课堂与学习中各种问题与知识体系开展启发式教学，可以把握教学过程中每一个点，最大程度地发挥学生的自主意识，探索精神。

（2）语言并不是教给学生语法，因为每一个学生对于语言的了解有所差异。教师在提问时要根据学生认知体系进行提问，需要教师充分了解每一个学生对于知识的学习进度和语言沟通能力，只有这样，教师在提问的过程中才能针对问题选择学生，针对学生知识体系，增加学生学习认知与实践沟通能力，活跃课堂气氛，增加学生主观能动性。

（3）提问过程中可能会遇到各式各样的问题，针对这些问题，教师需要采取不同的方式处理。语言本身是一种十分复杂的学习过程，各种人文环境等均会对语言有所影响，在学生出现错误时，教师应给予矫正。对于此种情况，专家们的观点存在一定差异。其中主要分为行为主义心理以及功能派心理。两种心理均认为语言学习过程中犯错属于正常现象，但是行为主义更强调错误以后立即改正，而功能派则强调语言的交流，错误是不可避免的，但是可以完善语言行为。

（四）英语游戏竞赛的教学方式

心理学家的观点是学习在很大程度上需要依靠兴趣推动，其动力可以让学生不畏艰难、勇于探索。因此，教师应时刻在教学中关注兴趣这一问题。要提高学生的学习兴趣，既可以使用多种教学方法，也可以利用直观的教具；可以通过组织英语竞赛、游戏实现。学生参与活动可以增加英语学习的积极性，增强他们的自信心，让学生勇于开口说。英语游戏又可以让紧张的课堂气氛变得轻松和谐，让学生不再疲劳，从而打起精神好好学习。

教师在教学过程中，应充分利用教材中有助于组织英语游戏、英语竞赛的素材。比如在讲解词法构成时，教师可以先举例，然后引导学生开展词汇竞赛。像讲到"micro"这一前缀时，可以告诉学生micro意为tiny（微小的），然后由学生抢答由micro作前缀的其他词，如microcomputer（微型计算机）、microphone（麦克风）、microworld（微观世界）等。在临下课几分钟、课间休息或课前的短暂时间，教师可以为学生播放一些曲调优美的英文歌曲，通过多媒体平台将歌词分享给学生。如果学生对"Jingle Bells""Do Re Mi"等歌曲感兴趣的话，会有极大兴趣跟学跟唱，通过这种方式熟悉了歌词。课堂上做英语小游戏则可以保证学生的课堂注意力集中，既能活跃气氛、消除疲劳，更能帮助学生有效记忆单词，训练他们的语音和听力。

在外语教学中，使用游戏和游戏竞赛的方式会让学生感到更加轻松，从而使学生产生浓厚的学习兴趣。学生在课堂中为赢取游戏的胜利可以积极发散自己的思维，从而让课堂气氛更加活跃。但这些方式只是教学的一种手段，最主要的还是让学生融入课堂，在有限的教学时间里实现更加有效的教学效果。

综上所述，在教师的引导下，学生对语言交际运用的行为就是外语教学过程。教师在进行课堂教学时，不仅要充满热情，还要做好课前的准备工作，让学生沉浸在课堂的教学氛围中，让每一位学生都能在教师的教学中获得相应的收获。

第三节　现代大学英语课堂教学的跨文化交际

所谓跨文化交际能力，指在语境中使用的交际行为既要合适，也要有效。文化背景存在差异的人们所进行的交际就是跨文化交际，因此，交际中最不能缺少的是"合适性"和"有效性"。

在跨文化交际过程中，交际主体的行为要符合当前语境，而且要用与对方相同的思维来进行思考，并做出与之相符的反应。如果交际者要在跨文化交际中实现交际的有效性，具有良好的跨文化意识必不可少。①

一、跨文化交际的概念与作用

（一）跨文化交际的概念

跨文化交际是指不同文化背景的人在同一个交际场合里展开口语交际活动时，所使用的语言为同一种（目的语或母语皆可）。与跨文化交际常见的概念相比，这种描述更加鲜明，是为了满足对外汉语专业的需求而存在，下面是其主要包含对象。

1. 交际者的不同文化背景

文化圈不同，文化背景就不同，但此概念包含很多范围，如文化圈相同，但内部亚文化不同，也在此范围之内。站在对外汉语专业的角度，中国和西方的文化圈体现得尤为突出，也特指两个文化圈的不同之处。基于跨文化交际本质，很多交际中的误会都是由于不同的文化背景所造成，严重时甚至会产生冲突，这种情况在中西方的交往中比较常见。同样，中国与日本、东南亚等亚洲国家的交际中也会存在不同的文化差异，但这种差异产生的影响较小，是因为同属东方文化圈，在文化背景上存在很多一致的地方。

2. 交际的参与者所使用的语言是一致的

对于交际参与者，使用相同的语言是交际的前提。如果交际参与者所用语言不同，便无法产生交际。在交际中，一方的母语会成为另一方的"目的语"，这便是双方的交际语言。例如，汉语和英语都可以成为中美双方人际交流的语言，双方使用相同的语言便不需要翻译。

---

① 焦称称. 英语语言学视阈下大学英语教学创新——兼论《大学英语教学改革与创新研究》[J]. 染整技术，2018，40（12）：7-8.

3. 交际双方使用语言进行直接交际

目前我国跨文化交际研究的主战场已经转移到英语教学界。跨文化交际是英语教学的关键组成,其中笔译和口译是研究的重点。因为当英语专业的学生毕业时所选择的工作基本以对外交流为主,而熟悉两种语言,可以为跨语言交际提供翻译,则是这项工作的主要内容。可以说,处在不同文化背景下的双方需要"翻译"才能进行沟通。但从对外汉语专业的角度来说,教授外国人学习中文和将中国文化向外传播是此专业的重点,而双方的直接交际则是关键,交际任务不能只依靠"翻译"进行。因此,语用规范比翻译更为重要。

4. 交际形式为实时口语交际

从形式上看,跨文化交际种类丰富,如单项交际和双向交际,前者通过媒介,后者则在现场;通过商品、演出或画报等物化形式的符号,或者通过语言文字完成交际;交际也可以采用如信件等书面形式,口头交际也可以。这里所说的是双方在交际过程中使用的口语。除此之外,跨文化交际也包含书面语,也就是双方在口语交际中产生的文字交际。

(二)跨文化交际的主要作用

1. 减少交际摩擦

如果不解决交际障碍并任由其发展,会使其变为交际摩擦。轻度的交际障碍会让双方对彼此的信息不够理解,而严重的交际障碍则会发生误会或是冲突。可以发现,造成经济损失是跨文化交际摩擦带来的后果。要让具有不同文化背景的人在跨文化交际中减少交际摩擦,使沟通更为顺畅,需要开展跨文化交际研究。

2. 消除不同国家间的交际障碍

不同的民族之所以会有不同的文化,是因为自然和社会环境不同,历史不同,所以造就不同的文化,也必然会产生不同的民风民俗和行为规范。在跨文化交际过程中,如果不够了解对方的文化,会对对方要传达的意思产生理解上的偏差,从而导致交际障碍的出现。因此,只有在跨文化交际研究过程中对民族文化之间存在的差异有足够了解,才能避免交际障碍的出现。

3. 顺应全球化的发展趋势

生产力的提高昭示着全球经济一体化的迅猛发展。经济是发展的命脉，任何一个国家和民族都离不开经济，而不同国家之间的文化、贸易、科技等，也随着经济的快速发展而有了更多交往，这些交往可以是合作、援助或谈判，也有可能是冲突或战争，不仅促进世界的多元化发展，也让当前的局面异彩纷呈。这些交往都要依靠人与人之间的沟通才能实现，而外交是跨文化交际中最具代表性的舞台，其最大的看点是人与人之间的沟通和交往。

现代技术进步打破了人们在时空上的交往限制，却没有拉近人们在心理上的距离。民族和国家不同，文化就会存在差异，必然会产生不同的民风民俗和历史，价值观和思维模式也会存在差异，而这些差异都是导致跨文化交际产生障碍的原因，人与人之间的交际会因为这些障碍而发生冲突。在种种原因之下，跨文化交际这一学科诞生。跨文化交际活动的增加极大方便了学科的研究。

跨文化交际研究不同群体在价值观念和思维模式上存在的差异，不仅要研究风俗习惯差异带来的代码系统和文化符号的不同，还要研究在不同的交际情境中怎样选择合适的语用规则和交际方式、角色和行为规范会受到社会结构的哪些影响等。研究要注重理论与实践相结合，才能使跨文化交际学科得到完善。

二、英语跨文化交际教学的目标

（一）加强学生跨文化意识

西方学者汉维是第一个提出"跨文化意识"理论的人。该理论具体指在交际时对文化差异有足够的理解能力，承认文化差异，同时让沟通交流更加有效，让文化障碍尽量避免。跨文化意识要求人们理解自己和他人都是"文化人"的概念，在对待不同国家之间出现的文化差异有足够的理解和包容，能够主动探究，并且在实际交流中可以使用跨文化理论。人们"接受"和"承认"的文化差异并不被跨文化意识所看重，其重点在于人的认知方面。只有对文化差异具有足够的认识，同时给予足够理解并接受这种差异，才能让跨文化交际有更高的效率，让人们在跨文化交流中更加顺利和有效。

跨文化意识是人们在跨文化交际中理解和处理不同文化的方式。但有一件事是人们不得不接受的：构成世界文化的种类很多，都有各自特色，而且这些文化是人类共同的宝贵财富。文化的地位是相同的，即使有不同的内容，但存在即合理。因此，在跨文化交际中，必须正确对待和理解文化之间的差异，而跨文化交际意识正是实现这一能力的途径。

对跨文化意识更加具体的解释是：在跨文化交际时，能够认识和理解存在的文化差异，并且做到具体问题具体分析；能够及时发现存在的问题并解决；不要让母语文化影响跨文化交际，应妥善解决出现的问题。

1. 跨文化意识的障碍

有两个方面对跨文化意识产生阻碍：主观因素是母语方面的干扰；客观因素是不能够充分且深入地认知文化。

（1）因对文化认知不充分造成的困难。假如将文化比作冰山，人们看到的只是语言表达、交流方式和生活等表象文化，而隐藏在水下的思维模式、价值观念等文化却很少被人们认识和理解，表面文化要由深层次文化决定。由于人们对深层次文化还缺乏深入的认识和理解，才会在跨文化交际过程中出现重重阻碍。因此，要突破跨文化意识的服阻碍，应该深入理解目的语国文化。

（2）母语文化对跨文化意识的干扰。通常人们看待异国文化的态度，取决于跨文化交流行为。人们如何对待异国文化，则完全取决于对待本国文化的态度。在跨文化交流过程中，人们常常将本国的文化放在第一位，很容易忽视其他文化，而且常会将母语文化和异国文化放在同一个标准之上，这一标准也常常是自己的母语文化。其中主要干扰因素是"文化中心论"，或称"文化偏见（prejudice）""文化模式化（stereotypes）""文化优越感（ethnocentrism）"。这是跨文化交流中的"三大障碍"。但是人们并不是有意犯这三种错误，很多时候这些错误都是下意识发生的。阻碍跨文化意识的主要敌人是这"三大错误"，很多心思不纯的人会利用这些错误使社会发生冲突，影响社会秩序。

第一，在文化交流的"三大障碍"中，最大的阻碍是文化中心论，也被称为文化优越感。其实，文化中心论也可以造成其他两种障碍。当人们的内心被文化优越感牢牢占据时，会在衡量和评价其他文化时依照自己的母语文化界定标准，认为与本国民族文化思维模式或价值观念一致的文化都是优秀的，但凡与母语文化不同，就不是优秀的文化。由此可见，文化优越感多来自母语文化。

第二，文化模式。人们诞生于不同的国家和民族，会有不同的文化模式，因此在对待同一事物时会有不同的看法，而且这些看法并不会轻易地发生改变。人们会用固有的模式划分其他民族文化，而且划分方式非常简单，人们也会将这些固有的模式直接套在其他文化上，从不考虑是否合适。不同文化内部的所有成员都具备统一形象，没有任何差别，也是文化模式带给人们的影响。

第三，文化偏见。文化偏见会让人们在对待其他文化时产生歧视，或是不能公平地对待两种文化，人们常会为支持自己的看法而想方设法地搜集资料进行论证，却从不考虑其中存在的问题。

2. 跨文化意识的培养过程

如果要提高文化意识，除了要克服困难，还要意识到跨文化意识的取得，既是一个充满困难的过程，又是一个时间漫长的过程。在这个过程中要脚踏实地，一步一步地前进，才能让文化适应水平和跨文化交际能力达到自己的满意程度。

（1）获得跨文化意识的层次。

第一，保持旅游的者心态。这个层次的主要特点是，从民族文化的角度观察其他文化时，他们经常看到肤浅的和孤立的现象，并且将这些现象的模式化，在很多时候将个案的存在当成普遍的现象，将表象的现象作为文化的精髓，它具有非常强的文化偏见。

第二，产生文化休克现象。新文化对于新来者常常会出现不适应的现象，经常性地引发文化冲突和误解事件，这种环境会对新来者产生较大的负面影响，让新来者在思考上不够理智，冲动且易感情用事，从而逃避和抵触新环境和新文化。文化休克的心理有三个表现特征，即忐忑不安、抵触心理严重和无所适从。

第三，在态度上要做到相适应并具备一定理性分析。随着新来者对跨文化知识的学习，会逐渐熟悉新环境，也会和属于新文化的人交流沟通。其表现出的特点是：在面对文化冲突和文化差异时，新来者不再失去理智，而是可以理性、冷静地思考和处理，进而产生想主动适应和了解的心态。

第四，在态度上既要自觉适应，也要主动了解。"文化冰山"在新来者适应和认识跨文化交际和新环境的过程中被逐渐看透，孤立的文化和只重视文化表面，逐渐被认识新文化特征、深层次了解和观察文化所代替。

人们新的交际方式、生活习惯、价值取向和思维模式以及新的社会状况和民族特色都属于新文化特征范围，新来者要努力提高这些文化认识，必须了解这些文化特征，才能对文化差异有足够认识，最终接受和承认。因此，让文化意识更上一层楼是跨文化交际者必须要做的，如果有人对新的文化现象表示理解，愿意为适应新文化环境和交际对象做出相应改变，则意味着该人对文化水平有了最基本的适应能力。

（2）加强跨文化意识的过程。借鉴西方理论成果的经验教训，结合当地人的实际情况，跨文化意识的过程可以解释如下：

首先，尊重新的文化，并愿意与新的文化的人交流。

其次，积极参与新的文化和/或相互作用的人在新的文化。

第三，了解现象和新的文化的交际行为，并认为这些现象是合理的，有自己的文化渊源。

第四，他们愿意调整自己的知识和行为，开始了解并积极适应新的通信环境和文化环境。

第五，最终达到的交往行为和新的文化环境水平，能够适应新的文化。

（二）培养学生跨文化交际能力

学生拥有的交际能力可以在跨文化环境中自如地运用就是跨文化交际能力。在交际过程中，可以对跨文化交际有足够意识，认知两国文化的差异性，并且在交流过程中减小差异，让交流变得更加简单，避免在跨文化交际中产生冲突或误会。

　　跨文化交际能力与一般的文化交际能力不同，跨文化交际能力是指在语言文化背景各不相同的情况下，但依然能够进行顺利地交流，并且突破在交流中产生的阻碍，让交流更加有效。目的语国家和母语国家之间的差异，所有不同于母语文化的国家都可以归类为不同的文化背景。

　　跨文化交际能力的培养，要求学生在意识方面不断提高自身的跨文化交际，对跨文化交际的语言和技巧进行不断学习，熟悉其特点，了解其要求，对英语国家的社会习惯、风俗文化和风土人情有足够认识。

　　海姆斯在他的著作中提及的交际能力和语言学家乔姆斯基在语法中转换的语言能力都不能被认为是跨文化交际能力，只有综合这两种能力，才能被称为是跨文化交际能力。跨文化交际能力不只有一个方面，而是包括肢体语言这种非语言交际能力、理解异国文化能力、转换语言和交际规则能力以及交际时使用语言能力等方面。

　　在实际文化交际中，学生在学习英语的时候常常会有这样的感觉，语言能力不足带来的无法顺利沟通，只是跨文化交际中所遇困难的一部分，还有价值观和思维模式等方面会成为跨文化交际的阻碍。不同的价值观念也会在交际中引发各种误会和冲突，因此，跨文化交际并不是只具备语言表达能力即可，要保证跨文化交际的顺利进行，必须具备良好的跨文化交际能力，才是其核心。对此，需要不断培养和提高跨文化交际能力。

　　教师在跨文化教学中要处理好以下三种关系：

　　（1）教师课堂教学与学生课外交际的关系，其中包括教材语言教学和课外运用指导之间的关系。

　　（2）英语教学与跨文化教学之间的关系。要实现中外文化的互通融合，需要英语教师在教授语言的同时介绍语言国家的文化，让学生明白文化在语言中的体现和文化对语言的影响。

　　（3）采取有效方式，处理学生跨文化交际能力与语言交际能力之间的关系。

　　所谓跨文化交际能力是指在不同文化背景下的人之间的交际。这里所说交际的人不仅包括所学英语国家的人，还包括与各种母语文化的人进行交际，并且能够适应多种文化，这是"基本功"，并不是指用具体的技巧解决具体文化中遇到的情况和问题。通常情况下，跨文化交际能力诞生于强烈的跨文化意识中。

三、跨文化交际英语教学创新的实施阶段

从认知图式上看，母语文化基本是自然形成的，无需特殊对待，而目的语文化是在特定条件下形成的，要充满意识。因此，在教学过程中，教师应发散思维，设计别出心裁的教学活动，提高学生的积极性，让学生进一步了解英语。

（一）准备阶段

首先，教师要对学生的知识水平有一定的了解；其次，教师通过词汇联想、问答、图片展示、问卷和教师讲解等形式，让学生了解接下来将要学习的内容。

（二）讲解阶段

教师为保证学生学习效率的最大化，结合所学内容的差异采用不同的教学方法。

（1）翻译法。有一个问题普遍存在于英语学生中：学生在进行翻译练习的过程中，并没有生词出现在目的语中，但英语和汉语有不同的句型结构、语法和词汇，翻译语句经常与目的语的习惯相冲突。所以，典型句子的翻译不仅会促进翻译水平的进步，还会让学生的文化意识更上一层楼。

（2）互动法。教师在扩大英语教学效果，提高英语学生水平时，可以采用互动交流的教学方式，通过让学生展开联想，来探寻中西文化差异中存在的不同词汇和语言。

（3）对比法。主要涉及语言交际内容，比如在英国是用马来耕作，而在中国是用牛来耕作，在翻译中像"力大如牛"会被翻译成"as strong as a horse"；"as strong as a horse"会被翻译成"work as a horse"。以此类推，像汉语成语里面的"害群之马"会被翻译成"black sheep"。

（三）习得阶段

跨文化差异最终的目的是让学生充分了解文化差异性，使交际更加顺利。学

习这些文化差异可以通过课内和课外的活动实现。例如，在教学时，英语教师可以结合国外的原版教科书，来提高教学内容的真实可靠性；将现代化信息技术手段应用到教学中来；高校聘请外教教师；举行角色扮演活动；鼓励学生多与外籍人士沟通，实现跨文化交际；将优秀的外国文学和期刊推荐给学生，也可以让学生观看充满外国风情的影视作品；积极开展课外活动，如知识问答大赛、文化讲座、辩论赛等，调动学生学习英语的兴趣，让学生潜移默化中学习不同的文化，潜移默化地影响学生。

第五章

现代大学英语互动教学新思维

大学英语教学中最不能缺少的是培养创新思维能力，不仅要改革教育心理，还要改革教学的方法和模式，让创新思维能力的培养更加科学和完善。本章重点论述现代大学英语互动教学理论、现代大学英语互动教学模式的程序、现代大学英语口语与听力教学新思维以及现代大学英语写作与阅读课堂教学新思维。

第一节　现代大学英语互动教学理论分析

大学英语互动教学是一种全新的教学方法，其创立是基于科学的教育学理论，既结合英语教学的理论，也结合实践，目的在于让大学生拥有全面的英语运用能力，为社会输送优质的复合型人才，并且符合我国当下大学英语教学改革目标。大学英语互动教学目标在于全面提升我国大学生英语的听、说、读、写能力，尤其是口语能力，让大学英语教育在注重学生口语练习的同时，也同样重视其他语言技能的学习。此外，还促进学生之间的相互合作，让他们从被动学习转变为主动学习，完善文化素养，培育符合我国经济社会发展需要的复合型英语人才。从教学目标上来看，多元互动模式教学目标与教育部教学改革的目标完全一致。

一、建构主义理论

自学生认知发展理论是构建主义的源头，学习者个体的学习过程与个体认知之间紧密相关，因此，建构主义不仅可以对理想学习环境所需要素、形成概念、怎样学习以及怎样建构意义有说明，还能对人类学习过程中蕴含的认知规律有很好地说明。建构主义思想能够引导认知学习理论的形成，而且该理论会更加有效，同时，建构主义学习环境也可以此为前提而变得更加理想。下面两个内容都属于建构主义学习理论范围。

（一）建构主义的学习认知

建构主义认为，知识不是通过教师传授得到，而是学习者在一定情境下，即社会文化背景下，借助他人（包括教师和学习伙伴）帮助，利用必要的学习资料，通过意义建构方式获得。因此，建构主义学习理论认为，"情境""协作""会话"和"意义建构"是学习环境中的四大要素或四大属性。[①]

"情境"：学习环境中的情境必须有利于学生对所学内容的意义建构，对教学设计提出了新的要求。也就是说，在建构主义学习环境中，教学设计不仅要考虑教学目标分析，还要考虑有利于学生建构意义的情境创设问题，并把情境创设看作是教学设计的最重要内容之一。

"协作"：协作发生在学习过程始终。协作对学习资料的搜集与分析、假设的提出与验证、学习成果的评价直至意义的最终建构均有重要作用。

"会话"：会话是协作过程中不可缺少的环节。学习小组成员之间必须通过会话商讨如何完成学习任务规定计划。此外，协作学习过程也是会话过程。在此过程中，每个学习者的思维成果（智慧）为整个学习群体所共享的同时，也借鉴同伴的智慧扩充或重建自己的知识结构。因此，会话是达到意义建构的重要手段

---

① 王华.大学英语教学中互动式教学法应用研究［M］.成都：西南交通大学出版社，2018.

之一。

"意义建构"：意义建构是整个学习过程的最终目标，是要形成关于事物的性质、规律以及事物之间的内在联系。在学习过程中帮助学生建构意义，是教师利用自己的经验，帮助学生对学习内容所反映的事物性质、规律，以及该事物与其他事物之间的内在联系达到较深刻的理解。这种理解在大脑中的长期存储形式，也就是关于当前所学内容的认知结构。

由以上所述"学习"的含义可知，学习的质量取决于学习者建构意义的能力，而并非取决于学习者重现教师思维过程的能力。[①]

（二）建构主义的学习方法

在建构主义下，学习要以学习者为本，并在教师引导下进行，要将教师指导所发挥的作用体现出来，还要突出学习者是认知主体的概念。教师在学习过程中不再作为输出和传授知识的人，而是帮助和促进意义建构的人；学生在学习过程中是主动构建意义的人，而不再是被动接受知识和学习的人。

学习过程中，学生主动构建意义，主体性主要从三个方面体现：首先，对知识意义的建构既要使用探索法，也要使用发现法；其次，在意义建构时，要将学生的主体地位体现出来，通过帮助学生寻找相关学习资源，督促学生主动论证所学内容；最后，不要忽视当前学习内容和学生已知内容之间的联系，也就是新知识和旧知识，要充分思考两者之间的联系。在意义建构中，"联系"与"思考"显得尤为重要，因为学生要想实现高质量和高效的意义建构，应该在联系和思考中加入对学习的探讨。

教师也可以从三个方面帮助学生开展意义的建构：首先，在学习过程中，要调动学生学习的积极性，激发学生的学习动机，培育学生的学习兴趣；其次，设计各种教学情境，引导学生发现新旧知识之间存在的联系，让学生对知识进行意义建构；最后，深入发挥教师的指导作用，积极组织学生开展合作式的学习，并对其加强引导，进一步促进其交流与沟通，以确保学生的意义构建的正确发展方

① 王华.大学英语教学中互动式教学法应用研究［M］.成都：西南交通大学出版社，2018.

向，使构建效果更有成效。例如，教师可以给学生抛出相关问题，让他们思考和解答；教师可进一步引导学生思考问题，使学生对所学知识有更深入的理解；教师应鼓励学生积极探索规律，在学生发现之后可对其进行补充或修正，使建构的意义更加完整。

（三）建构主义的教学模式与教学方法

建构主义是以学生的认知能力为基础，因此形成的学习理论和教学理论都是全新的。学习理论注重以学生为本，强调在学习过程中学生不是被动接受知识和被动学习的个体，而是有主动构建意义的主体。要求教师在学习过程中不再作为输出和传授知识的人，而是帮助和促进学生建构意义建构的人。但在传统的教学模式中，课堂由教师主导，学生不是主动学习知识，而是被动地接受。为此，建构主义要求教师要将新的教学模式运用在教学中，将学生作为课堂中心，帮助学生更好地学习，对新的教学设计理念有更好地诠释。

二、合作学习理论

合作学习在国外已经有了比较深入的研究，因各国国情不同，合作学习理论在学习模式、实践方式、研究角度，包括称谓表述等各方面都不尽相同，不同观点有以下几点：

（1）合作学习作为一种课堂教学形式，它是使学生通过小组完成学习任务，并结合学生整个小组所获得的成绩来界定等次或奖励的一种课堂教学形式。

（2）合作学习由学生共同完成，在小组化教学中最大限度地促进他人和自己的学习。

（3）合作学习是学生在学习过程中相互合作，包含所有方法的基本特征，是促进和组织课堂教学的各类方法的总称。

（4）合作学习是营造一种学习环境，通过学习环境学习者共同学习，完成学习任务。

（5）合作学习是通过鼓励学生在不同小组中的相互合作，完成学习任务，根据小组的最终成绩来获得奖励的一种教学策略体系。

综上所述，虽然各方观点不尽相同，但也可以看出，合作学习通过让学生之间相互合作作为教学活动的主要形式，生生之间的合作互动是其共同特征。除此之外，还有教师之间的互动、师生之间的互动等不同类型的合作学习模式。

三、交际教学法理论

（一）交际教学法的认知与特点

交际法教学将语言定义为以医院、银行、机场等实际情景为载体的实用性社会交际工具，以学生未来从事行业的特点为指导计划教学重点，以增加教学过程语言知识的实用性以及教学活动的趣味性和针对性为目的。

交际教学法以提高语言学习者社会交往沟通能力为核心，以完成语言功能项目为目的，强调对学生听说读写能力的训练并使其进一步提高。因此，该教学方法是提升学生需要实际应用能力的有效途径。因为其重实际且有效，才会出现早期著名学者将其引进我国教学环境中的情况，并让其在我国外语教育中得到高度重视。如今，我国各大高校的英语教学都重视培养学生的语言综合能力，特别是重视听、说、读、写能力的提高，目的是为了适应现代英语教学发现，实现学生将学校学到的语言知识和技能，可以有效应用于实际情境交流中。这种"交际教学法"适应《大学英语课程教学要求》，对外语教学事业的发展起到巨大的推动作用，引起学生对口语结合实际学习的重视和积极性。

交际教学对我国外语教学的影响主要表现在以下方面：

第一，教室与学生之间的关系发生变化。在应试教育的教育环境下，传统式英语教学片面强调语言理论知识的教授，而未注意到学生语言知识应用能力的重要性。除此以外，外语课堂中的主体是教师，主要是教师对知识的讲授而忽略学生的"主体性"，由此导致学生听说能力的掌握程度差异很大。但是，交际教学法的出现改善了这一不良现象，某种程度上强调学生的"主体性"，让学生成为教学活动的参与者、中心，学生是课堂教学中关键信息的反馈者，认为教师角色不仅仅只是教学内容的传授者，更应该是课堂活动的组织者，是学生学习的指导者，最终形成师生之间的互动关系。

第二，语言表达的准确以及流利程度的提高。交际教学相对传统的外语教学方式，更注重对语言表达准确程度的把握。因为在此教学方法指导下，教师与学生之间积极互动，教师可以及时发现学生的语言表达问题并提出针对性的解决方案。但是，教师过度强调学生的语言准确性会适得其反，使学生不能够自然、自由地表达，影响到语言表达的流利度。在使用交际教学法的时候，教师还应该注重角色发挥的程度，协调好学生的语言表达准确性与流利度间的关系，保证语言流利的前提下，注重语言知识的传授并尽可能提高学生语言运用的准确程度。

第三，协调好"学得"和"习得"之间的关系。语言学习者学习语言主要通过"学得"和"习得"两种方式。前者是强调语言学习者"有意识地"理解语言知识、学习语言相关规则，后者是强调语言学习者在"无意识"，即自然状态下借助自身对语言知识的理解和作用并获得相关语言知识。在各大高校外语教学中，外语语法的学习以及对阅读理解的讲授，可以使学生获得一定的理论知识，但是英语口语的教学目的并不在于语言知识的获得，而是注重对语言知识的应用和表达，需要一定的英语环境。所以，口语能力的掌握是一种"习得"过程。

（二）交际教学法开展的方法

帮助学生如何在日常教学中习得语言能力和语言知识，以下主要阐述交际教学法在口语教学中的三种主要方法。

（1）扮演角色。角色扮演可以在增加教学活动趣味性的同时，将学生课堂中所学到的单词、语法以及语言表达等融入教学设计的情境中，最终可以让学生获得更多的语言表达经验。同时，通过情景模拟中的角色扮演，学生的实际语言交流能力也得到提高。最重要的是，该种教学方式激发学生参与语言互动、交流的积极性并给予不善于语言表达的学生更多自我提升的契机，让他们可以在交流中充分发挥个人优势，通过对语言的应用，进一步理解教师所讲授的课堂内容并灵活地运用到实际交流中。

（2）模拟活动。完整的模拟活动是由三部分组成：职责对应的现实特征、模拟环境和结构。其中，职责对应的现实特征指参与本身的思想要尽可能契合模拟活动对职责的需求，并切实履行模拟角色所担负的职责；结构的建立需要以解决"问题"为出发点，是实现现实性的必要前提。模拟活动中，教师应担负的责任是为学生提供该活动主题并积极引导学生操作，及时评价学生在活动过程中出现的问题，并对全面且具有针对性地分析这些问题。

（3）小组讨论。小组讨论的展开主要是借助外语语言工具，对某一话题或者情况进行观点论述或者辩论。如今，各大高校的外语课程教学加入口语辩论环节。在开展口语辩论之前，对于主题的选择，教师可以从主题的可实施性以及操作受限程度等方面考虑筛选。除此以外，教师还可以鼓励学生小组合作，确定自己感兴趣的主题并就此展开讨论，或直接开展口语辩论教学。但是，兴趣小组的任务以及辩论环节和步骤需要教师进行论前说明与指导，避免发生偏题甚至离题的现象。

目前，我国对交际教学的应用依然是不熟练甚至有所欠缺。但是，教学在不断进步与发展，交际教学已经被我国外教课堂广泛容纳，尤其是高校外语教学课堂。从实际运用的结果分析来看，交际教学提高的不仅仅是语言学习者的口语技能，还能有效促进其他方面语言能力的强化与发展。

四、人本主义学习理论

（一）人本主义学习理论的具体内容

人本主义学习理论认为，学习是人固有能量的自我实现过程，主要代表人物是马斯洛和罗杰斯等。每个个体生来具有天性，这种天性由经验、无意识思想与情感所塑造，但不是由这些因素决定，个体控制着自己的大多数行为。教育要以学习者为中心，在学习上要给他们以自己选择方式的机会。教学的基本目的是帮助每个学生发展一种积极的自我概念。人本主义强调学习形成自我；学习促进自我实现；学习是通向健康生活的钥匙，学习对于自我发展具有极为重要的作用。

人本主义学习理论还强调人类学习过程中的非智力因素，如动机、情感、人际关系等对学习的影响作用，符合实际，有较强的指导意义。

（二）人本主义学习理论的主要特征

首先，"以学生为中心"的教学观。人本主义的教学观是建立在其学习观基础之上的。罗杰斯从人本主义的学习观出发，认为凡是可以教给别人的知识，相对来说都是无用的；能够影响个体行为的知识，只能是他自己发现并加以同化的知识。教师的任务不是教学生学习知识，也不是教学生如何学习，而是为学生提供各种学习的资源，提供一种促进学习的气氛，让学生决定如何学习。

在传统教育中，教师是知识的拥有者，而学生只是被动的接受者；教师可以通过讲演、考试，甚至嘲弄等方式支配学生学习，而学生无所适从；教师是权力的拥有者，学生只是服从者。因此，可以用"学习的促进者"（facilitator）代替"教师"（teacher）这一角色。

其次，强调心理气氛因素在学习中的作用。罗杰斯认为，促进学习的心理气氛因素包括三点：一是真实或真诚。教学过程中，学习的促进者表现真我，没有任何矫饰、虚伪和防御，防止产生距离感；二是移情性理解。学习的促进者能够清楚地了解学习者的内在反应，了解学生的学习过程；三是尊重、关注和接纳。学习的促进者尊重学习者的情感和意见，关心学习者的学习和情感各方面，接纳学习者个体的价值观念和情感表现。在这样的心理气氛下进行学习，促进者和学生共同营造愉快、理解、上进的学习气氛，彼此之间达成共识、共享、共进的目的。①

五、多元智能理论

1983年，美国哈佛大学教育心理学教授霍华德·加德纳首次在《智力的结构》一书中提出并论述了他的多元智能理论，认为支撑多元理论的是个体身上相对独立存在着的、与特定的认知领域或知识范畴相联系的八种智力，并为多元智

---

① 何广铿. 英语教学法教程：理论与实践［M］. 广州：暨南大学出版社，2011.

能理论奠定了理论基础。

智能是人在特定情境中解决问题并有所创造的能力。每个人都拥有八种主要智能：语言智能、逻辑—数理智能、空间智能、运动智能、音乐智能、人际交往智能、内省智能、自然观察智能。后来，加德纳又补充了第九种智能，即存在智能。

加德纳的多元智能理论扩展了学生学习评估的基础，改正以前教育评估的功能和方法，是对传统的一元智能观的强有力挑战，给人以耳目一新之感。尤其是当前在新课程改革中，大部分教师对学生评价颇感困惑之时，多元智能理论无疑会给人们诸多启示。另外，多元智能理论对于树立积极乐观的学生观、"对症下药"的教学观，以及丰富多样的教育评价观，促进我国教育改革和学生素质的提高有非常重要的意义。①

六、大学英语多元互动模式的构建理论

大学英语多元互动模式是通过选择教学过程中的主要因素，并用一定的教学活动将它们组织起来，达到互动效果，从而构建一套符合教育学原理的、有操作可能性的、有研究意义的、较为完整的大学英语多元互动教学模式。其旨在刺激学生的学习兴趣，以听说技能的训练为突破口，全面提高学生英语综合技能。大学英语多元互动教学模式由三维互动因素组成，其中包括：

（一）课堂内多种因素的有效互动

在我国，传统的大学英语课堂一般按照单词短语讲解—课文翻译—课后习题处理的"三部曲"流程组织教学，教师的备课中会有大量词汇讲解、词汇扩展、例句等，一般会从头讲到尾，学生几乎没有参与课堂的机会，只能做大量笔记。所以，英语课堂像理论授课一样，长此以往，学生会对大学英语课堂失去兴趣。

针对这一问题，大学英语多元互动教学模式提倡一种全新的教学模式，即口语展示—主题导入—重点单词讲解及练习—课文重点难点解析—小组讨论—布置

---

① 陈昌来.应用语言学导论［M］.北京：商务印书馆，2007.

口语作业这样的流程，授课使用多媒体教室，教师通过PPT演示讲解教学内容，PPT中配有丰富的音频和视频资料，加上课本，可以全方位、更立体地展示教学内容，从视觉和听觉上引起学生注意。在授课过程中，教师选择不同的话题，让学生展开互动，使大学英语课堂摆脱教师讲、学生记的简单模式，让学生完全投入课堂上，真正做到"以学生为中心"。[①]

该模式下的口语课堂教学是多方因素共同参与并积极互动的活动。这些互动主要发生在教师与学生个体的互动、教师与学生小组的互动、教师与整个班级的互动、学生与学生之间的互动、学生与教材内容的互动以及学生与多媒体之间的互动。该模式下的课程教学实现的是课堂多种因素之间的充分沟通与交流，并着手于"听说读写"能力的训练，旨在提高学生英语口语的综合运用能力，从而让学生主动融入课堂中。

（二）课堂教学与课外学习的有效互动

课堂教学是学校教育的精华，但大学课堂教学的特点是浓缩性强，知识量大、控股训练的时间短，决定课堂教学不是学生学习的全部，而只占到学生学习时间的一小部分。如何帮助学生把充足的课外学习时间利用起来，及时巩固课堂教学，是提高学生学习效率的一个问题。大学英语多元互动教学模式以完成口语作业为纽带，把学生的课堂学习与课后学习有效连接起来，达到互动，实现教学时间的有效延长，锻炼学习者的自主学习能力。

具体方法为，每次上课的前15分钟，由教师随机安排三至五名学生进行口语展示，口语展示的内容在上课前准备好，主体要与当时学习的每个单元教学主题相关，学生展示完以后，教师当场评价打分，并提前告知学生口语考查的分数将会计入平时表现中，是期末成绩的一部分。

这个互动因素的设置，使学生不得不将自己的英语学习时间延长，学生会逐渐形成课后学习的好习惯，不但巩固了课堂教学，还培养了学生良好的学习方法。

---

① 蔡吉. 英语教学时效性分析与设计［M］. 北京：现代出版社，2017.

（三）专业知识与英语知识的有效互动

学生对于大学英语学习缺乏兴趣，有一部分原因是感觉英语和自身的专业学习无关，考虑到将来用不上，所以对英语学习没有动力。从这个角度而言，大学英语多元互动教学模式提倡将专业学习与英语学习相结合，在日常教学中增加与学生专业相关的英语学习资料，即专业英语教学。比如，对于学前教育专业的学生，教师应多补充教育方向的学习内容，让学生在专业背景知识的支撑下，学好英语这门工具语言，不但巩固了专业所学，也能有效提高英语学习效果。

这种维度的互动增强了公共课与专业课之间的联系，也拉近了学生和英语课堂的距离，使英语与专业有效结合，必将会有效地提高英语这门课的教学效率。①

第二节　现代大学英语互动教学模式的程序

当前，部分高校大学英语教学模式不适应大学人才培养的基本要求，大学英语教学必须破除以讲授为主线，培养知识型人才为取向的传统教学模式，建立以培养学生英语应用能力和高素质为目标的新路。因此，建构大学英语互动教学模式，加强师生间、生生间的互动合作，使学生在轻松愉快的学习情境中获取知识，提高能力，培养其积极的情感态度，实现全面可持续发展，为培养社会需要的具有英语应用能力的高素质技术应用型人才做贡献。②

一、大学英语互动教学模式的操作程序

大学英语互动教学模式力求打破以讲授为主的传统教学模式，适应大学生特点，突出互动，使学生在丰富多彩、形式多样的互动活动中，获得英语语言知识

---

① 蔡吉.英语教学时效性分析与设计［M］.北京：现代出版社，2017.
② 徐君.大学英语教学改革的实践探索——评《教学改革背景下的大学英语教学研究》［J］.当代教育科学，2016，（22）：3.

和应用能力，培养合作交往能力和积极的情感态度，构建自主学习—合作学习—点评归纳—课外拓展的教学程序。

（一）创境明的

传统教学模式中，为了充分利用课堂时间，教师往往开堂就讲，而大学生英语水平整体较差，学习积极性和主动性较弱，为了使学生在进入英语课学习之前，保持一个积极兴奋的状态，则显得尤为重要。对此，大学英语互动教学模式应首先根据对教学目标和教学内容的整体把握，营造语境，以旧引新。通过提问设疑、自由讨论、角色表演、图像展示等创设交往互动和问题求知情境，营造英语氛围，激发学生的学习兴趣，使其尽快进入角色，全身心地投入语言实践和思维活动中。然后，通过所创设的与当堂课相关的语言情境导出新课内容，并明确学习目标，让学生明确本节课应掌握的内容和应达到的标准。

创境明的环节主要是师生间的互动，实际上是在引导学生的思维，促使学生产生期望、进取、达成目标的心理倾向，调动他们参与教学互动的积极性和主动性，让学生带着学习动机进入下一步学习。①

（二）自主学习

教师应该注重培养学生自主能动地进行学习的意识和能力，教给学生语言学习的规律和方法，善于启发学生思考，帮学生培养未来独立学习所需的技巧和能力。互动教学模式把自主学习视为必要环节，留给学生独立思考、自主能动学习的时间，允许学生根据自己的能力水平、个性特点，自主地、能动地、自由地、有目的地进行独立思考，自主尝试解决问题，突出个性化学习，真正确立学生的主体地位。

自主学习环节主要是学生与英文文本信息之间的互动，使学生通过独立思考，自主能动学习，将新知识与旧知识、纵向与横向知识，以及此类与彼类知识相互联系，造成认知冲突，形成独到见解，培养他们独立思考能力和自主学习能

---

① 刘晓玲.英语课程教学论［M］.长沙：中南大学出版社，2014.

力，提高其学习主动性，并为下一步的合作学习奠定良好基础。但要防止学生缺乏个人观点，相互间的合作交流没有深度，流于形式。[①]

（三）合作学习

互动教学强调师生之间的"合作性"，打破传统课堂教学中"以教师为主"的固有思想限制。实施合作学习的前提是保证学生学习的自主性以及对教学内容具有基本掌握能力。从学生实际情况出发，教师确定主题讨论范围、组织活动任务范围。在整个活动开展过程中，教师应该积极引导和指导学生在讨论过程中，多方位思考并分享自己的想法，从而通过相互启发和纠正，进一步提高学生口语表达能力。除此之外，合作式的学习还可以培养学生的"团队精神"，使问题更快、更有效地得到解决。

小组内部完成主题讨论之后，是分享组内讨论结果并开展小组之间的探讨。在该阶段，教师应该发挥其"角色"作用，积极鼓励学生分享个人以及小组的研讨结果，挖掘他们的思维深度以及广度，鼓励他们灵活地运用外语教学内容运用以及开展突破性尝试。在合作与交流过程中，解决学生困惑，促进学生学习的主动性是对传统教学模式的突破，突出学生的"主题"地位，激发学生学习热情以及个体内在的多方面潜能。

处于该阶段的教学主要强调"学生和学生"之间的交流与探讨，给予每个学生发表观点的机会和平台。学生可以自由交换分享自己的想法并以此拓展自己的思维方式，提高自主学习能力。除此以外，该方式还潜移默化地影响学生语言知识体系的构建以及运用语言知识的能力。值得注意的是，在这一过程中，学生的团队精神得以培养，并且对自己语言的运用能力更加有信心。

（四）点评归纳

传统意义上的教学强调"教师"为课堂主体，这是该模式下教学的最主要突破。该模式下的教学强调学生要参与课堂活动，强调学生的"主体性"。为了保

[①] 刘晓玲. 英语课程教学论［M］. 长沙：中南大学出版社，2014.

证对学生学习结果评价的全面性以及客观性，各小组之间完成探讨以后，还需要借助"学生的个体自评""教师与学生之间的相互评价"等工具完成评价。评价的本质是反思，完成反思后，教师应该指导学生完成小组观点的分析、汇总与整理，并找出共同点。课堂的最后总结应该在"教学目标"指导下完成。教师在反思、总结以及补充本堂课程之前，应首先指导学生完成课堂反思，并将学生本课堂学习的知识归纳到自身的知识结构体系中。

该环节和互动主要指教师与学生以及学生与学生间的互动，主要作用是激发学生学习的积极主动性以及参与课堂互动学习的热情，并借助课堂语言学习的及时反思与评估，实现知识的巩固以及补充。

（五）延伸拓展

传统的教学是刻板、硬化的，将"课本"作为课堂知识传授的中心，甚至学生的课后延展练习内容都是课本上的习题，对学生来说，枯燥、乏味且没有发挥空间，即学生的视野以及思维受到限制。互动式教学突破"课本中心"的局限，增添课外学习的"拓展环节"，激发学生探索未学知识的兴趣。

为了加强学生对课堂内容实际运用的能力，完成课本知识的教学以后，教师可以根据课堂剩余时间，适当地对该课堂教授的语言知识进行一定程度的延伸与拓展。这些拓展方式可以是组织有利于激发学生创造力的辩论会、组间探讨或者进行针对性的拓展训练。但是，课堂上的交流与探讨具有局限性，不仅体现在时间上，还体现在空间上。因此，为了打破这一局限，应该开展课外拓展训练。因为课外活动形式多样、内容丰富，对于学生的学习具有一定启发意义。参与课外活动中的学生获取知识的途径，不再局限于教材，活动的时间相对自由，主体性也可以得到充分发挥。

作业的布置形式也区别于传统模式下的教学，即使参加课外活动，互动模式下的大学英语教学依然强调参与主体间的互动性，教师的指导作用以及课堂内容、形式的丰富多变性。

延伸拓展这一环节的设计，主要针对学生之间的互动以及学生和英语教材间的交流。这一环节的增加可以延长互动时间并扩大互动范围，从而激发学生学习热情、扩大知识范围并实现能力拓展。为了增强操作程序作用对高校英语教学的有效性，教师在实施教学过程中应该注意该程序各环节间的"逻辑性"，并根据教学需求在合理范围内调整该操作程序。

二、大学英语互动教学模式实施策略

本质上，教学模式实施策略是各种教学措施的集合，主要服务于"教学目标"的实现。教学目标的完成进度受多种复杂因素影响，例如教学情境设计、学生的个体差异性等。所以，教学策略实行的根本目的是为了保证教师完成预期的教学目标。在大学英语教学过程中，互动式的教学模式在制定相关策略时，应首先考虑该阶段"英语教学特点"对该模式教学实施的影响，并在基本理论指导下，以遵循教学目标以及操作步骤为前提，完成该模式的创建和设计。

（一）情境创设的策略

1. 情境创设

由于大学学生英语基础普遍较差，缺乏英语学习的积极性和主动性，首先要创设情境、明确目标，激发学生的学习兴趣和动机，从而调动其积极性和主动性，参与学习和互动。

情境创设策略是利用各种与新课内容相关的情境，吸引学生注意力，并提高他们的学习积极性，使其在上课之初形成良好的互动倾向策略。"注意"是心灵的门户，意识中的一切都要经过"注意"才能进来，愿意学才能学得好。恰当情境的创设，容易引起学生兴趣，吸引他们的注意，具有强烈的兴趣和高度的注意，学生才会积极参与教学互动。具体而言，情境创设可通过以下方式进行：

（1）通过提问创设情境。问题情境是知识产生的源泉。建构主义认为，学习总是与一定的问题情境相联系。在问题情境下进行学习，可以使学习者更好地利用原有认知结构中的知识和经验，同化当前所学的新知识，从而赋予新知识以某种意义。在课堂教学中，教师要注意通过精心设计提问，调动学生的积极性，使其在积极思考的过程中调动原有知识。

教师所提问题的质量及其采用的提问策略，直接影响学生回答问题的正确率，并关系到课堂教学的效率和质量。对此，应当注意以下方面：

第一，根据学生特点、教学内容、教学目标、教学环境，以及新知识与学生已有知识和经验的相关程度，创设恰当的问题情境。

第二，问题应具有启发性、思考性和挑战性，要能够激发学生学习的兴趣和求知欲，启发学生思维。既要超越学生现有水平，有一定的挑战性，又不能超越太多；既要有一定的发散性，拓宽学生的知识面，又要注意不脱离教学目标。

第三，问题要具有一定的真实性和现实意义。

第四，问题要具有层次性，根据学生的认知规律，由浅入深地进行提问，使不同层次的学生都有发挥空间。

第五，注意提问类型和方式。要让推理性提问多于事实性提问，多给学生创造思考的机会；要开放性提问多于封闭性提问，使学生养成积极参与教学互动和用英语表达其思想观点的习惯。

第六，问题解决方式要具有多样性。如小组合作完成式、个体独立完成式等。

第七，对学生的回答要给予肯定评价。鼓励学生大胆提出自己的思考和设想，从而引发更多、更好、更切实可行的创新思考。

（2）设置疑点创设情境。"好奇"可以引发人的注意力，促使人完成许多超乎想象的事情。教师可借助学生的好奇心，在课堂互动教学中恰当地设计疑点和悬念，使他们迫切地想知道谜底，而又只能在教学互动中逐步解开疑团。教师通过在教学过程中设置疑点，吸引学生全神贯注地参与并完成全部教学互动。

（3）利用图像创设情境。教师应该更广泛地应用形象生动的图片和影像，直观地创设情境，使英语学习变成多种感官的共同协作，可以大大拓展学习空间，有助于思维潜能的开发，增强教学的直观性和艺术性，大大激发学生的学习兴趣。

（4）利用表演创设情境。教师可以提前布置和新课相关的表演任务，让学生在上课之前进行展示，使他们对将要学习的内容有一个初步感知。这样，既可加深学生对新知识的印象，也可激发他们想登台表演、展示自己的欲望，同时，吸引学生的注意力。[①]

2. 明确目标

在课堂教学过程中，教师应该明确目标，即向学生清晰、明确地指出本章或者是本节课程应该完成的学习目标以及目标完成进度的评判标准。教师对于课堂教学内容的选择，应该以内容的重要性为依据，同时为学生区分出应该掌握的课堂重点以及一般掌握程度的内容。值得注意的是，教师应该注重学生的个体差异性，对于有继续深入学习能力的学生，应该为其布置课外拓展作业，进一步挖掘学生潜力。

教学目标对于教师教学是必要的指导，是教师熟练、灵活运用教材内容的前提。以"遵循教学目标"为指导原则的教学，才可以建立起新知识与旧知识之间的内在联系，发现它们之间存在的矛盾，然后通过矛盾点激发学生对知识探求的渴望。其实，最好的教学目标来自"学生本身"。教师应该通过设计情景教学触发和发现学生的兴趣点，为学生提供内驱因素，发挥学生在知识学习过程中的"主体性"。整个教学过程中，活动的开展都应该始终以"教学目标"为中心，无论是教师还是学生，在课堂总结反思时最终都要回到"教学目标"上。

（二）自主学习策略

大学生大多欠缺独立学习、自主尝试的意识和能力，不能实现真正有意义的互动。因此，大学英语互动教学要让学生树立自主学习的意识，养成自主学习的习惯，不仅有利于学生更好地参与教学互动，也有利于学生的可持续发展。

教师提出自学的内容和要求，教给学生自学的方法和技巧，然后由学生自主学习，让他们自己发现问题、研究问题、探寻知识，为小组讨论做好准备。在这个环节中，学生以自学目标为线索进行阅读等活动。教师要相信学生，放手让学生进行自主学习和尝试，充分发挥学生的主观能动性，激发其学习潜能，让学生

---

① 王珊，马玉红. 大学英语教学的跨文化教育及教学模式研究［M］. 武汉：武汉大学出版社，2018.

依靠自己的力量理解和掌握知识。

教师在指导学生自学前，要详细了解和分析学生的知识能力水平及发展情况，这样做有利于因材施教。教师在学生自学时，不能袖手旁观，要深入指导和答疑，真正体现以学生为主体，教师为主导的特点。教师要对学生进行分类指导，对素质较好的学生，指导可适当减少；对基础一般的学生，指导应相应增加，尤其对后进生要特别关心，帮助他们克服畏难情绪，增强自学信心。

针对学生词汇量贫乏、阅读能力欠缺的特点，可以把预习全文、了解大意和结构、解决词汇、找关键句、思考问题、发现问题等环节布置给学生自学，把自学成果、问题等记录下来，在小组交流时可以发表各自观点，提出存在的问题，从而互帮互教。此外，教师要注意在教学中不断渗透自主学习方法、策略，鼓励学生不论是在课上还是课下，都要进行自主学习。[①]

（三）合作学习策略

合作式的学习强调"共同目标或任务"的完成以及团队合作的精神培养，即学生遵循教师指导并通过团队合作学习完成共同任务。用合作的方式学习，实际上是师生之间通过互相帮助，实现共同进步的教学方法。高校英语教学的教学方式具有"普适性"，但是不利于学生的个性化发展。合作式的学习恰恰改善这一不足，可以激发学生参加课堂活动的热情，并实现学生交流合作能力的提高。

1. 合作学习的分组和分工

合作学习以小组学习为主要形式。分组和分工是合作学习得以顺利进行的前提。由于大学英语一般为40~60人的大班授课，分组时以6人为宜。如果组内人数过多，或划分的小组过多，都会影响互动合作效果。

分组有异质分组、同质分组和同宿舍分组。异质分组是将差异较大的学生分成一组，即组内异质、组间同质方法，异质组有利于帮助后进生；同质分组，即组内同质、组间异质方法，同质组有利于教师的分层教学，小组学习中，学生活动机会均等；同宿舍分组，即一个宿舍为一个组，适合宿舍人数在五六人的情

---

① 孙静. 大学英语教学及改革新思维［M］. 北京：中国水利水电出版社，2017.

况，利于情感互动和课外互动，合作完成教学任务。

分完组之后，要实行具体分工，分工是为了有序、快捷地完成学习任务。例如，先要确定一名小组长，由其负责组织小组工作。在讨论过程中，比如2号同学记录，3号总结讨论结果，4号汇报，一定要分工明确，各司其职，全面互助。小组长及个人角色可以定期轮换，使每一名学生都能尝试不同的任务，都能在自己充当的角色中得到锻炼。在合作交流中学会表达自己的见解，学会倾听他人意见，在讨论中捕捉对自己有用的信息，补充完善自己的观点，学会对交流内容进行整理、归纳、总结等。

2. 合作学习小组任务和规则的制订

小组布置的任务，一般为没有固定答案或统一形式的教学任务、探究性任务或同一教学材料不同部分的任务。如果是不同的任务，可以通过指定、抽签、自选或机选的形式分配给各组。规则要清晰明确，如活动内容和形式、英语所占比例和流利程度、时间控制以及奖励办法等，都要在开展小组活动前做详细规定。

3. 合作学习的活动形式

（1）小组研讨。小组成员在组长的组织下共同研究探讨某一问题或任务，找出大家公认的最佳答案或解决方案。

（2）学生讲课。在英语互动、阅读、写作教学中，可以让学生登台讲课。让学生以小组为单位，自主选择各种教学方法和手段，合作完成规定的教学任务。

（3）角色扮演。对于英语互动、话剧或故事性较强的文章，学生可以以小组为单位，首先合作了解整篇材料的意义，逐步扫清语法、词汇障碍，然后再按角色进行合作表演。

（4）游戏竞赛。通过接龙、数七等游戏和听力、词汇竞赛等，调动学生主动参与的积极性。

（5）组际交流。小组学习完毕之后，教师可以组织各小组之间展示交流各自的学习成果和学习心得，以便在更大的范围内开展合作学习。

（6）自评互评。组际交流后，根据完成任务的规则和评价标准，各组首先对本组的表现进行自评并拉选票，再进行互评并投票选举出优秀组。通过自评互评，学生了解自己的不足，也学习到其他同学的优点，达到集思广益和牢固掌握知识的目的。①

（四）点评归纳策略

在点评环节，教师暂不评价，而是引导学生相互评议。心理学家认为，延缓评价往往能够促进学生思维的广阔性和深刻性，过早进行评价，无论是肯定还是否定，都会抑制学生的灵感和创造性。在评价时，首先要求评价学习内容，以便学生了解自己小组的学习成果，自觉弥补缺陷与不足；其次，评价各组学习行为和效果，以各组"自主学习、参与程度、团结合作、学习效果"等指标进行考查。通过评价提高学生综合评述能力，同时，培养学生合作、竞争、个体化活动（自由发言）等能力。

学生互评后，由教师进行综合点评。在归纳讲解环节，引导学生按照学习目标，将各组的观点、答案进行整理、分析、归纳和概括，以此形成共识。然后，教师补充归纳，总结知识和学法，讲解时要做到画龙点睛，力求简要清晰，针对教学内容，根据学生合作学习情况进行补充、概括，帮助学生构建和完善知识结构。同时，培养学生正确的学习方法。②

第三节　大学英语写作与阅读课堂教学新思维

一、大学英语写作教学及其新思维

写作教学是英语教学的重要组成部分，是大学英语教学的技能。学生通过写作教学，学生不断提升自身的思维能力，还能提升自身的写作水平，增强表达思想感情的水平，提升学生学习的积极性。以下就大学英语写作教学法展开论述。

---

①② 蒋祖康.第二语言习得［M］.北京：外语教学与研究出版社.1999.

（一）英语写作教学现状

（1）过多关注写作技巧，缺乏思维培养。在英语写作教学中，大部分教师把精力放在提高学生写作技巧上，对写作思维的培养花费精力较少，但是英语写作并不是为了写一篇文章，而是提高学生运用英语进行沟通的能力，让学生不仅会写文章，还能够用英语轻松表达自己的想法和观点，而目前大多数高校却忽视了对英语思维能力的训练。

（2）重数量，轻质量。目前，高校英语教学都有特定的课程进度目标，高校教师在对课程讲解时会有所侧重。对于英语写作而言，词汇语法规则是基础，是重中之重，所以大多数教师非常重视对词汇和语法的讲解，而忽略写作的整体讲解，词汇与语法知识是一篇文章的组成要素，文章的整体需要教师为学生进行详细讲解，只有这样，学生才能把握写作的整体框架，对于文章的内容才能更加了解。张雪梅组织的调查问卷结果显示：在高校教师批改作业的情况占比中，教师每篇都改的为35%，随机抽查为65%；其他学校则为22：46：2（基本不改）。批改方式大多是打勾和批日期（45%），有的是画线指出错误；最终结论为学生对批改的满意程度不高（56%）。

（3）重成果，轻过程。英语写作教学中的评判方式存在一定问题，绝大多数高校英语教师一直将完成的文章作为评判一个学生写作水平高低的标准，但是英语写作不是只有结果，一篇优秀英语文章的完成需要经历三个阶段：规划阶段、创作阶段和修改阶段。这三个阶段反复循环、互相衔接，经过合理精心地整理，才能完成一篇文章，这一过程比成果更加重要，但是高校教师普遍注重英语写作的成果，将英语写作过程简单化。

（4）重应试教育，忽视能力培养。应试教育在各科目的教学中都较为普遍，在英语教学中，应试教育体现在四、六级考试中，高校教师为了让学生顺利通过四、六级考试，在教学过程中对英语知识的讲解更多的是为了应对四、六级考试，课上课下的练习题都围绕四、六级进行讲解，使得教师与学生受到限制，这种应试教学让学生的能力得不大幅度提高。

对于英语写作，教师一般会以一篇完美的范文为例，让学生进行仿写，从多个范文中总结写作模板。在这一过程中，学生的写作创造性严重缺乏，思维受到束缚，写出的文章呆板。所以，英语写作教学不能过多强调应试教育，而是要重视学生写作能力的培养，但是写作能力培养需要教师对学生进行循序渐进地指导，逐步进行练习。导致学生英语写作呆板问题形成的主要原因有以下两点：

首先，许多高校教师对英语教学大纲理解存在偏差。大学英语课程教学要求大纲中说明了写作能力与阅读能力之间的联系，但是教师对大纲的了解一般比较模糊，部分教师只是了解大概，对于英语写作的教学，根据自身教学经验居多，甚至很多高校教师不了解四、六级写作要求的字数和类型。

其次，教师与学生都忽视了写作的真正目的。英语写作不只是简单的文章创作，写作与阅读也有联系。英语写作除了会写也要会读，最终的目的是为了会说。英语是一门语言学科，英语教学的意义在于让学习这门语言的人能够流利且正确地用所学语言进行沟通，对于促进语言技能的发展具有重要意义。英语课程对学生的写作能力有全面要求，高校教师根据这一要求对学生的综合能力进行培养，但对具体细节的把握缺乏关注，所以大多数高校教师过于重视语言表层含义，重视精读、泛读，却忘了写作的真正目的。

（二）英语写作的目的与教学要求

1. 英语写作的目的

在英语教学的听、说、读、写四大模块中，英语写作始终占据重要地位，通过英语写作，学生能够将学过的英语语言知识整合起来，也能训练英语语言的连贯性，对提高学生英语沟通能力有重要作用。首先，在练习英语写作过程中，学生会将所学的英文单词、短语、语法等知识运用到写作中，在这一过程中，学生巩固了之前所学的知识；其次，英语写作并不是单纯地写作文，而是逐步锻炼学生的语言交际能力，让学生在掌握基本知识基础上，灵活运用所学知识，表达自己的情感和想法。

学习一门语言的过程有不同阶段，英语作为一门语言学科，也需要一个阶段

一个阶段地学习，从会拼、会读、会写到会说，英语写作是在培养学生会写的能力，也是由写到说的过渡阶段，其目的在于通过英语写作，让学生对英语语言逻辑的理解逐渐深入，在自由表达的同时扩展语言知识。在英语教学过程中，教师会根据学生学习情况以及课程标准进行英语写作教学设计，教会学生英语写作技巧的同时，培养学生的交际能力。

2. 英语写作教学要求

《大学英语课程教学要求》（后简称《课程要求》）对大学英语定义为：大学英语是运用多种教学模式和教学手段，通过英语教学对英语语言知识、英语语言的应用交际以及学习策略进行系统讲解的一种教学体系。在要求中，对大学英语的教学目标有所设置，通过英语教学活动，增强学生的英语听说等方面的能力以及自主学习能力，提高科学文化素质，在具备一系列能力之后，还需要教会学生将其运用到日常的生活与工作。另外，英语教学要符合社会发展的实际需要，大学英语教学大体分为三个阶段：一般要求、较高要求和更高要求。一般要求是大学中除英语专业以外的本科毕业生需要达到的标准，较高要求或更高要求是部分学校在自身办学以及发展情况基础上，结合办学目标决定是否进行某阶段的学习，根据学校自身发展定位进行选择，也要考虑学校学生的英语起点水平。

（1）一般要求。这一阶段对学生的要求较低，需要学生能完成基础性的写作任务，学生能够用所学词汇、短语表达个人学习、生活等方面的想法与观点，这样的文章是通常所说的应用文；一般性要求的英文写作有一定的标准，即学生需要在半小时内完成一篇主题性的短文且不少于120词，而且短文的内容表达完整，逻辑通顺，用词恰当，能够做到以上要求，学生才是掌握了基本的写作技能。

（2）较高要求。这一阶段是在一般要求阶段的基础上进行延伸。在这一阶段，学生需要根据给定的主题进行写作，如论文英文摘要、英语短论文、图表描述等。这一阶段的标准有所提高，学生需要用半小时完成160词的英语短文，文章内容要求观点清晰，结构完整，语义连贯。

（3）更高要求。这一阶段是对前两个阶段的强化。到这一阶段，学生已经有了一定的英语写作基础，要求学生需要能够写出简单的英文报告和论文，在表达观点时更加轻松自如；时间仍然限制在半小时内，且不少于200词，观点明确，用词妥当，条理清晰。

（三）英语写作教学的主要内容

英语写作教学的主要内容如图5-1所示。

写作结构	写作中的选词
拼写与符号	写作句式

图 5-1　英语写作教学的主要内容

1. 写作结构

（1）结构恰当。英语写作和语文作文有相似之处，在写作之前都要对文章结构进行规划布局，对于任何文章而言都是必不可少的第一步，只有将文章的整体结构安排好，才能使文章具有连贯性。

英语写作结构主要是：引段—支撑段—结论段。对于英语写作结构布局，需要进行针对性的安排，不同的主题、要求都有适合的段落分布以及框架结构，根据写作主题选择合适的扩展模式，增强写作效果。英语写作结构并不是一成不变的，不同体裁和题材文章的结构布局也会不同。

（2）内容完整。无论是英语写作还是其他方面的文章，所有的文章都必须是完整的，文章内容要紧扣主题，与文章主题没有关系、逻辑混乱、调理不清晰的内容不应该出现，出现会打乱文章段落布局。所以，一篇优秀的文章内容必然是完整的。

（3）语义通顺。英语文章创作的过程中，需要注意文章内容的连贯性、逻辑性与流畅性，每一句话的衔接保证自然流畅，段落与段落之间互相呼应，达到这些要求才能完成一篇优秀的文章。因此，在英语写作过程中，学生需要打好基础，熟悉各种词汇、短语、连接词的使用方式与环境，同时要通过写作练习培养写作语感，让文章更加流畅。

2. 写作中的选词

英语单词的积累对英语写作而言至关重要，许多单词的解释都有表层和深层意思，不同的文化背景，词汇的运用是不同的，需要学生在掌握大量词汇基础上，灵活运用词汇。如果学生未能正确理解词汇的真正意思，或者在写作中没有用合适的词汇，会使写作语句存在歧义，甚至无法表达作者的意思与情感，也充分体现了选词在英语写作教学中的重要性。

在英语写作中并没有严格规定写作选词的规则，而是需要作者具有对英语语义的一种语感，要考虑语言环境以及文化等方面的差异，如褒义词与贬义词、具体词与概括词、正式词与非正式词等。除此之外，词汇的选择也与个人风格和兴趣有关，不同人对词汇的选择会有所不同，选词也有个人的想法。

3. 拼写与符号

拼写与符号是学习英语的基础，只有学会英语词汇的符合与拼写的运用，才可以学习英语写作，因此，符号与拼写是英语写作的基础。首先，在英语写作教学中，每一个词汇的拼写都非常重要，词汇拼写出现错误，将影响写作效果，写作的逻辑结构也会被破坏。其次，英语写作中标点符号的正确与否，也会影响文章的整体效果；标点符号错误可能会改变整句话的含义。

4. 写作句式

英语写作教学除了短语、词汇之外还有写作句式，使用不同的句式对于写好文章十分有利，写作句式的使用会成为文章的亮点，所以句式对于一篇优秀的文章非常重要。

英语句式有很多种，相互组合形成的句式也有很多，所以句式的数量繁多，形式多样。学生对多种句式的学习掌握能够使文章更加出彩，英语教师可以用不同的讲解方法让学生深入学习，如课堂模拟练习、课堂情景模拟等方式。

（四）英语写作教学的策略

英语写作的教学有许多种，可以从多方面进行设计。英语作为一门语言学科，需要重视语言能力方面的培养，英语教师通过学生的写作教学对布局结构框架的能力、遣词造句；教师需要采取多种教学方式，锻炼学生的写作思维能力。英语写作教学要涉及教材、教师、学生等因素，具有多层次与多角度的特点，所以英语写作教学的改善需要从多个角度和层次进行改进，如图5-2所示。

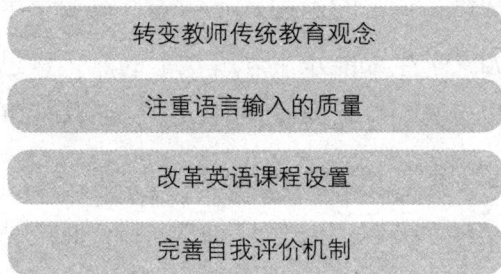

转变教师传统教育观念

注重语言输入的质量

改革英语课程设置

完善自我评价机制

图 5-2　英语写作教学策略

1. 转变教师传统教育观念

由于高校教师长久以来一直受到传统教育观念影响，所以英语写作教学策略的改进也要从传统体制改革入手。因为教育观念是改革的核心部分。

首先，大学英语与其他学习阶段的英语教学有所不同，他们涉及的知识面较广，课程时间长，教师在教学中要清楚大学英语与个人和社会的发展都有密切关联。

其次，高校教师需要改变传统英语教学方式。现今，英语教学不是简单的记忆单词与解释语句，不是为了考试而进行讲解。

再者，与传统教育方式不同，现今英语教学需要考虑多水平、多层次的学生情况，教师在英语教学过程中，需要了解学生不同的学习水平，从学生语言能力、学习动力、认知风格、态度情况等多方面进行因材施教，要对不同的学生采用不同的教学方法。此外，教学目标的设置也需要紧跟时代发展步伐，要根据学生的个性化需要来培养学习兴趣，提高学生英语综合应用能力。

最后，高校教师要经常反省自我，加上语言学和应用语言学的理论知识学习，从中总结新的教学理念，并且运用到课堂教学中。教师要不断提高自身专业水平，不断更新自身教学观念，使陈旧的教学观念能够及时更新，丰富自身知识的同时，也要时刻谨记自身肩负着教书育人的重要使命，努力培育社会的栋梁之材，为社会发展做贡献。

2. 注重语言输入的质量

大学英语写作是对学生交际能力的培养，英语写作不仅是写，与听、说、读、译都有联系。首先，阅读是写好一篇文章的重要方法，主动阅读大量英语文章是主动接收信息的过程，也是学生自主学习的过程，这样的语言输入方法能够有效提高学生的写作能力。无论是英语阅读还是写作，都属于语言输入，在此过程中教师要注意语言输入的质量，只注重语言输入数量只是在浪费时间，高质量的语言输入才能够提高学生语言输出能力。大学英语教学的主要目标是培育学生英语的综合能力，教师要重视对学生思维能力的培养及提高。

语言学科与其他学科有一个重要的不同之处在于，英语的学习需要充分考虑其文化背景与环境，教师在教学中要充分关注文化因素影响。英语作为一种广泛应用的语言，其文化背景和语言形式都具有独特的文化内涵，学生在学习英语的过程中必须对英语的文化背景知识进行学习，也是提高其交际能力的重要部分。因此，高校教师在英语教学中要帮助学生导入文化知识的讲解，让学生在理解文化现象基础上有效学习，也有利于培养学生对英语的敏感性，同时提高语言输入与输出质量，让英语学习更加专业化，标准化。

3. 改革英语课程设置

高校教师的教学观念与方法对英语写作能力的培养有重要作用，但只是一部分影响因素，除了这些因素，高校的课程设置能够影响学生的英语学习，高校教师的教育目标以及档案都与学校课程设置相关，所以学校的课程设置与教学联系密切，各高校应该在遵守国家课程要求基础上，结合本校的实际情况，制定适用于本校办学情况的教学大纲，将必修课与选修课相结合，让不同水平的学生在英语应用能力方面，能够得到针对性的训练和提高。

4. 完善自我评价机制

英语写作教学中，既要有教师的指导，学生也需要参与进来，除了教师对学生进行指导之外，学生的自我评价也很重要。在传统的教育观念中，一直都是教师对学生的文章进行批阅，限制了学生的思维，为了进一步改进教学机制，文章的批阅应该是教师批阅与学生自我评价相结合的评价模式。学生对自己写作成果的评价，能够让学生从中发现自己的不足之处，对存在缺陷的地方印象也会更加深刻，也是对学生自主学习能力的培养方式之一。

英语教学的评价需要适应社会发展。如今，互联网发展迅速，具有开放性、共享性、交互性的特点，为英语写作的评价提供了借鉴，对完善自我评价机制具有重要作用，也有利于促进教学模式及教师教学观念的改善与转变，增强学生的主动性，在一定程度上激发学生的写作热情，有助于提高学生的写作水平。

英语写作教学对培养学习者的英语技能有重要作用，高校教师需要在语言教学基础上，科学定位教学目标，针对性地选择合适的教学方式，教师在教会学生理论的同时，让学生学会在生活中运用所学知识，在实践与反思中不断进步。高校教师在教学过程中要考虑影响英语写作的因素，要合理处理每一个影响因素之间的关系，充分利用所有资源，培养学生语言的综合应用能力，让学生用所学的语言与世界沟通。

（五）大学英语写作教学新思维

1. 大学英语写作教学的读写结合法

众所周知，"读"是一种语言输入方式，而"写"是一种语言输出方式。"读"能够为"写"积累语言材料，不仅能够使学生知道要写的内容，还能使他们知道如何写。就目前情况而言，学生在英语写作过程中表现出的许多问题，从表面来看是语言表达层面，但从本质上来看，却是由于阅读积累不足所造成的。因此，只有将阅读作为突破口，并将阅读与写作有机地结合在一起，才能从根本上解决写作中出现的问题。[①]

英汉语言的表达逻辑存在一些较明显的差异。具体而言，西方国家的人常常开门见山地将自己的观点或请求表达出来，然后阐述具体理由。不同的是，中国人在表达时喜欢铺垫，常常在讲中心内容前先将理由逐一陈述，最后得出结论。

---

① 魏杰，竺琳琳. 大学英语教学改革方法探究——评《中国大学英语教学路在何方》［J］. 新闻爱好者，2018，（3）：116.

如果学生在阅读过程中接触过请假条，不仅可以了解请假条的常用表达方式，还可以将英语请假条的表达逻辑清晰。可见，教师引导学生阅读大量题材广泛、体裁各异的英语材料十分重要。

2. 大学英语写作教学的对比教学法

要让学生写出的文章用词地道、语句流畅、逻辑连贯，教师必须引导学生深入了解英语与汉语的差别。具体来说，教师可有意识地演示与剖析英汉语篇在遣词造句、文章结构等方面的差异，帮助学生在写作时有意识地避免汉语思维的影响，写出符合英语表达习惯的作文，主要涉及以下层面：

（1）语句层面。教师在批改学生作文时，应指出学生写作中不符合英语表达习惯的语句，并和地道的英语表达方式进行对比，使学生更清楚地看到其中的差别，并在不断修改过程中逐渐学会用英语进行思考与表达。

（2）语篇层面。教师可引导学生了解并思考英语文章是如何发展主题、组织段落、实现连贯，以此帮助学生对英语的语篇结构有一个立体的、综合的认识。[1]

（3）题材、体裁层面。教师可以对英语文章进行细致分析，使学生了解和掌握各种题材和体裁的文章写作技巧、注意事项等。

3. 基于微信平台的英语写作教学法

基于微信平台的英语写作教学，如图5-3所示。

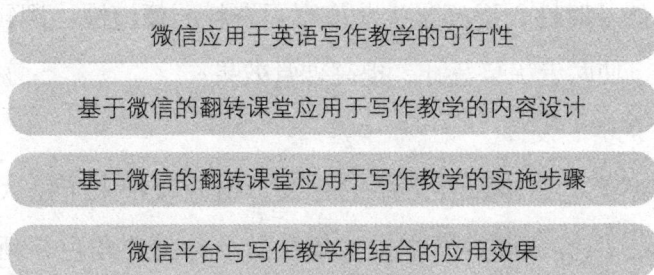

微信应用于英语写作教学的可行性

基于微信的翻转课堂应用于写作教学的内容设计

基于微信的翻转课堂应用于写作教学的实施步骤

微信平台与写作教学相结合的应用效果

图 5-3　基于微信平台的英语课程教学改革

---

[1] 何广铿. 英语教学法教程：理论与实践［M］. 广州：暨南大学出版社，2011.

（1）微信应用于英语写作教学的可行性。

微信是在2011年出现的一款手机聊天软件，可以通过网络快速发送文字、图片、语音和视频，支持多人群聊。微信的用户群体非常庞大，为将微信作为英语写作教学平台提供坚实基础。随着微信作为学习平台的普及，利用微信及公众号进行英语教学方兴未艾。

在英语教育教学活动过程中，将微信平台的价值充分发挥出来，需要建立微信群，便于学生、教师之间交流。为维护良好的英语交流氛围，学生需要在群内标注自己的真实信息，包括姓名、学号以及班级；此外，为使不同水平的学生都能够学有所获，教师需要根据学生对知识的接受程度，将他们分成不同小组。学生应该充分利用微信群进行学习交流，分享学习资料，教师在微信群内承担管理的重任，以群主的角色管理群内成员，对学生在群内的行为进行限制，共创线上学习的良好氛围。除充分利用微信群之外，朋友圈以及即时信息也为学生提交作业提供了方便。微信的合理利用，能够为学生学习提供帮助，教师应该按照学生的学习能力，选择合适的交流方式进行互动，针对个别同学，可以进行一对一辅导。

（2）基于微信的翻转课堂应用于写作教学的内容设计。

英语写作的教育教学活动中，教师可借助微信平台，使之成为实施翻转课堂的有力工具，让学生积极参与英语教学活动中。微信平台的合理利用，能够提升教师与学生交流的及时性，提高学生获取学习资料的便捷性。翻转课堂以及传统教学的有效结合，使两者优势互补，提高课堂效果。

① 传统课堂优势的发挥。

信息时代，科技的进步以及网络的普及，给教育带来了巨大改变，新的教学模式不断完善，但传统课堂教学模式依然扮演着重要角色，新教学模式不能将其完全取代，而是两者并存，将各自优势充分发挥出来。英语写作教学过程中，通过传统教学模式，教师可以引出作文题目以及介绍背景知识，有助于强化学生思想深度以及宽度。在传统课堂上，教师能够全方位了解所有学生的学习动态。

② 使微信平台成为英语写作教学资源平台。

在微信群公告中发布重要信息，比如课程信息，学生可以了解课程安排、要求以及教学目标等，及时掌握各类重要信息，使学生能够在上课之前做好相关准备，有助于提高课堂教学的质量。教师和学生可以充分利用微信朋友圈进行学习交流；教师可以在朋友圈分享写作素材、优秀作品，学生可以在朋友圈展示作业。此外，为使学生能够快速检索到相关资源，教师在发布相关内容时，应该将学习资源分类，并在内容的开头标注分类。

写作课堂。在传统课堂模式下，教师应对写作的理论知识以及方法进行详细讲解，并在此基础上，通过微信平台，将上课内容分享至朋友圈，使学生能够随时随地学习。朋友圈也是教师与学生互动的一种有效渠道，教师可以进一步完善教学内容，学生也可以提出相关建议。

写作素材。微信平台增强了写作素材分享的便捷性。以传统课堂传授的知识为基础，教师可以通过微信群以及朋友圈，为学生提供学习资料。为了便于学生查找素材，教师在上传资料时，应该对这些资料进行分类标注。同时，教师应该鼓励学生自己寻找写作素材，并在群里共享，一起讨论一起学习，以使写作素材不断丰富，为学生提高写作水平奠定基础。

相关资源。相较于其他方面的英语学习，英语写作更加复杂，需要大量的知识储备，并且是一个知识构建以及输出的过程。英语写作需要学生具备多方面能力，包括词汇的储备以及灵活使用、语法的正确应用以及较强的阅读能力。因此，要提高学生的写作能力，需要持续增加知识的输入，教师必须给学生提供高质量的学习资源，比如将"英文巴士"以及"轻客英语"等优秀公众号推送给学生，学生结合个人的学习能力，有选择性地进行关注。

写作练习以及测试。对于教师，练习以及测试是反映学习效果的有效方法，学生可以通过练习和测试认识到自己的不足，进而进行有针对性的学习，从而提高写作能力。对此，教师可以在传统课堂上进行考核，也可以充分借助微信平台，通过朋友圈发布习题以及测试试卷。

优秀作品。除了可以将重点教学内容发布到朋友圈，比如写作要点以及技巧等，还可以分享优秀作品，供学生借鉴以及模仿，或者分享学生自己的优秀作品。

微信的合理利用，能够为教师和学生搭建便捷的沟通交流平台。通过微信好友、群组以及朋友圈等方式，教师和学生之间能够形成"一对一"以及"一对多"的沟通形式，利用信息共享的及时性，提高学生英语写作的积极性。

（3）基于微信的翻转课堂应用于写作教学的实施步骤。

翻转课堂的教学模式是一种将课前准备、课堂学习和课后复习的教学与互动融合为一体的教学模式。与传统授课形式不同，翻转课堂更能够调动学生学习的积极性，提高他们在学习中的主体地位。无论是课前的学习准备，还是课后复习阶段，都需要使学生处于互动状态，让他们积极发表自己的观点，营造愉快、自由的学习氛围。只有加强教师和学生之间互动，才能够使写作课堂达到更好的效果，逐步提高学生的写作水平。

① 课前准备。

为使课堂教学达到更好的效果，教师应该为学生预留课前预习的时间。按照教学计划，教师应该通过微信群，提前发布教学主题，并布置搜索、查阅学习资料的任务，鼓励学生在微信群内共享学习资料，一起交流、讨论，教师还可以实时关注学生的学习状态，掌握他们的学习进度。若时间允许，学生可以提前完成初稿，学生之间可以在群内自由讨论，互相提建议，这种方式有助于写作能力的提升。

② 课堂学习。

为保证英语写作的教学质量，教师必须制定教学计划，并按照课程安排，教授写作理论以及相关技巧。当学生对教学内容有疑问时，应该及时予以解答。为使学生能够深刻理解教授内容，充分意识到写作方面的优势以及短板，教师可以把学生的作业当作教学案例进行讲解，剖析学生作品的优点以及提升点，使学生能够更好地掌握写作知识以及技巧。

③ 课后复习。

课堂教学结束之后，为更好地掌握所学知识，教师以及学生应该对知识点进行归纳，对于学生提出的新观点应该积极予以回应，对于学生提出的疑问应及时予以解答。教师可以将归纳的知识点发布在朋友圈，以使学生能够随时随地复习。借助朋友圈，学生可以提交作业，教师及时进行批改。另外，教师也可以通过分享"优秀作品"的方式，调动学生写作的积极性。

课前预习、课上交流、学习以及课后巩固，学生提出问题、教师解答，以及学生之间的相互讨论，是一个循环往复的过程，通过此过程，学生不断掌握写作理论，技巧应用的熟练度不断得到提升，写作思路越来越清晰，进而使写作水平得到提高。

（4）微信平台与写作教学相结合的应用效果。

①满足学生不同需求，提高学生学习兴趣。

微信平台给英语写作的教育教学活动带来了极大的便捷性，结合自己的写作水平以及学习需求，学生能够自主选择学习资料，并且不受时间和空间限制。这种以微信平台为基础的翻转课堂，能够调动学生的积极性，使之有更高的学习热情。另外，结合学生的写作能力，教师可以将学生进行分组，进行更有针对性地进行交流。学生也可以结合自身的实际情况，自主选择英文学习资料。通过群组交流，学生间可以相互学习、一起讨论、分享心得。在学习过程中，学生之间以及师生之间互动的增加，调动学生的积极性，使教育教学活动效果得到有效提升。

②教学反馈性指导效率的提高。

将微信平台运用于英语写作教学中，还有另一个优势，即教师能够对学生学习状态进行全面掌握。借助微信平台，学生发布的状态、在群里的交流都可以反映出学生对课程的掌握程度，教师可以根据学生的反馈，结合学生的实际情况进行辅导。此外，学生的反馈也能够促进教师改进教学方法，结合学生的学习需要，找到更合适的学习资料。学生的及时反馈，使教师的辅导更具有针对性，对于教学活动中出现的问题，能够及时予以解决。

微信作为学习交流平台，有利于调动学生的学习积极性，可以有效提升师生之间或学生之间的交流效率，这种优势是传统课堂并不具备的。另外，在大学英语教学活动中，英语阅读材料的选择对学生阅读能力的培育有较大影响。然而，在教学实践中，阅读材料的选择范围十分有限，对教师提出了更高要求，教师以掌握现有材料为前提，结合学生的实际能力，通过改变材料背景或者更改问题设计等方式，对原有材料进行改造，以实现预期的教学效果。

二、大学英语阅读教学法及其新思维

阅读是人类认识世界和学习知识的重要途径，是一种重要的认知活动。阅读教学是大学英语教学中有重要的意义，是大学英语教学的主要技能之一。大学英语的教学任务之一是为了学生的阅读能力培养和提高。在信息化背景下，大学生同学阅读可以获得更多的信息，提升自身的学习输入能力，最终达到巩固自身语言知识的目的。以下重点对大学英语写作教学法展开论述。

（一）英语阅读教学的内涵

英语阅读教学的内涵，如图5-4所示。

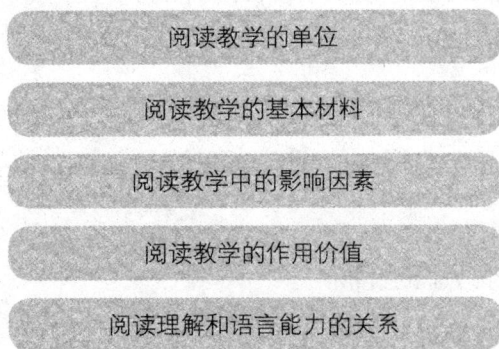

阅读教学的单位

阅读教学的基本材料

阅读教学中的影响因素

阅读教学的作用价值

阅读理解和语言能力的关系

图5-4 英语阅读教学的内涵

1. 阅读教学的单位

阅读教学要达到一定效果，其中一个前提是学生需要阅读的基本单位是段落和文本类型。

（1）学生在阅读时遇到的都是以段落和文章为单位的文本，遇到不认识的词语或者句子时不会畏怯，而是有一定的阅读信心。学生在宏观的角度阅读时会带有目的性，不会盲目猜测文章大意。假如在测试中遇到一道关于文章主旨大意类型的题，学生会根据以往掌握的方法，从4个答案中找到这篇文章对应的主旨内容，这样，学生在处理一些文本信息时会有把握，不会紧张畏惧。

（2）学生按照一定的文章模式分析文章结构，更有利于理解。比如，可以先总结中心内容，再分别阐述具体内容，或者根据文章讲述内容的时间顺序阐述文章。这样，学生在获取有效信息时更加快捷。

（3）要提高学生的逻辑推理和演绎能力，阅读一些篇幅更长的，可以插入图片或者表格类的文本会更有帮助。这样的文本会让学生对需要插入的内容进行思考，为其找到合适的插入位置，并且引起学生的阅读兴趣，进而提升学生的推理预测等能力。

2. 阅读教学的基本材料

训练学生的阅读能力时，应选择原有文本，也就是没有被简化的文本。因为这样的文本相对于简化文本，内容更丰富、层次更详细、词汇以及句子结构等方面更为复杂和困难。从某一方面来说，虽然提升了学生阅读的难度，但也提升了学生的阅读能力。另外，简化后的文本相对于原文本，可能失去了文章想要传达的意思，失去原有的风貌。比如在看一篇新闻时，新闻一定会采取与整篇报纸一样的版式以及相对应的标题和插图。所以，原有文本内容对于提升学生的阅读能力更有帮助。

3. 阅读教学中的影响因素

要在阅读中得到较好的分数，需要阅读者增强自己的阅读量，并且有效吸收教师讲解的阅读方法。

背景知识对文本阅读起到重要作用，包括：① 句法知识。比如不定冠词a或者an如果放置在book前面，表明book的词性为名词；② 一般知识。比如box和desk两个单词，了解这两个单词的意思后，可知box更适合放置珠宝；③ 语形学知识，这一知识会帮助区分bakery和baker之间的关系；④ 专业知识。积累关于天文、地理或者化学、生物方面的常识，会帮助阅读这一类型的文章；⑤ 主题性知识。获取有关农业信息方面的知识，会帮助了解农民生活来源或者从事职业等信息。

4. 阅读教学的作用价值

在英语学习中，阅读占有重要地位。明确阅读教学的重要性，理解它在英语教学中的地位，准确分析内在含义和策略，阅读教学才能够发挥出最大价值。因此，阅读教学的作用价值有以下三点：

（1）第一，学生能够了解不同文化，获取更多信息。学习英语对于中国学生而言，满足日常的口头语言交际只是其中一个方面，并不是学习英语的主要目的。因为对于中国学生来说，日常交际并不能完全依靠所学习的英语口语。中国学生学习英语更重点的一点是，学生需要通过英语的学习了解外国文化、风俗，还要通过英语的学习，读懂日常生活中看到的说明书、广告、通知或者商品的简要介绍等。培养学生形成阅读习惯，在面临以上问题时才能迎刃而解。不仅如此，阅读教学还可以帮助学生更多地了解与本国不同的文化。

（2）第二，学生可以通过阅读提升处理问题的能力。阅读可以帮助学生积累英语知识，提升阅读的文学素养，帮助学生提升分析和解决问题的能力，是一个由量变到质变的积累过程。在英语阅读中，学生的思维会跟随阅读的文章进行思考和猜测，会跟随对话的过程进行思考。换句话说，学生在阅读中会遇到不同问题，比如生单词，这时他们会根据上下句猜测单词在文章的含义，还会根据现有积累的词汇和语法知识分析单词的含义，这些都是在阅读中积累的能力。除此之外，学生会在阅读中学会总结文章大意，体会作者意图，找出关键句等。以上内容都在间接地培养学生的判断、分析、推理等能力。

（3）第三，在阅读中可以积累单词，提升语感。阅读可以起到温故知新的作用，在阅读中可以再次温习旧单词，还可以解锁旧单词的新含义，学习到新单词，填充自己的词库，提高学习的积极性。除了积累单词，在阅读中，学生会了解更多异域文化，提升本人的文学素养。长期坚持阅读还会养成良好的阅读习惯，养成终身学习的好习惯。

5. 阅读理解和语言能力的关系

阅读中面临的三大关系，有利于语言能力的提升。第一是读和写的关系，学生在阅读中对于经典语句或者不理解的句子都要做摘要；第二是读和听的关系，对于新闻报道类的文章或者做比较、做选择类的文章，并且在听的过程中解决问题；第三是读和说的关系，比如在阅读中，学生可以采取讨论、交谈或者座谈会的形式展开阅读。

（二）英语阅读教学的内容

英语阅读教学的内容，如图5-5所示。

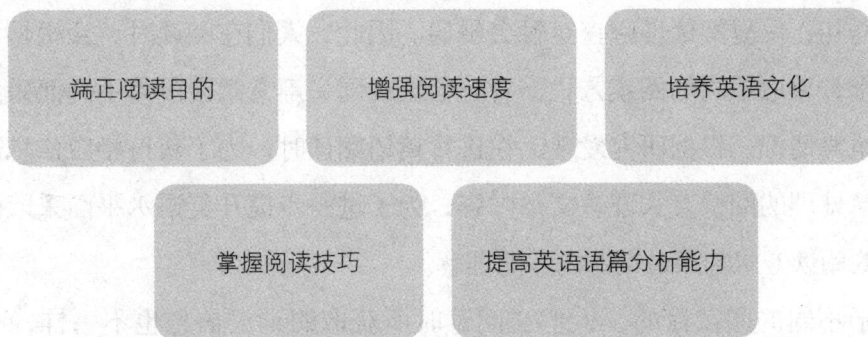

图 5-5　英语阅读教学的内容

1. 端正阅读的目的

日常生活中，人们会根据不同的需求，阅读不同的书籍。由于目的不同，可以将阅读分为两类：一类是人们根据生活或生存需要进行的阅读，如为了了解电器的使用而阅读说明书，为了吃饭阅读菜单，为了沟通需要查阅电话簿等；另一类是为了得到相应信息或为了学习而进行的阅读，如学生为了获得知识阅读相应课本，为了了解发生的新闻阅读相关报纸、杂志等。

根据阅读材料的不同，可以分为四种阅读类型：① 文章的字面意义所表达的信息。阅读这类文章的目的是为了了解作者通过文字所传递的表面意义。② 根据文章表面意义进一步推理作者所要表达的深层含义，也就是人们常说的言外之意。③ 进行比较性评论。阅读这类文章的目的是为了把自己的观点和文中作者的观点进行比较和评价。④ 为了欣赏作者的观点而进行的阅读。阅读这类文章是为了在一定程度上获得情感寄托，从而与作者达成共鸣。

区分不同的阅读类型，对于提高阅读教学有着积极意义。在实际教学过程中，教师可以选择不同的阅读类型，有目的地对学生进行阅读训练。由于阅读目的不同，其阅读文章的过程也不一样，如人们在阅读报纸、杂志和小说时，主要是为了取得相应的信息而不是为了深入思考，属于接受性阅读；有些人仔细阅读文章，深入理解文章观点，并比较前后是否一致，这种类型的阅读是反思型阅读。有时为了了解文章基本信息，只阅读文章标题或开始部分的重点段落，这种类型的阅读叫浏览性阅读；还有一种扫描性阅读，是为了获取一些特定信息而进行的阅读，如阅读火车时刻表，而精读指仔细阅读古今中外优秀的文学作品，品鉴其中佳句，反复阅读理解直至融会贯通。因此，人们在阅读时，会根据不同的阅读要求，采取不同的阅读方式，有时会出现同一篇文章因段落不同而采用不同的阅读策略情况。根据研究发现，在进行英语阅读时，为了获得相应信息而采取宏观篇章处理的阅读方式理解文章内容；为了进一步提升英语水平而采取微观篇章处理的阅读方式加深对文章内容的理解。

基于不同的阅读目的，人们在阅读时所获取的词汇信息也不一样，有些没有明确目标的阅读能够获得的词语信息较少，而阅读目的明确，有着较大学习压力，则会认真理解其中的词汇，获得较多词语信息。在阅读母语类文章时，如果仅仅为了休闲或为了涉猎知识，不会过多注重词汇的学习，也不会扩大词汇量。如果是在一定压力下学习或是为了精读一篇文章，会注重词汇的使用，在阅读过程中会自然地学习相关词汇，扩大词汇量。所以，阅读目的不同，所采取的阅读方式也不同。经验证明，阅读时为了获取更多的英语知识而进行有目的性的学习时，其英语考试成绩会高于为了提升英语水平而进行的阅读。因此，阅读需要在平时下功夫，日积月累循序渐进，才能水到渠成，达到较好的学习效果，如果仅仅为了追求速度，则不会扩大词汇量。以获取知识为目的的认真阅读，会提高阅读能力，增进学习效果。

2. 增强阅读速度

在实践教学过程中，教师会发现有些学生用手指或笔指着书本单个字进行阅读，或没有声音的朗读，这些都是不好的阅读习惯，不利于提高阅读速度，甚至会出现阅读障碍。对此，可以采取以下办法提高阅读效率。

（1）有针对性地进行提高阅读速度训练。让学生在规定的时间内完成一定的阅读量，进行反复练习，提升学生的阅读速度和阅读效率。这样的活动可以经常进行，每次训练3至4遍。这种重复进行的阅读训练，是让学生用尽可能快的速度阅读规定的阅读量，并阅读没有读过的材料。

（2）设定整体阅读目标，以提升学生的阅读速度。以班级为单位，设定一定的阅读速度，如设定为250词/分钟，阅读材料是125词/页，则学生至少30秒需要完成一页阅读，教师要监督并不时提醒学生翻页。经过不断的训练，帮助学生提高阅读速度，提升阅读效果。

（3）学生进行阅读速度训练。与第三个提高阅读速度的方式一样，区别是该训练对象是学生个人。学生首先拟定一个速度目标，然后在训练时由教师定时进行提醒，学生通过查看阅读量和时间，判断是否达成目标。

（4）反复进行阅读训练。让学生反复练习一篇文章，直到能够达到规定的阅读速度和阅读效果为止。训练之初，教师可以将其阅读速度设定订200词/分钟，学生的阅读效率能够达到七成。

3. 培养英语文化

国家教育部门制定的英语教学大纲对语言和文化之间的关系做出高度概括：语言和文化之间有着密不可分的联系，每一种语言都离不开其特定的文化背景，所以语言是浓缩了的文化。因此，学生在理解词语时，首先要产生该语言的文化背景，如果仅仅认识了这个单词而不了解其背后的文化背景，则不能很好地理解文章所体现的作者意图。

经验证明，在进行英语阅读时遇到的困难，既有语法和词汇方面的问题，又有其语言背后的民族文化问题。语言和文化之间有着紧密联系，文化是语言的根据，语言承载着一定的文化信息。教师在实际英语教学过程中，并没有重视语言和文化之间的紧密关系。所以，在学习英语语言的过程中，由于缺少对民族、地域文化背景的了解，造成学生理解和学习上的障碍。

阅读是一个不断积累语言知识和相应文化背景知识的过程，教师在教学过程中要发挥学生的主观能动性，帮助学生学习语言知识的同时，也要让他们了解语言背后的文化知识，根据已经掌握的知识，按照相应的逻辑关系进行推理，在不断拓展知识的过程中形成正确的阅读方法，养成比较好的阅读习惯，通过增加词汇量提升学生的阅读水平。

4.掌握阅读技巧

通过阅读文章，人们将文章中语言所承载的信息经过大脑分析与判断后再进行整理，然后化为自己的知识，要求学生在理解原文意思基础上，进一步探索和分析并做出合乎自己价值观的判断。所以，阅读不只是简单地进行知识储存，而是一种富有创造性的脑力劳动，学生要具备学习知识的技能并掌握一定的技巧后才能逐步实现。只有在熟悉了阅读技巧后，才能有针对性地提升自己的阅读水平。在教学过程中，教师可以要求学生在合理的时间内完成相应的自学课程，有不明白的问题及时向教师提出。

（1）SQ3R。SQ3R是美国人罗梭提出的一种阅读方法。经过实践证明，这种方法能够提高母语的教学效果，对培养良好的英语阅读技巧也有很好的作用。SQ3R阅读方法可以分为5个方面的内容，其中"S"即英语单词survey（概览的意思），"Q"即question（提问的意思），"3R"代表三层意思，分别是read（阅读）、recite（背诵）和review（复习）。其中，概览是在正式阅读前进行预习，以做好准备。

首先大致浏览书名、作者、目录内容以及各章标题，然后进行推断，以确定重点内容段落。第二步，从概览中找出相应的问题，并根据自己的理解，从文章结构以及立意方面提出问题，有了这些问题后，可以有针对性地进行阅读。第三步，对文章进行正式阅读，根据自己提出的问题.利用已经掌握的知识点来找出线索，从中提取有价值的信息，进一步了解文章的基本信息、中心思想和主要观点。第四步.记住文章主要内容、词汇以及语法。要求学生在理解文章所读内容基础上，进一步巩固所学知识，然后根据理解对其进行重新组合。第五步，复习所学内容。按照记忆的科学规律复习文章，可以重新阅读文章，以便加深对文章的理解，同时起到查漏补缺的作用。

SQ3R这种阅读方法是根据自上而下的阅读规律逐步发展而来，在正式阅读开始前，在概览和提问中找出问题，并运用自己已经掌握的知识，预测和判断文章内容，在阅读和背诵以及复习三个过程中展开对词汇、语法的学习，然后在此基础上进一步理解文章段落和整篇文章中心思想。这种循序渐进的阅读方法和读者的阅读习惯相符，能够有效提升读者的阅读效率。

（2）PWP。PWP将阅读过程分为三个阶段，pre-reading即阅读前和while-reading即阅读中和post-reading即阅读后。

阅读前阶段又可以称为导入阶段，教师通过课前备课，充分调动学生头脑中的知识，为即将授课内容做准备，而学生也从心理上和语言上以及课程内容上做好准备，并且对课程充满期待。阅读前的活动可以分为预测课程内容、调动学生头脑知识和迅速阅读等。

阅读中，教师通过课程设计，进一步增强学生对内容的理解程度，并能够处理相关信息内容。在考查学生对文章的理解程度时，一般通过选择题、问答题、判断题、解释词义以及翻译形式进行，这些措施的实施可以帮助学生加深对文章的理解，但是，这种方法强调的是阅读结果，而对学生的阅读理解能力帮助非常有限。采用PWP方法能够给学生全过程辅导，及时给他们有效信息，帮助学生提高对文章的阅读水平。

阅读后，教师可以帮助学生将所学知识融合起来，以亲身感受体验文章中心思想，并能够用自己的语言知识描述文章观点。以前，教师会采用翻译文章句子、回答文章问题，甚至整段翻译的方式考查学生对文章的理解情况。但是，这些考核内容不能够让学生用自己的语言进一步理解文章。在这个阶段，要提出新的方法考核学生的理解情况，对教师来说是一种挑战。因此，教师要有足够的知识储备，积极发挥创造力和想象力，从而设计出切实可行的办法，既要与学生的知识结构、所学内容相符合，同时也体现课文中出现的新的知识内容。

PWP是一种互动式阅读方法。PWP可以有效运用学生已有的知识和经验，增强学生与书本之间或学生与学生之间的互动，以加深对重点语言现象的理解和学习。在实践教学中，这种教学方法逐渐得到认可并开始广泛应用。

（3）阅读圈。阅读圈基本是以学生自主进行的阅读和讨论以及分享的阅读行为。具体步骤为：在上英语阅读课时，教师将全班学生划分为几个小组，每组由4

至6名学生组成，每个组都选择一篇组内全体成员感兴趣的文章进行阅读，小组内所有成员按照要求，扮演自己的角色完成阅读任务。在进行阅读前小组，所有成员都要做好充分准备，以期达到阅读效果。

经常进行阅读圈活动，可以提高小组成员的阅读水平，使小组个体的独立思考和集体分享充分结合起来。需要注意的是，阅读圈成员包含研究英语文化背景的人员。另外，教师可以根据不同的教学目标，规范使用阅读圈的教学成果，而学生利用阅读圈进行充分讨论，锻炼自己的英语阅读能力。教师在设计阅读圈时，可以先选择与学习进度适合的英语阅读材料，在学生逐渐熟悉这种模式后，可让学生自己完成任务，选择的过程也是思考与磨合的过程，有助于增强学生的思维能力。阅读圈活动是否成功，可以根据以下方面作出判断：

1）学生自主选择阅读材料，并且各个小组使用的阅读材料不同。

2）学生可以根据自己的兴趣选择阅读材料，相同的阅读材料可以成为一个阅读小组，阅读材料不同的，小组成员也会发生相应变化。

3）教师要对学生的阅读圈小组的展开状况进行定期监督。

4）学生在阅读圈活动进行前做好准备工作，在活动进行中做好笔记，把重点和难点及时记录下来。同时，学生要积极参与讨论，充分发表自己的见解。

5）阅读圈小组成员自行决定需要讨论的问题和讨论方式，教师以辅助者身份参与并不直接干预。

这些问题是进行母语教学时应该注意的事项。在使用阅读圈进行英语教学时，教师可以根据情况需要做出适当调整，如教师可以选择与学生阅读水平相符合的阅读材料，但要给学生一个范围，以保证他们可以根据自己的兴趣选择合适的阅读材料。当学生逐渐熟悉阅读圈活动后，教师可以充分放手，让学生有充分选择权自行组织相关活动，从而锻炼他们的阅读能力。教师可以根据学生的英语掌握程度划分不同小组，这样小组内成员英语水平相当，可以展开充分讨论，参与程度更深。教师还可以结合学生特长和阅读材料性质，为学生制定不同角色，这种针对性更强的阅读圈活动，更能提高学生的阅读水平。

综上所述，教师要充分发挥阅读圈活动作用，让学生在活动过程中充分参与，积极思考，交流体会，从而提升学生的阅读能力。

5.提高英语语篇分析能力

现在，存在一种教学模式是以阅读内容为基本前提，教师引导学生深度研究和探索阅读内容。若只专注于词汇和语法知识的研究，则显得过于微观，学生没有形成语篇意识；若只是让学生分析和讨论阅读内容涵义，则会导致学生缺乏语句、词汇的研究意识，并且研究的依据和方式也模糊不清，使学生各方面的能力停滞不前，尤其是分析能力和理解能力。近些年，由于语篇分析能够帮助学生快速理解文本内容，所以大多数学者非常重视语篇分析在教学中的应用。

语篇指一篇不间断的话语，或者是由多个句子组成的综合体，最显著的特点是连贯性和衔接性。然而，在实际研究和讨论过程中，不需要进行全面性分析，而是按照语篇特点，深入研究重点部分。具体而言，语篇分析是以其结构为研究起点，全面、合理以及有针对性地研究和讨论文本内容，掌握其涵义和思想意义，评价其表达方式和结构特点等。语篇分析是以语篇为单位，针对词汇和语句进行分析和讨论，从而理解语篇内容，主要研究的内容是人物性格特点和事件的起因与结果。除此之外，还应该重视与阅读内容相关的知识。根据学者的研究可知，语篇分析方法主要包括两种，分别是宏观分析和微观分析。

（1）宏观分析。从宏观角度分析阅读内容，掌握阅读内容的主旨、体裁和结构。由于语篇各方面的差异性，其结构也具有显著的区别性，尽管语篇结构丰富多样，但并不是杂乱无章，教师指导学生探索和掌握不同语篇体裁的规律变化，并且明确其文本内容的逻辑性和独特性，从而促进学生对阅读内容的理解，辨别作者所选取的语言策略，理解文本内容的思想和涵义，了解作者的写作目的等。

（2）微观分析。微观分析指深层次研究阅读内容，主要研究的内容包括语篇的连贯性、语篇的衔接方式以及不同词义和语句的联系等。微观分析对学生提出了很高要求，要求学生在掌握词义和语法的基础上，以语篇为基本单位，有针对性地研究和推理语句、段落之间的关系，掌握文本内容的中心思想和主旨大意。

衔接的方式主要包括四种，即照应、省略和代替、连接以及词汇粘合。从微观角度研究阅读内容时，主要体现在四个方面。首先，照应等同于指代关系，如人称代词、指示代词等，能够形成照应关系，除此之外，还有连接上下文的比较代词等。研究照应关系能够促使文本内容中的各种关系更加清晰且明确；其次，省略和替代在对话语篇中是经常出现的一种衔接方式，其目的是防止出现重复现象，并且促进内容更加紧凑和连贯；连接也是一种衔接方式，主要应用于描写体、论证体以及说明体等文本内容中，通过关键词的使用，实现连接功能，比如转折、因果等关键词；最后，词汇粘合经常出现在说明体和科学体的文本内容中，具体指应用特殊词汇将文本内容中的语义进行连接，常见的词汇有重复词、近义词、反义词等。教师应指导学生进一步研究和探索语篇的衔接性和连贯性特征，梳理和总结语篇的重要内容以及表达方式，实现对语篇的有效理解。

语篇分析所涉及的领域存在大量多模态语篇分析含义，非语言模态在人们互动和沟通中拥有相同的功能价值，比如图像、声音等，由于非语言模态也参与意义建构，因而需要人们高度重视。如今，书面语篇中出现了丰富的多模态资源，学生的多模态识读能力显得非常重要，在训练学生阅读理解能力的同时，理应加强多模态识读能力的培养。

多模态资源不仅包含语言文字表述，还包含非语言成分：① 印刷体式，主要指版面设计、缩进和字体等，充分展现语篇的组织方式，有利于人们对阅读内容的理解；② 图表，作为文本中不可或缺的组成部分，具有补充文字表述的功能，能够促进读者对语篇的理解，突显文本内容的特点和意义；③ 图像，对于文本内容而言，图像意义至关重要。图像和文字的融合使得文本内容更加多样化；④ 体裁，各体裁所体现出的特征具有显著差异性，体裁特征使得语篇意义更加全面和完整。与多模态语篇有关的理论观点为教师教学提供了参考依据。换言之，在教学过程中，教师要打破文本束缚，深度研究和探索非文本内容，增强学生对非文本信息的识读能力和辨析能力，以及批判性的阅读能力。

根据以上所阐述内容，若教师引导学生重视和掌握语篇分析的方法，则有利于学生更好地理解阅读内容，取得显著的阅读效果。

（三）阅读教学的原则

阅读教学的基本原则：

（1）选择能够激发学生阅读性的材料和任务。

（2）阅读任务设计要更有深意。很多教师对于阅读教学的考核，仅限于学生对于阅读内容的基础记忆，对于提升学生的阅读能力帮助较小。为此，教师要鼓励激发学生探索文本的深意，进行思维训练。

（3）阅读教学教会学生思考更深层次的文本信息，在这一过程中，培养学生的阅读技巧以及方法策略，并让学生在不自觉间学会运用自己已经掌握的阅读方法。

（4）"授之以鱼不如授之以渔"，教师在传授学生阅读技巧和方法后，要放手让学生运用已经掌握的阅读策略和技巧进行阅读，让学生能够自主思考和锻炼。

以上几条阅读原则的最终目的是培养学生的阅读兴趣，养成热爱阅读的好习惯，并且在坚持不懈地阅读中逐渐演变为终身阅读的行为。教师在其中的作用并不是简单地为学生解决阅读文章时的问题，还需要分清主次之分。同时，教师在帮助学生养成热爱阅读习惯时，还要对自己在阅读中遇到的问题大胆地提出疑问并思考分析，这样的阅读习惯也会间接作用于学生本身，并让之受益无穷。

（四）英语阅读课程教学新模式

英语阅读课程教学新模式，如图5-6所示。

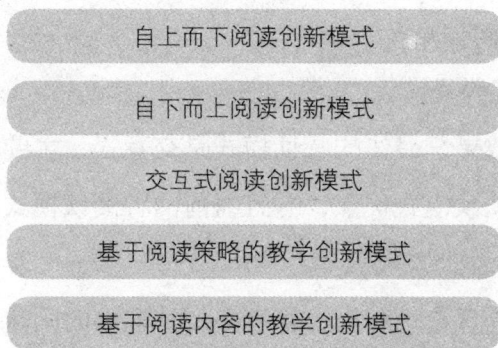

> 自上而下阅读创新模式
>
> 自下而上阅读创新模式
>
> 交互式阅读创新模式
>
> 基于阅读策略的教学创新模式
>
> 基于阅读内容的教学创新模式

图5-6　英语阅读课程教学模式改革

1. 自上而下阅读创新模式

读者在阅读材料时，应该对阅读内容提出论点和问题，同时进行论证和解决，在此期间，相比于新的单词和语句，读者所掌握的知识和经验是最重要的。

关于英语内容的阅读，读者拥有自己的发挥空间，通过自身所具备的知识经验不断推测阅读内容。与文本内容相比，读者所储备的知识要更加多样和精彩。若读者对阅读内容的了解不够充分，甚至是非常陌生，则阅读理解很难顺利完成。若学生在阅读材料的过程中遇到陌生词汇，只要对文中话题非常了解，则完全能够准确猜测词汇含义，有效完成阅读内容的语篇理解。实际上，这种阅读模式是一项以心理语言学为基础的猜谜游戏，重视学生阅读兴趣的激发以及背景知识的提取，促使学生能够独自完成猜谜游戏。

2. 自下而上阅读创新模式

自下而上的阅读模式强调读者在了解和掌握单词、句型的含义以及特点之后，再理解阅读内容的语篇意义。也就是说，阅读的顺序是从下至上，即从最简单的单词渐渐上升至整个语篇。主要原因在于人们对文字的辨认是最先发生的，之后才会出现认知上的理解，作者所要传达的信息、含义以及思想情感远远多于读者所理解的内容，人们对内容的阅读具有一定顺序，即按照从单词至词组、句子至语篇的顺序。该过程也是以最小单位为出发点，从而理解文本意义。因此，在教学过程中，教师首先讲授词汇和句子语法等基本知识，学生随着教师反复阅读，不断记忆和理解，无论是对文字的快速辨认，还是对知识的准确理解，都是教学中的重中之重，在训练学生阅读能力过程中，教师着重培养学生快速辨认单词且准确理解其含义的能力。

3. 交互式阅读创新模式

如今，对于阅读效果，最佳的阅读模式是交互式，主要原因在于交互式的阅读模式融合了前两种阅读模式优点，并且将前两种阅读模式有效结合，有利于读者对阅读内容的理解。

交互式阅读模式的理论观点为：读者在阅读内容的同时要分析和理解文中蕴含的意义，要求读者既应该掌握扎实的语言基础，还应该储备丰富的理论知识，并且通过知识的积累，加强对阅读内容的理解。

实际上，阅读过程的本质是读者和文本不断地交流和互动，读者将文本中的新知识与自身储存的旧知识联系起来，形成一种新的知识体系。此阅读过程除了包括人们对词汇和语句的理解之外，还包括人们根据自身积累的知识和经验，对内容的理解。将这三种阅读模式进行比较可以得知，交互式阅读模式与阅读理解的特点更贴切和相符，尽管缺少科学依据和实证研究，但从理论层面分析，交互式阅读模式是最佳的选择。

根据对以上三种阅读模式的总结和归纳，可以得知阅读过程的三种途径：① 在掌握词汇含义的基础上，读懂文本内容；② 在不了解单词含义的情况下，凭借自身经验进行猜测；③ 前两者的充分融合。基于三种途径产生了相应的教学模式。在教学准备阶段，教师可以先展开预教，即确定一个与阅读内容无关且只能凭借自身知识经验进行推理和猜测的单词，由学生独自完成单词的理解。在学生理解全篇内容的情况下，其他能够推测词义的单词则迎刃而解，从而促进学生有效且准确地理解阅读内容。

关于教学模式的阐述，不仅包含以上基于阅读过程的三种教学模式，还有其他常见的教学模式，比如基于阅读策略的教学模式和基于阅读内容的教学模式。

4. 基于阅读策略的教学创新模式

基于阅读策略的教学模式，就是专注于阅读策略训练的教学模式。学生在选择阅读策略时，教师会给予正确指导，即选择与阅读内容相符的阅读策略，从而加强学生对阅读内容的理解，如预测、推断以及记笔记等策略。以策略训练为出发点，主要是因为人们具备认知能力和思维能力。大多数学者指出，当遇到问题时，人们会采取一系列策略推理出能够解决问题的方式方法，并有效完成文本的阅读理解。作为学生，一定要意识到阅读策略的价值、意义以及功能。因此，在学生阅读理解出现困难时，教师应该给予指导，指导学生通过策略解决困难。此外，教师可以采取解释与示范的方式，帮助学生选择恰当的阅读策略，从而增强学生的阅读理解能力。

5. 基于阅读内容的教学创新模式

基于阅读内容的教学模式强调的是阅读内容，阅读理解的前提条件是文本内容的研究和讨论。此教学模式的理论观点为，阅读理解是人类大脑对文本内容的准确解读，也是对信息的有效整合。在阅读理解时，若出现新的内容，人们不仅会分析新知识和前文内容之间的联系，还会思考新知识和自身所储备知识经验之间的联系，同时将这些信息充分结合起来，形成一种全新的知识体系。在这种教学模式中，教师提出某个主题或问题，让学生展开自由讨论和探究，充分发挥自身的分析能力和思维能力。因此，常见的讨论主题有人物性格、情绪变化等。

从教师角度分析，以上两种教学模式都是至关重要的，值得教师采纳和借鉴。基于阅读策略的教学重点是培养学生的综合能力，尤其是学生的学习能力。在教师指导和帮助下，学生能够按照阅读内容以及出现的难题选择与之相适合的阅读策略。

对学生来说，除了有效理解阅读内容之外，还应学会相关策略的应用以及解决问题的技巧和办法，使学生具备足够的能力解决出现的难题，并能从中享受阅读带来的乐趣。基于阅读内容的教学模式强调教师应该具备较高的知识水平和专业素养，教师既可以挖掘阅读内容的潜在涵义，还能够根据遇到的难题，组织学生展开积极的讨论和分析，实现对阅读内容的正确理解。

基于阅读内容的教学模式，提倡人们和文本内容的交流，还有解读能力和思考能力，是教学模式的优势所在。当然，这两种教学模式还具有明显的缺点，基于阅读策略的教学模式容易显得机械化，人们阅读内容的目的是掌握相关阅读策略，使用不同的技巧和方式分析文本内容，导致教学过程过于沉闷、乏味，无法感受到文字带来的乐趣。

基于阅读内容的教学模式，则过于强调在教师引导下对文本的解读，学生缺乏主观能动性，若没有教师的指导和帮助，甚至是提示，学生则无法独自完成对阅读内容的深度理解，导致学生对教师产生强烈的依赖感。因此，教师需要将这两种教学模式充分融合，在训练学生理解和分析能力的同时，加强阅读策略的培养，既能够使学生感受到阅读带来的乐趣、意义以及价值，还能够增强学生的阅读能力，掌握研究的技巧和方式等。

（五）英语阅读的课程策略

英语阅读的课程策略，如图5-7所示。

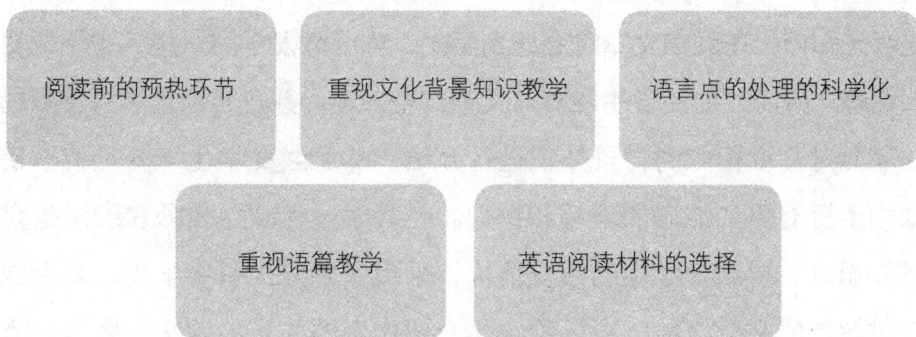

阅读前的预热环节	重视文化背景知识教学	语言点的处理的科学化
重视语篇教学	英语阅读材料的选择	

图 5-7　英语阅读的课程策略改革

1. 阅读前的预热环节

现代阅读教学可以借鉴现代图式理论对于阅读和图式关系的研究进行。记忆中的结构知识就是图式。知识结构不仅包含语言知识，如语法、词汇等，还包含文化背景知识。在阅读过程中，图式被激活，并与文章中的知识有意义地联系起来，作者头脑中的图式如果匮乏，或者没有被激活，会影响理解。因此，阅读前的预热活动是必不可少的，可以补充学生头脑中的图式，或者将学生头脑中的图式激活。阅读者如果在阅读之前接收到关于文章内容的提示，阅读速度则相对于没有接受提示的阅读者要快得多，并且对文章的理解也会更加深入。教师在让学生阅读文章之前，应先让学生参加相关活动，亲身体验文章主题，补充相关文化背景知识，这样做对文章理解非常有利。

可见，对于阅读理解，文化背景知识是非常重要的，在阅读之前需要了解相关的文化背景知识，也是阅读教学中的预热环节。关于语言能力和阅读理解的关系，语言能力是阅读能力的重要组成部分，要使阅读方法和技巧能够成功应用，在阅读前的预热环节中，语言知识是必须要准备的。

总而言之，补充学生所缺乏的知识是预热环节的主要目的，构建学生脑中的图式，将学习兴趣充分调动起来，理清文章的整体脉络，帮助学生理解文章。

2. 重视文化背景知识教学

在语言发展进程中，文化和语言的关系非常紧密。语言植根于文化中，语言对于社会文化有着重要影响，这一点是不能忽视的，要成功进行交际，必须使用社会文化知识。在非英语为母语国家的文化氛围下，如果学生缺乏该国家的社会文化背景知识，在阅读文章时会感到陌生，难以激发学习兴趣，也不能对文章有深入理解。所以，要使学生能够对文章产生兴趣，并且有欲望了解文章的本质精神，需要对文章相应的背景知识进行介绍，从而激发学生学习热情，使学生对文章的主旨有更加准确的理解和把握。在教学过程中，教师在给学生介绍文化背景知识时，要结合学生的接受情况，采用多种方式引导学生，如借题发挥等。在讲解新的文章之前，可以给学生介绍作者的生平、课文主题等，激发学生的学习欲望。

（1）图画导入法

按照图画导入法水平可以将大学生分为三级，分别是低、中、高，并且将每一个级别又分成三个组，在第一组中，阅读导入使用图片法；在第二组中，阅读导入使用关键词法；在第三组中不进行阅读导入。结果显示，阅读导入使用图片法的效果比较好，特别是有助于低级和中级学生的学习。这一研究表明，使用图片导入法对于学生的阅读理解非常有帮助，特别是对于大学英语低年级的学生，具有显著效果。

（2）借题发挥法

借题发挥法是一种审题立意的方法，这种方法恰巧与就事论事相反。使用借题发挥法，学生可以对文章的局部内涵快速理解和掌握，文章立论方向也可以迅速明确，并且准确把握文章主旨。在使用借题发挥法时，有两点需要特别注意：一是借题；二是发挥。借鉴文章的精髓，抒发自己的见解，并且自己的观点与文章的内涵关系是一脉相承的，说明学生表达的观点是引自于题目。通常情况下，学生在阅读文章时，要深刻理解文章蕴含的道理，并且引导学生阐述出来。掌握这两点掌握，学生便能够更好地理解文章。

借题发挥法在教学活动中的适用范围十分广泛，对阅读理解有利的，便可以借题发挥法。当前，基本所有阅读教材都有 Warm-up activities，在学习文章之前，针对文章大意，教师可以给学生提出相应问题，有利于学生对文章主旨的把握。除提问针对文章大意的题目外，还可以针对文章的开头、结尾、时间顺序等进行借题发挥，提问学生。借题发挥式提问有两方面优势，一方面是有利于激发学生阅读兴趣，另一方面对学生理解文章大意有所帮助，最终促使学生顺利完成阅读任务。

借题发挥除提问之外，还可以对文章的文化背景、关键词等进行借题发挥，使学生能够充分了解文章的背景知识，从而提升学生的阅读理解能力。不仅介绍文章的文化背景知识，还能够充分调动学生的阅读兴趣，既增强学生对文章主旨的把握，还丰富了学生的知识。

大学英语阅读教材不仅具有知识性，还充满阅读趣味。大学英语阅读文章可以将西方社会生活方式展现出来，所以在文章讲解之前，教师要给学生介绍相应的文化背景知识，对于一些单词、单句的文化背景知识也需要进行介绍，使学生对文章可以了解得更加透彻，更好地理解和记忆单词。

3. 语言点处理的科学化

阅读教学的目的是把学生的语言基础打好，是语言教学的一种。所以，阅读教学的中心环节是语言点的处理，阅读教学能否成功取决于此。

课文中出现的关键词汇、短语、句型等，需要学生熟练掌握的是语言点。对此，应采用科学的教学方式进行语言点的处理，既省时省力，又恰到好处，使学生能够顺利掌握。下面介绍具体步骤：

（1）分清主次，选好语言点。

首先，语言点是综合习惯用法的固定语法。阅读教学过程应该遵循由易到难、由简单到复杂的教学规则，最基本和最实用的语言点是阅读教学的首选内容。一篇课文中可能会出现许多可供讲解的语言点，但是为了培养学生的学习信心以及提高学生的学习积极性，教师要科学地选择合适的语言点。另外，语言点的难易程度应该符合学生的接受能力，常见且易错的语言点是教学重点，而简单的词语或短句则可以轻描淡写地带过。分清主次以后，语言点教学工作才会轻松。

（2）语言点的释义要确切，教学要精讲多练。

要能够使用英语解释语言点，并且注意简明。英语和汉语的语言文词不是完全一致的，有时理解起来会有一定困难。所以，与汉语释义进行比较是有必要的。但在比较时要中肯，尽量不要出现歧义，对比和归纳的目的是为了让学生更好地把握语言点。

精讲多练原则是提高课堂效率的有效办法。精讲多练是语言点讲解的基本原则，过度辨析和引申都是没有意义的，会让学生出现迷惑，不仅如此，还会过多占用学生的精力，反而不利于对文章的理解。对于重点和难点逐一攻破就是精讲，对于比较容易的知识点一带而过即可，也可以让学生自学，这样课堂上就能够突出重点，既精炼又有节奏，有利于学生信心的提升，让学生的学习欲望更加强烈。使用不同形式的习题，对一个相同的知识点进行考查，可以达到举一反三的目的，提升学生的解决和分析问题能力；可以使用计算机、画图、演示等方法解决难点，可以更加形象和直观，使学生对文章理解得更加深入。

精讲节约出的时间可以用到对语言点的练习上，使学生对语言点能够真正理解和掌握。除此以外，在课后练习阶段也应结合语言点反复练习。教师在教学过程中，要遵循精讲精练原则：第一，要把教材内容吃透，对于学生的需求也要有充分了解，针对学生的情况确定精讲和多练内容。

第二，对于难点和重点要精确掌握。除精讲之外，还要留给学生思考的空间。所以，精讲一定要精炼，用最精简的语言使学生明白，但是在精简基础上，还能够将知识理清，使学生对文章内容的掌握更加深刻。精讲内容的确定要根据学生的接受程度、知识的难易进行；要将文章的精华内容提炼出来，并且精确分析，让学生理解得更加准确。

第三，学时是有限的，但是教师要尽可能提高练习的力度，在练习中讲解，在讲解中练习，在完成课堂讲授之后及时进行练习。练习应形式丰富多样，如笔试、口试、小测试等，学生之间可以互相检查测试内容，或者教师直接公布答案，逐步深入，让学生学会技能迁移，达到触类旁通的目的，对于语言知识能够熟练应用。同时，有助于学生熟练使用所学知识点，促进学生的语言和交际能力的提升。

第四，教师在不同教学环节中的作用也是不一样的，有针对性地调整学习方法，将学和教融合起来，才能呈现出最好的效果。所以，教师在学生练习时要充分观察学生的练习过程，并进行有针对性的指导，对课堂练习效果进行检验，分析问题，通过课堂练习解决问题，并且对学生的成绩进行肯定，提升学生自信心。

在课堂上，教师是引导者，需要进行答疑解惑，要根据学生的实际情况，让学生动口、动脑、动手，并充分与学生进行互动。与此同时，课堂练习是课堂教学中的重要内容，对课堂教学机制具有调节作用；要让学生有勇气尝试在练习中进行讲解，从而熟练掌握所学知识。

使学生的主体性在精讲多练中得到发挥，需要在各个方面进行摸索，从而达到最佳的课堂效果。例如，如何突破重点和难点、分析学生情况、制作课件、选编习题，等等，都需要经验的积累。

（1）语言点例句的选用应力求实用新颖。新颖的典型例句具有较强的可接受性，有利于完成教学目标。最基础的语言点教学材料应认真剔除内容陈旧且缺少信息量的不实用例句。大学生的心理发展已趋于成熟，并且具有一定鉴赏能力，任意编造或者缺乏哲理性的例句，都不能满足他们的求知欲，更不可能激发学生的学习兴趣。为了更好地拓展学生的知识面，选用与改编例句时，应考虑到他们的心理特征，以避免出现心理排斥的情况。

（2）语言点的操练形式要灵活多样。在传统的阅读教学中，教师为了更全面地讲解语言点，会直接给出例句让学生翻译，然后再仿制式地造句，学生接受知识的过程是被动的，课堂气氛也很乏味。因此，为了培养学生的积极主动性，在讲解语言点前，教师应该处理好文章中出现的语言点，通过设计具有交际性的教学活动，把必须掌握的语言点呈现给学生，使学生在操练语言点的同时，真正学会运用语言点。

"灵活多样"的教学原则更加强调，采用丰富的操练形式完成语言点的教学任务，根据学生的实际水平和接受程度，仍可以交替反复地锻炼学生的操作能力。只是在教学实践中，情景再现或互相提问的方式，可以代替英汉互译和选择填空等传统的操练方法，也可以用选词造句或连词成篇等形式，改变生搬硬套的机械学习程序，充分调动学生的积极性，营造生动活泼的教学氛围。

灵活多样的教学方式不仅能够给学生提供更大、更广的知识空间，也能给学生带来更多的学习乐趣，无形中教会学生自学语言点的办法，甚至可以更好地减轻教师的工作压力。

学生能否准确灵活地运用所学的语言点，是提高教学质量的关键。大量教学实践表明，很多形式相似或意义相近的短语容易模糊学生的认识，要想讲清、说透语言点，离不开灵活多样的教学课程。只有在适当的情景中，充分利用对比法，把容易混淆的语言点进行明晰化和具体化处理，学生才能更直接地掌握和运用语言点的知识，才能更有利于知识的积累。

通常情况下，学生对于语言点的掌握是通过课文学习和做练习完成的，这种学习是分散的，可能会使学生片面地运用所学到的语言知识。因此，教师要将零散的语言点归纳起来，使其系统化，让学生能够对于语言知识有一个系统地掌握，在使用时也能够更加灵活自如。

针对以上出现的问题，教师还可以采用对比法和归纳法，使学生理解其中的联系和差异，进而灵活多样地掌握短语，最终达到熟练运用短语和句型的程度。

4. 重视语篇教学

在阅读教学中，要重视语篇分析作用。在语法翻译法理论指导下，以往的阅读教学对语篇分析都是通过语法分析完成的，其理解标准是：是否可以用准确的母语表达；对词汇和语法的理解占据学生大量的精力和时间；造成学生在学习过程中过于被动；对语篇的理解不够透彻和深入；导致阅读速度低下，实际交际能力得不到有效提升。

以教师的角度进行分析，以往的语法翻译理论要求音素和字母要一一对应，并且词组和句子的翻译也要有对应关系，造成对语言点的讲解不能很好地联系上下文，也无法从整个语篇对语境进行把握。从心理语言学的层面来说，阅读是一个双向的交流活动，需要对整个语篇进行理解和把握，才能真正体会作者意图，加强读者和作者之间的双向交流。作者利用语篇进行信息编码，读者需要对信息进行解码后理解语篇意义，所以，在学习过程中，需要学生尽最大限度地发挥自主性。

人们在很长一段时间内都将句子视为比词汇更高一级的语言单位。在长期的探索和研究后发现，语法理论中将语篇作为一个句子对待，对语篇的研究和句子的研究进行统一，使其自成一套语法理论，也是语言学的一个重要突破和发展，突破了句本位和纯语法的限制，将语篇和话语分析综合起来进行研究。

基于语篇理论所进行的阅读教学，是通过从内部和外部两个层面，对语篇进行研究和分析，然后以此为出发点，进行教学组织的一个过程。语篇的语旨、语式和语场的分析属于外部分析，并且语场、语旨和语式分别代表三种不同的语言功能。语场是对事件、内容和活动进行阐述，属于概念性功能；语旨则属于交际性功能，主要是指明特定语境里的目的，或者阐述清楚某种人际关系；语式属于语篇性功能，特定的语篇环境通过语式传达出其中的信息和意思。教学理论应该以文章的内容和结构为基础，把课文看作一个整体，引导学生剖析其中的中心思想和文化信息。至于语篇的内部分析，实际上是分析语篇的语言手段，这种分析不仅包括小句分析，还要对语篇的修辞文体手段、信息结构和衔接手段等进行分析，从而对学生的语言交际能力和综合运用能力进行培养和提高。

将学生作为主体是语篇教学法的核心要求，提倡学生自主参与推理、分析、总结等学习过程中。在实际教学过程中，以篇章语言学理论为出发点，学生应该根据标题对内容进行预测，并在需要时请求教师的帮助，还要在此基础上进行启发性思考。

对精讲部分的词义和词汇进行掌握，对句型进行理解，并进一步对段落大意进行明确，对语篇的衔接方式进行分析，对论点之间的关系进行探讨，并要求学生进行讨论和复述，让学生深刻认识文章内涵。

文章的发展布局、修辞手法和写作技巧，可以由师生一起探讨，有利于学生综合语言运用能力的提升。此外，在学习过程中结合练习，均衡口头练习和笔头练习的比例，激发学生的阅读兴趣，让学生将阅读当成一门爱好或兴趣对待，才可以帮助学生对文章产生一种欣赏的态度。此外，对学生阅读习惯的培养，也是教师教学的一个重要任务，并帮助学生养成良好的阅读习惯。

篇章语言学理论让阅读教学的理论内涵更为深刻和透彻，并使两者互相促进，成为一个统一体。篇章语言学理论让学生的学习过程更加自主化，而且有利于促进教师开展双向性的交流活动，让学生对阅读理解上升到语篇高度，为阅读教学提供具体方法上的借鉴。

以上论述旨在强调，在实际交流活动中语篇的重要作用。交流中，语篇的准确性往往比句子高，读者只要从语篇上对作者的意图进行了解，才能更好地把握文章的中心意思和核心信息。因此，要培养学生的语篇思维，需要先从句子出发，让学生对语法、语音、和词汇等角度进行理解，才能具备较好的语言基础，为语篇层次的过渡准备好条件，让学生的实际交往能力得到有效提升。

以句子层次进行语言训练也是非常有必要的，能为语篇层次的过渡和提升打好基础，这是一个循序渐进的过程，不可能一蹴而就。因此，阅读教学要做好两个基础工作：一是抓好学生的语言基础教学；二是加强学生的语篇教学工作，有利于提高学生的语言综合运用能力；否则，学生在交际中会处于被动。

在大学英语课程中，为了更好地培养学生的语篇理解能力，阅读占有不可替代的位置。

理解语篇结构是学习交际语言的基础，学生可从"衔接"和"连贯"两个基本要求抓起，首先理清句子和段落直接的逻辑关系，再逐渐体会语言基础现象所表现的交际功能；通过不断分析和归纳句子和语篇的整体意义，提高学生的推断能力。在总结篇章主体和中心思想过程中，培养深层语义关系的逻辑判断力。只有增强学习者对语篇表层意识的敏感度，顺利完成学生掌握语篇交际能力的教学目标。所以，阅读教学是教学实践中行之有效的教学手段。

除以上关键环节外，阅读教学的成败还取决于很多微型的教学技巧。比如，怎样避免充当核对答案的角色等，也是值得广大教师研究的。在教学实践中，生动活泼的操练、启发式的提问、语言的解释方式等，都会潜移默化地影响阅读教学效果。教师在完成教学任务的同时，仍需要加强学生的日常训练。

5. 英语阅读材料的选择

对于英语阅读材料的选择，不同的观点主要集中在两方面：① 可读性问题（readability），即阅读材料的难度究竟与词汇有关，还是与结构有关；② 真实性问题（authenticity），即是否应采用真实的英语原文作品，如图书、杂志、资料、英语国家的报纸、书信、文件等，而不对材料本身做任何词汇或结构方面的简化。

对于可读性问题，研究表明阅读材料的难度是相对的，与阅读者本身有关。比如同一个材料，如果是专业的学生阅读，可能主要的问题是对结构的理解，而非词汇。但对于非专业学生来看，可能在词汇上的理解难度更为显著。通常而言，英语阅读水平达到中等的阅读者，若阅读不是非常熟悉的材料，其理解难度一般源于词汇。

为了解决理解词汇的难度问题，主要可以采用以下方法：其一，可以将词汇表附在材料后面，以供阅读者参考；其二，让阅读者自行查阅词典；其三，提倡阅读者依据上下文的意思进行猜测。在实际运用时，这几个方法相辅相成，要根据实际材料选择方法。其目的都是为了帮助阅读者理解阅读材料的核心意思和中心信息。但是，对词汇理解困难的解决方法，还是提高阅读量。针对结构上的难度，可以通过对结构难度进行分级的方法解决。在进行英语阅读教学过程中，要对阅读者可能会遇到的语言问题进行把握，并在实际教学时发现其所面临的问题，再想办法为其进行解决。

面对真实性问题的解决方案：不能对阅读材料词汇和结构进行简化，需要考虑到学生的实际阅读水平，进行阅读练习设计，如此一来，材料的真实性才能得到更好的体现；可以从材料与阅读者之间的关系，确保阅读材料的真实性，要根据阅读者的需求保证阅读材料的真实意图，这样的材料才具备真实性要求，因此，阅读材料应分级和简化。还有一种解决方案是将阅读者作为整个阅读过程中的主体，所有满足阅读者实际情况和阅读目的的材料，都可以看成具备真实性要求，所以对阅读练习进行难度分级也是很有必要的。

每一个阅读者都具有不同的阅读兴趣和阅读习惯，也会在一定程度上体现出一致性。以教育学标准来看，阅读根据自己的阅读兴趣和阅读习惯选择材料，其阅读效果是最好的。目前的趋势是人们更倾向于对阅读练习而不是对材料本身实行分级。

此外，英语阅读教学也借鉴了越来越发达的现代语言学的话语结构研究成果，在选择材料时充分考虑话语结构的重要作用。话语结构分析在英语阅读教学中的意义主要包括两个方面：一是应用教师在对教学重点进行设计和选择时，可以从话语的语言结构基础上进行；二是话语的文化特征方面。语言的话语结构不同导致语言的文化思维模式会千差万别。话语中文化的特征可以帮助学生对材料中心意思进行理解和表达。比如学生在面对按时间顺序进行的叙述文字材料或者是描绘性材料时，理解起来还是比较容易的。这两种思维方法也是非常典型和有代表性的。所以，在材料编写时应该根据话语结构的不同进行合理完善和改进等。英语教师在实际教学中更要强调学生对话语结构特征进行理解，让学生具备话语结构意识，有利于学生的理解和表达能力的提升。

以下七条原则是进行阅读材料选择时所要遵循的标准：

（1）难易适度。教师在选择阅读材料时需要遵守的第一个准则，过难或者过于简单的材料都是不合适的。过难的材料，学生理解时难度较大，打击学生的兴趣和积极性，不利于学生学习效率的提升，让学生失去对阅读的兴趣，久而久之会让学生丧失学习自信心，产生自卑心理。阅读材料毫无难度，对于学生来说没有任何挑战，会让学生对教师的选择形成漠视，不利于阅读能力的提高。所以，阅读材料的选择应难度适宜，既能提高学生的阅读能力，又不至于让其失去兴趣。

（2）多多益善。阅读材料的难度适宜原则是从材料质的角度考虑的，而从量的角度来看，则是越多越好的原则。如前文所述，语言学习要经历一个长期的量化积累，当量未达到一定程度时，不能产生质变。只有当量变达到质变的程度时，学生的阅读能力才能获得更高层次的提升。因此，阅读大量语言材料，让学生获取足够多的语言知识和语言技巧，并在此基础上形成较好的语感，才能获得语言实际交流能力的提升。

（3）内容适用。这一原则要求选择的英语阅读材料能够满足学生的需求和符合他们的兴趣，只有选择学生感兴趣的、关心的、有实际用处的材料，才能对学生形成足够的吸引力，让学生真正自主地进行阅读训练。

（4）多样性。要求英语阅读材料的选择应多样化，包括两个层面的意义，一是形式上要呈现多样化特征；二是内容上要呈现多样化特征。形式上的多样化指选择的体裁要全面；内容上的多样化要求题材和话题的选择应多种多样，并在选择材料时充分考虑学生的爱好和兴趣所在。

（5）语言真实。要求选择的英语阅读材料在语言表达上要符合要求和规范，采用的语法也要符合英语国家的用法。专家和学者指出，英语阅读材料要经历一个从非真实转变为半真实再到真实的过程。在针对初期学习者来说，需要为其提供专门的英语学习材料，但是对于具有一定基础和水平的学习者来说，则要加大真实材料的量。

（6）学得与习得相结合。材料的选择既要满足学生进行单词、语法和句型的学习要求，又要能够满足学生休闲、欣赏和学习百科知识的需求。

（7）成功性。这一原则指在选择阅读材料时要考虑能否让学生获得成就感。不论阅读材料是怎样的形式和内容，都要能给学生带来一定的挑战性，让其在完成阅读任务后获得满足感和成就感，也是对材料的难易程度、审美内涵和信息真实性的一个更高层次的要求，而且要求阅读材料的选择具有一定的流畅性和节奏感。

以上提到的原则，是在相对比较理想的状态下，可以依规选择阅读材料。然而，在教学实践中，英语教师的选择权利较小，现实的教学目标还对教师提出了更高要求。对此，教师要充分考虑学生的实际情况，必须以阅读材料的背景为基础，重新设计和改造阅读材料中的问题。总之，为了英语教育的长远发展，教师选择或改造阅读材料时，不仅需要满足一定的教学效果，还要遵循以上原则。

（六）大学英语阅读教学新思维

1. 大学英语阅读教学的技能教学法

阅读技能是学生为解决阅读中的困难而采取的行为过程，阅读技能的运用，可有效帮助学生顺利地进行阅读。因此，教师应注重对学生阅读技能的培养，具体可从以下方面着手：

（1）词义猜测技能。在阅读过程中不可避免会遇到生词。词义猜测（guessing word meaning）技能指读者根据上下文线索、逻辑推理、背景知识及语言结构等知识对词义信息推断。

（2）词义理解技能。概括而言，对词汇进行理解可采取以下技巧：

第一，根据基本常识进行理解。无论在英语国家还是中国，人们的知识与经验具有很多相似、相同和重叠之处，人类最基本的生理、心理需求和特征都存在一定的相似性。因此，在阅读中如果能够充分利用自己已有的知识与经验揣摩作者思路，往往能够准确理解词汇的意义。

第二，根据搭配关系。英语中的单词总是与其他词汇搭配在一起，表达一个完整的意思。当与搭配的词汇发生变化时，其含义也发生变化。

第三，根据词性。英语的句法非常严格，不同词性的词在句子中可充当的成分都有严格规定。当无法判断词汇的意义时，可通过对句子结构的分析确定词汇的词性，然后以此为基础理解词义。

第四，根据感情色彩进行理解。语言中的词汇不仅用于表示特定的含义，还可用于传递一定的感情色彩，如赞扬、文雅与贬低、粗野等，要理解文字背后的意义，必须量其轻重、审其雅俗，深刻理解单词所传递的感情色彩。

第五，根据上下文的逻辑关系。英语单词在词典中的意义通常有若干种，但在某个特定语境下，毗邻词汇与上下文会对其含义造成影响与制约，使词义被固定了下来。因此，可根据具体的语境判断单词的含义。①

---

① 陈申. 语言文化教学策略研究［M］. 北京：北京语言大学出版社，2001.

2. 大学英语阅读教学的网络辅助法

网络环境下的大学英语阅读教学并不是让学生漫无目的地搜索和浏览，如果没有教师的准备、指导与评价，学生很难通过网络提升自身的阅读兴趣和能力。因此，网络环境下的大学英语阅读教学离不开教师的参与。具体而言，教师可以从以下方面做起：

（1）发挥网络互动优势，激发学生的学习兴趣。基于网络的大学英语阅读教学提供了一个广泛的互动平台，让学生参与其中。通过网络提供的空间，教师和学生可以上传学习资料，实现资源共享。在具体教学中，教师需要根据教材目的建设一个网络阅读资料库，将教材中的重难点置于网络上，并且补充课外知识，帮助学生理解和掌握。另外，为了避免学生出现乏味，教师应该发挥网络优势。也就是说，教师在学习资料中添加一些图片、漫画、视频等，在字体、排版上凸显特殊的地方，让学生一目了然，并且能够吸引学生的注意力。

（2）科学地进行评估与分类指导。基于网络的大学英语阅读教学有明确的评估目标和标准。在设计一套科学合理的教学评估方法时，教师可通过对阅读素材的生词词汇量、语法难易程度、句子长度等评估，衡量学生的阅读理解能力。同时，教师可以对学生在线时间进行统计，计算学生的阅读时间和阅读效率；教师还要考核学生在有些题型上的错误率，对学生阅读技能的掌握情况进行分析。在教学任务完成后，教师还需要进行总结和评估，对重难点进行分类指导。

（3）积极地开展课后拓展阅读。在课堂阅读基础上，教师应该积极地开展课后拓展阅读，并着重于学生阅读与动笔练习的结合。通过长期训练，学生在阅读中能够快速集中注意力。教师在引导过程中，可以根据教材各个单元的内容开展活动，如可以要求学生从自身感兴趣的话题搜索，整理并做书面报告、参与演讲比赛。通过活动，学生不仅可以对各个单元的内容有一个掌握，还能够锻炼写作和归纳能力。

（4）科学合理地选择阅读材料。英语阅读本身属于一门训练技巧的课程，学生需要通过大量阅读练习掌握技巧。因此，科学合理地选择阅读材料是最为关键的部分。在网络环境下，材料内容需要与课堂贴近，成为课堂内容的一环。在阅读课堂开始前，教师应该让学生提前搜索阅读材料，培养学生网上查询资料、获取信息的能力。之后，教师对学生搜集的资料进行仔细阅览，要求学生以小组的形式进行交流。最后，教师要求学生做总结报告，根据学生的报告给予口头评价。①

3. 大学英语阅读教学的同伴阅读法

在具体的教学实践中，同伴阅读策略（pair reading）通常采用一问一答的方式进行，可在培养学生阅读能力的同时，培养学生的口头表达能力，其具体操作步骤如下：

（1）教师选择两篇难度适中的阅读材料。

（2）教师将学生分成若干个两人小组。

（3）教师为学生进行示范，即教师预先提出问题，由学生进行问答。

（4）学生进行同伴阅读，其具体方法是先由一方提出问题；然后由另一方根据问题的类型选择跳读、览读等阅读方式，找到文中的对应部分进行阅读；最后回答问题。在同伴阅读过程中，提问一方可根据对方的回答进一步发问，直到无法提问。

（5）教师通过提问的方式评估学生的阅读情况。在具体教学实践中需要注意的一个问题是，只有在小组问答中充当提问者角色的学生，才能回答教师的问题，以此检测学生通过提问获取信息的能力。②

第四节　大学英语口语和听力教学新思维

一、大学英语口语教学及其新思维

口语是人们日常生活中交流的主要形式。口语作为交流的主要输出技能，在

---

① 陈申. 语言文化教学策略研究［M］. 北京：北京语言大学出版社，2001.
② 冯克诚. 当代课程改革理论与论著选读［M］. 北京：人民武警出版社，2010.

英语教学中培养学生的口语表达能力是教学的主要目标之一。长期以来，我国在大学英语的教育中一直存在"哑巴"式英语的教学现象。随着社会经济的发展，对大学英语教学改革的呼声越来越高，如何提高大学英语口语教学的水平，培育适合社会发展的复合型英语人才，是当前大学英语教师面临的重要课题。

在大学英语教学改革中，英语教师应顺应时代发展的要求，创新英语口语教学模式，拓展英语口语教学思路，提升英语口语教学的实效性，提高学生英语口语综合应用能力。下文探讨大学英语听力及口语教学的方法。

（一）英语口语教学的现状

1. 口语的特点

口头表达的不同阶段有着不同的特点，如图5-8所示，下面分析语言生成过程、说话时和生成以后三个阶段的特点。

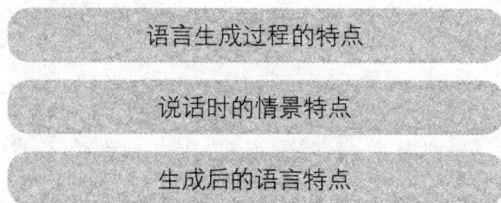

语言生成过程的特点

说话时的情景特点

生成后的语言特点

图 5-8　口语的特点

（1）语言生成过程的特点。

语言的生成通常会经历"概念构思—语言组织—发出声音—自己监控"四个过程。其中，"概念构思"指说话者想说什么以及想要通过表达实现什么目的。如果"概念构思"失败，会导致沟通者没有话语可以表达的结果。在中国普遍出现的"哑巴英语"现象，原因之一是"概念构思"的失败。例如，在和人交流中，有的人说了几句话后就不知道应该说什么，原因是表达者事先没有对想表达的内容进行思考。

"语言组织"指讲话者选择某些如单词、短语、音调等合适的语言材料，根据其意图和目的进行组织表达想叙述的内容。如果未正确配置语言材料，则可能出现表达逻辑混乱或表达模糊等问题。在学生的实际生活中，表现为说话结巴、表达有误、用词不当等。

"发出声音"指说话者使用发声器官，将通过"语言组织"过程中形成的逻辑和完整的意义转换为真实的声音。在这个过程中，普遍出现的问题是语音不准确，不好听，甚至怪腔怪调。

说话者观察、调整和更正其创建的语言过程即为自我监控。"自我监控"失败的类型主要有两类：过度自我监控和缺乏自我监控。前者阻止说话者在第一时间发现，调整和改正自己表达中的错误，从而导致交流障碍；后者则使讲话者过多地参与表达，导致其不流利、不自然地表达，以及语速慢和语言不活泼等问题，严重的情况下，交流将无法继续。

为使英语口语教育在以上情境中取得成功，应注意生成所有语言的过程以及每个环节的前期准备和具体实施。如果某个环节失败，会导致语言表达失败。当口语教学抓住语言生成中各个环节的特征，并有针对性地进行教学时，英语口语教学的有效性则不言而喻。

就目前情况而言，中国英语口语教学对语言构成、声音生成和自我监控三个方面更为重视，其中主要侧重语音、词汇和语法的教学。由于口语教学与声音有关，词汇教学与语言构成有关，而语法教育与语言构成和自我监控的联系有关。这种对所表达的语言本体教学重视是好的，但应该指出的是，如果忽略"概念构思"是不可取的。任何语言活动的开始都是"概念构思"，在任何情况下，语言都是人们口头交流中交流思想和观念的手段和工具。如果所表达的内容并没有实质性的意义，语言也将失去意义。因此，我国的英语口语教育应注重文化和信息概念的引入，以便更好地促进语言的产生。

（2）说话时的情景特点。

讲话过程中的情景特征包含以下三点：

即时性。即时性指说话的过程是即时进行的，不需要提前做好准备，无法针对说出的内容作出规划或改正。

面对面。面对面指交流过程中需要两方面对面完成。

相互性。相互性指两方在交流过程中都有说话的权利，并且可以不断互动保持对话。

以上三点是语言交流的情景特点，若学生希望提升自己的交际能力，教师需要关注语言教学。

（3）生成后的语言特点。

口语表达的主要特征是：日常用语较多、句子简练、重复内容较多、结构相对简单、残缺句较多、停顿较多、省略句较多。这样的语言特性使得学生在英文交流过程中，要重点关注语句的流畅程度，并且保持正确率。此外，需要学习和掌握一定的语法和固定句型。

中国学生在英语学习方面，通常技能水平较低，尤其是英语口语水平远不符合当前口语教育现状的实际需求。

2. 教师问题

（1）汉语教学。因主客观条件的限制，学生只能通过课堂与英语发生联系，但是有些教师在课堂中选择用中文授课，将影响学生学习英语的兴趣，并恶化英语学习环境。这种现象形成的原因主要有三个方面：① 学生英语水平相差较大，且班级学生人数众多，教师为了教学进度，选择便于大家能够听懂的最简单方式——中文教学。② 单纯为了教学进度，因学生需要顺利通过CET-4和CET-6，教师为能够给他们灌输更多考点，不得不放弃英语教学，以便他们能够尽快吸收。③ 英语没有受到重视，课时较少，学生平均每周英语课的学习只有4个学时，学习时间和学习任务严重失衡，为能够兼顾阅读能力、写作能力和听力，只能采用这种方式。

（2）教学方法不先进。在中国英语教育模块中，口语教育只是整体英语教育的一部分，并未进行单独划分。因此，整个英语教育的弊端最直接的表现是口语教育，主要问题是教学方法严重滞后。

在英语口语教学过程中，教师选用的教学模式可能并不适合，或者是错误的，例如依赖于解释—实践—应用的传统模式，这类模式在一定程度上制约了学生学习的积极性和主动性，没有把学生放在学习的主体地位上。在缺乏英语大环境的情况下，学生只能被动地接受，然后机械地重复练习或者用中文方式遣词造句。他们没有经历独立思考，也无法独立表达自己的观点，是违背教学规律的体现。

3. 学生问题

（1）心理压力大，缺乏自信心。听、说、读、写应该是统筹兼顾的，一直机械重复读书和写作，没有接触倾听和表达的学生，对口头表达心生怯意。尽管有部分学生的英语口语能力强，但由于一直存在的心理障碍，他们仍然会选择沉默。虽然少数学生愿意与他人用英语口头交流，但是因为缺乏自信，总会有一种恐惧感和紧绷感。他们总是害怕犯错误，遭到同学嘲笑，受到教师批评，如果是发音不规范的学生，则更加没有勇气表现自己。这种心态带来的影响是巨大的，而且会逐渐陷入"害怕口头练习—排斥口语练习—口语能力差—更害怕口语练习"的怪圈。

（2）发音不规范，词汇量匮乏。学生的英语口语水平和他们的英语基础和语言接受能力呈正相关的关系，他们的英语口语发音和语调是否标准，会受到当地口音的直接影响。更关键的是，我国大多数学生都接受"填鸭式"教学，更多情况下是听教师讲解，很少有机会表达，长此以往，会形成很多问题，如发音不准确、语调波动不足以及表达没有条理性。此外，由于缺乏实践练习，学生没有能力学以致用，虽然掌握了大量词汇但是不能流畅地表达所思所想。

4. 教学条件问题

教学条件问题，如图5-9所示。

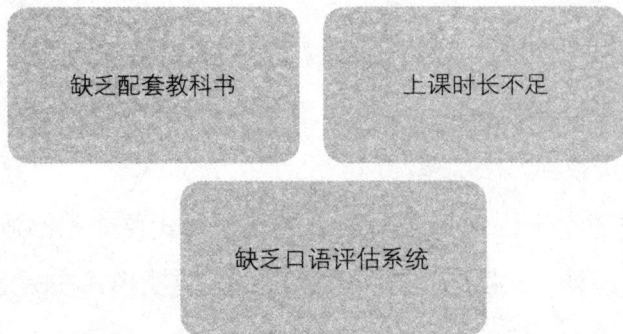

缺乏配套教科书　　　上课时长不足

缺乏口语评估系统

图 5-9　教学条件问题

（1）缺乏配套教科书。通过对中国现有的英语教材进行调查，可以发现大多数教科书都是根据个人技能进行编制，如精读、泛读、快速阅读、听力等，但专业的口语教材很少。英语口语训练虽然与听力训练相辅相成，但是过度依赖于听力训练的方式缺乏系统性，不但与实际使用情况不相符，还会给学生造成错误的引导。结合现实情况，市场上的口语教科书实用性较少，有的教材是为了某些领域或特殊专业出版的，有的教材内容比较简单，只是涉及某些场景介绍、简单的问候和日常问候用语等，无法满足各个专业学科对口语能力的要求。

综上所述，影响英语口语教学有效性的重要因素之一是缺乏配套教材。

（2）上课时长不足。目前，中国口语教育最明显、最直接的问题是上课时长不足。学生需要花费大量时间并不断练习才能提高口语能力。当前的情况是英语口语教学还没有进行单独教授，因此不能保证整个英语教学中口语方面的教学时间。例如，《新编实用英语综合教程》主要包括5项基本能力：听、说、读、写和翻译。如果每个班级有45名学生，整体课堂有两个小时的口语教学，教师则无法一对一地纠正学生的口语发音，学生在课堂上也不会有实质性收获。缺乏教学时间，可以说是学生口语能力不足的直接原因。

（3）缺乏口语评估系统。评估是教学环节中不可缺少的环节，是测试教学质量的常用方式。考试——中国最常用且最有影响力的考核方法。例如，中小学学生会经历英语的期中考试和期末考试，大学生在大学阶段会经历大学CET-4和CET-6考试等。但是，大多数考试都是针对学生的听、说、读、写，并不涉及口语测试，专门用于测试英语口语水平的机构在中国较少，体现了中国缺乏成熟健全的口语教学评估系统。这种情况之所以没有得到解决，是因为口语测试的实施和操作不容易实现，如掌握材料的难度、测试的可靠性和有效性等。

（二）英语口语的教学内容

英语口语教学指在提高学习者口语交流能力的课堂教学，主要内容可以有两个方面：

1. 英语口语教学内容的划分

（1）教学生利用语调、语音进行正确的意思表达

语调和语音具有特定的表意特征，一个人讲话的时候，必须具有语音和语调，如声音起伏，音质不同、有重有轻等。在教学过程中，教师不仅要注意句子表面的发音和语调，还要注意口语的发音和语调。

（2）让学生了解口语特征

口语有其独特的语法、词汇，常用词汇多为同义词以及近义词。比如，谈话内容和听众相关时，疑问句往往会省略主谓动词、辅助动词。因此，了解口语特征，可以帮助学生提高口语能力。

（3）让学生掌握交际的知识和互动的技能

在英语口语教学中，让学生开口说话非常重要，而怎样开始说，怎么结束谈话，都值得重视。在教学中，教师可以引导学生掌握以下口语交际技能：

① 话轮转换

话轮转换对口语对话是否成功起着决定性作用。对于语者而言，语轮转换非常容易，并且能够十分自地学会，对二语学习者而言，语轮转换却不是一件容易的事情。

② 互动中的意义磋商

在口语教学中，学生在对话互动中的意义磋商技能培养十分重要。例如，理解检查（comprehension check）、确认检查（confirmation check）、澄清请求（clarification request）等内容，意义理解稍有差池，会导致意思大相径庭。

2. 英语口语教学内容的划分

具体到教学过程中，英语口语教学内容又可以根据不同知识点与应用技能分为很多方面，比如会话技巧、词汇和语法、语音训练等，下面做具体介绍。

（1）语音训练

学生掌握标准且正确的语调和发音，是教师实施语音教学的目的和追求。语音和语调的正确性主要表现为以下方面：音节、停顿、连读、重读、意群、弱读等。不正确的语音和语调会对他人的理解能力产生干扰、引起误解，进而影响正

常交流。所以，语音是学生掌握英语口语学习的必备条件。

语调。众所周知，唱歌需要掌握旋律才能唱得动听，其实语音也是有旋律需要掌握的，即语调。语调，是声音的高低转化，主要受重音的控制。英语语调分上升调和下降调，句子的类型不同使用的语调也不一样，而且是用于表达不一样的意义。

节奏。英语节奏的实现是需要重读音节和轻读音节进行组合而且多次重复。每个重读音节和几个轻读音节可以构成一个节奏组。正常情况下，如果朗读节奏组耗时相同，对语言的节奏感有减弱的作用。

总而言之，若呈现出更加完美的节奏效果，轻音较少的节奏组适宜慢读，而具有较多轻音的节奏组应该加速朗读。如果两个重音之间的轻度音阶数过多的情况下，每个轻读音节所能分配的时间会相应地减少。有时句子的开头或句子中间需要暂停的地方，会出现一种比较特殊的节奏组，通常以空节拍开始，然后是几个轻音节。

（2）词汇与语法

词汇。交际能力培养的一个重要环节是语言能力的培养、语言能力的核心是词汇，交流是否能够顺利进行，词汇是至关重要的一环。交流过程中，词汇可以给人们的交流提供填充，以使形成的交流体系基本符合交际礼仪。在英语教学过程中，部分学生对英语词汇的掌握程度有认知偏差，只要可以识记英语单词的中文释义或者，便可以对单词进行拼写，事实上并不能短时间用单词组成句子并脱口而出。换言之，语言沟通体系的基础水平和基本阶段问题尚未解决，提高学生的口语表达能力是很难实现的。在某种程度上，只有具有交际性质的词汇，才能达到预期的教学效果，英语口语的学习效果才能好。为使词汇教学更适合日常交际，口语教学应从语音入手，包括词汇的形式组成和意义、单词语音的练习、遣词造句等，对提高英语口语能力具有非常现实的意义，能起到至关重要的作用，是提高学生英语口语能力的基础、关键和途径。

语法。句子的组成需要规则约束，语法即规则。在传统英语教学中，语法有着至高无上的地位，是英语正常交流的充分必要条件。但是，多数学生对于语法的学习一直不得要领，单纯依靠机械性记忆，这种大量时间和精力堆砌出来的学习方法收效甚微。此外，面对特殊情况做不到灵活应用。对此，英语教师应该本着实用性和口语性原则实施教学，对于口语语法教学来说尤为重要。

语法教学交际化包括三个方面：引导学生注意口语句型的特点，并做专项训练；鼓励学生反复使用学过的语法句型进行表达，直到熟练掌握；要求学生掌握并灵活使用特定的口语句型。

表达依赖的基础是词汇，若要规范，必然离不开语法。简言之，如果没有语法和词汇就无法完成口语的表达。在教学实践中，部分教师和学习者不能将语法教学、词汇教学及口语教学有机联系起来，而是把它们放在对立面，是对口语教学的错误认知，而学生的表达能力提升是依赖于词汇和语法的。

（3）会话技巧

语言学习的目的是交流，有效的语言交流需要一定的会话技巧，对于促进语言的顺利发展起着重要作用。口语交际一般包括三个过程：

开始对话。在讲话之前，需要让其他人注意到你，以便你可以和其他人顺利地交流。

对话中。在根据不同的沟通需求进行对话时，双方会使用很多对话技巧，如获取信息、表达意见、请求意见、接受话题、更改话题、拒绝回复等。

结束对话。对话后，应该礼貌地表达自己对今天对话的感受，然后征求对方建议以后再结束对话。

（4）语言文化

文化知识对英语口语表达也很重要。众所周知，文化能对语言产生深远的影响和感染，主要表现在两个方面：一是影响词语意义结构；另一方面是影响句子的结构组成。得体的表达，令人舒适的沟通，对学生的文化知识储备是有要求的，学生应该对其他国家的文化知识和内涵有所涉猎，也是对学生提出更高层次的要求；学生不但应该有着出色的语言表达能力，而且语言文化知识的学习也不能松懈，经过长期坚持，可以让学生获得满满的收获。

（三）英语口语的课程策略改革

英语口语教学策略根据已确定的教学任务以及和学生的口语水平，确定语言教学目标和语言教学内容、课堂形式、教学方法等。口语教学的成功在很大程度上取决于教育的策略性质，本文主要从功能评价、训练策略、展示策略、创境策略和策略5个方面，讨论英语口语教学的具体策略（图5-10）。

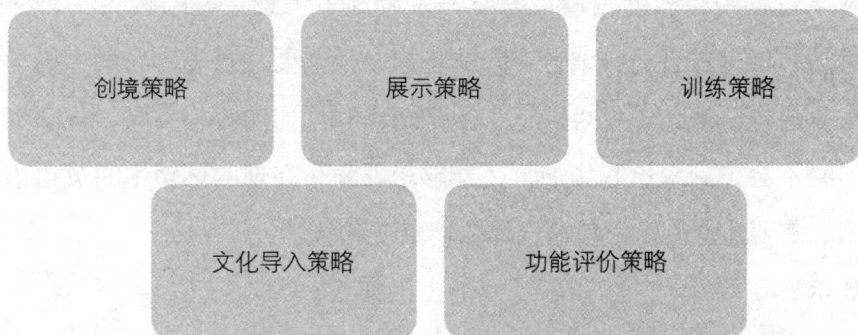

创境策略	展示策略	训练策略
文化导入策略	功能评价策略	

图 5-10　英语口语的课程策略改革

1. 创境策略

学习是一种真情实境的体验，学生只有处于真实具体的场景下，学习才能更加有效。如果学生在教师的帮助下虚拟各种语言环境，不但可以提高学生的学习积极性，还可以加快他们对实际英语语言技能的理解。因此，教师必须将实际生活的语言情景引入到课堂教学中，加强情景与语言的有机结合，把抽象的语言变得更形象具体，更接近于日常生活中自然对话的形式。创境的主要形式有角色表演和配音两种。

角色表演——情景教学使用比较频繁的方法是分角色进行表演，这种方式有利于学生的口语表达，在教学过程中比较受学生欢迎。分角色表演可以为每位学生创建不同身份定位、不同场景下的英语口语训练机会，使他们脱离了机械化背诵或者朗读的环境，有利于他们日后英语交际或者应用能力的提升。这种创新形式要求教师给予学生自由发挥的空间，可以进行简单的相关指导，排练和表演环节都由学位主导。表演结束后，教师先让学生对自己在表达技巧及表达效果等方面自评，适当提出问题或者给出建议，最后由教师进行总结和归纳。

配音——这种方法可以有效训练学生的口语能力。教师选择电影片段，首先让学生听到原始对话并事先讲解较难的语言知识点；然后让学生听两遍原始的声音并尽可能地记住台词；最后关闭原始声音，选取不同组的学生选定电影中的角色进行配音。这种方法不但能降低学生讲英语时的心理压力，还能提高学生的成就感和自信心，使他们能够学习最地道的语言。

在教学过程中，教师创设情景时一定要注重情景主题的真实性，尽量选择自然、常用、典型并且适合语言交际的场景，还需要注意场景与学生的学习生活息息相关。这样一来，不仅可以让学生把情景和学习内容相关联，让学生沉浸其中，开口时不会感到尴尬和焦虑，还能够培养学生在现实环境中的英语语言自然输出能力。需要注意的是，教师选择的情景要和教学目标一致。

2. 展示策略

展示策略涉及两部分，首先是展示的方式，根据不同的依据，可以有不同的划分方法：

根据展示主体划分。展示的主体主要有教师和学生，展示的方式主要分两类：一类是教师展示；一类是学生展示。学习者展示由学生作为主体进行展示，属于归纳整理的展示方式。学生可以很好地将主体优势体现出来，提升自己的自学和总结水平。教师展示是教师作为展示主体进行展示。相对来说，教师一般进行的是演绎展示。如果教师进行讲解归纳，也属于教师展示范围。

根据展示材料的使用方式划分。因展示材料的使用方式不同，将展示方式分为两类：一类是归纳展示；一类是演绎展示。演绎展示主要由教师带领，根据教学要求将知识点依次为学生讲解，同时进行例证，设计不同的语境帮助学生进行语言表达训练。归纳展示是依照文本、音频以及视频材料等进行分析整理的一种展示方式。普遍而言，归纳展示是先观看视频练习或听读对话练习，再根据展示材料话题的呈现方式，引导学生分析对话内容，归纳总结其中的语言表达方法。

根据教学展示道具进行划分。由于展示所使用的教学道具不一样，将展示方式分为两类：一类是无辅助展示；二类是多媒体辅助展示。无辅助展示指教师采用传统的粉笔、黑板、纸质课本以及课堂对话形式进行教学展示，这种方法是在不具备互联网和多媒体等信息技术的学校中较为常见常用。多媒体辅助展示指展示过程可以利用视频、音频、PPT等多媒体设备，向学生展示更多更生动的对话内容，让学生能够学习到更多的语言表达方式。其次是展示原则——经济原则、简易原则和效果原则。

所谓经济原则，指投入最小而收获较大。教学投入也要讲究经济原则，比如，教师在向学生进行材料展示时，若是手里没有和教科书相匹配的教学材料，则可以选择多媒体。若是教师没有合适的视频，又想制作相对应的视频动画，没有掌握相关技术，还要专门请有技术的人制作，选择纸质文本的方法较为简单，节省的时间能够充分用在课堂教学中，更加具有价值。

简易原则是在展示过程中将复杂的问题利用简单的方法进行展示。当今，多媒体技术发展比较成熟，多媒体设备在教学过程中的运用愈来愈多，但多媒体是为了辅助教学，不能为了使用而使用。简言之，在教学过程中，如果不利用多媒体设备就可以收获很好的教学效果，则没有必要将教学变得复杂，使用无辅助展示也是值得推崇的方式。

效果原则指教学中所运用的各种展示方式都是要以可以收获好的教学效果为准则。如果学校有多媒体设备，并且无辅助展示不能取得多媒体辅助展示效果，从效果原则考虑，应使用多媒体展示。从这一方面来讲，简易原则应该服务于效果原则。

3. 训练策略

进行训练时，教师要对学生采用恰当的训练方式，要遵循训练原则，确保训练效果，具体的训练方式有以下四种：

（1）控制性反应活动

所谓控制性反应指教师需要根据功能需求设计训练语境，而学生则根据语境提示做出相对应的行为反应或语言反应。其中，语言反应的范围较为宽泛，教师可以将其用在任何教学阶段。语境提示还可以采用视频、图片、语言等形式，具体如何选择，可以根据学习风格、功能要求、学习者的多元智能倾向决定。

（2）图画信息沟

在口语教学中，图画信息沟是常用的教学手段。大多数情况下，交际双方所拥有的信息并不完整，需要通过询问对方才能够获取信息，从而补全自己所需信息。图画信息沟的教学手段有许多方式，其中主要包含问答活动、填充图表活动、操作程序补充活动以及信息卡对话、调查活动等。

（3）观点沟活动

虽然观点沟活动和图画信息沟较为相似，但两者之间所涉及内容却不相同。观点沟活动中，交际对象不同，回复会存在差异，但回复的信息却没有对错之分，而且根据情景不同，反应也会有所区别。

（4）角色扮演活动

口语训练中常用的活动形式还有角色扮演，分别由两名学生进行角色扮演，和学生齐声朗读存在一定区别。首先，角色扮演的两者存在信息差，扮演的两人通过交谈才能够理解信息。其次，角色扮演要求教师提供新的语言环境。最后，角色扮演中的每个角色都有一定程度的自由，学生可以自行理解发挥。

角色扮演活动可以通过以下方式实现：首先，按角色对学生进行分组，将相同角色的同学编成一组，讨论如何将同一角色扮演好；其次，将不同角色的学生分成一组；然后，按照角色卡上的提示进行排练；最后，学生在全班同学面前汇报演出。

教师在指导学生口语练习时，要遵守以下4个原则：

质量原则，指学生的口语标准要达到准确流利的程度。换言之，学生可以在一定环境下使用恰当准确的方式进行口语练习。其实，学生在不同的场合，不同的交际环境下，对口语要求并不相同，则需要学生口语能够流利准确的表达，并符合场景要求，这样才能达到口语训练的要求。

真实原则，指语言表达必须处在正常的交际背景下，符合日常交际的语境要求。如果是创设的模拟语境，同时设计不同的语境，可以让学生重复训练。在设定的模拟真实环境下进行口语训练，为学生提供准备的时间，并且学生能够在同样的语境中重复训练所要表达的口语对话，有利于他们取得更加满意的结果。

数量原则，指训练不只是一次性的行为，在针对同一个功能或同一种表达方式时，其训练必须达到一定量的要求。对此，要求教师可以提供多种类似的语境，使学生能够运用同一种方式表达思想。

交流原则，是使学习者在特定情况下理解语言的含义，并使学习者理解语言的交流功能。培训的目的是交流，这在培训中起到至关重要的作用。为了实现交流原则，就有必要秉着交流的目的进行培训。通过信息沟、观点沟、角色扮演活动训练学习者使用某种策略的准确性。

4. 文化导入策略

文化导入的方式有以下种类：

结合教材导入——这种方式是最自然、最直接的导入。上课时，教师可以将各个班级教学目标与教材结合，针对每一堂不同的课程，向学生介绍与其相关的文化知识背景，更加有利于开阔学生眼界。比如，在与传统习俗有关的口语课中，教师可以课前收集西方国家着装习惯等，并扩展与之相关的短语、词汇，在课堂上讲给学生听，让学生了解西方国家不同场合的衣着习惯及礼仪等。

对比引入是指在英语口语教学中，要对主客体文化进行纵横向对比分析，以帮助学生构建客体文化。这种方法不仅能够在整个英语口语课程中渗透文化学习，而且可以培养学生的自学能力。教师会让学生提前做好准备，以便他们可以在上课前充分查阅材料，然后在每个口语课前进行展示。教师再提供适当补充。需要注意的是，在对比两种文化的时候，要使两种文化的内容具有可比性，即进行同质化的比较。

运用多媒体导入——我国英语学习存在的一个普遍现状是，学习者在中文环境中学习英语，在真实环境中缺乏对语言文化的体验感。使用多媒体可以克服这种缺点，因为多媒体可以让学生有更多的渠道了解和体验英语文化。在技术的支持与帮助下，多媒体与学生英语学习互动，有助于激发学生学习英语的热情。换言之，多媒体的使用在促进文化在口语教育中的引入起到不容忽视的作用。

众所周知，语言表达会受到文化影响，这种影响体现在两个方面：即词语意义和话语组织。学生学习一门外语，在面对跨文化交际的难题时，需要教师在平时的口语教学中向学生介绍语言的文化背景以及文化知识，以此弥补英语学习中跨文化认知的不足。首先，词语文化内容，包括字面意相同、词语在不同文化中的不同意义、一般有跨文化习语，但是深层含义不同及民族或国家特有的词语含义等。其次，话语文化导入的内容，一般体现在话题性的选择、话语组织等方面。语言可以凸显一个民族或者国家的社会文化信息，语言是文化不可分割的一部分。

每一种语言都有自己对应的文化。因为思维模式、国家信仰、历史背景、社会文化等方面的差异性，即使在同一个交流情境中，不同国家的人也会有不同的理解。从某种程度上来讲，是所谓的社会文化差异性。英语口语作为一种重要的交际语言，教师不能忽视文化元素在课堂中的导入，应帮助学生理解中西方文化差异，提高学生的跨文化交流能力。

5. 功能评价策略

英语口语教学中的功能评价策略包括终结性评价、形成性评价。形成性评价是指对于在课堂教学过程中给予的想法评价，学生在学习过程中对于口语变化过程的评价，也可以被看作是形成性评价。总结性评价是在教学内容结束完成教学目标后所给予评价，既可以是在学期末对于口语水平的评价，也可以是在英语能力测试中口语部分的评价。

（1）形成性功能评价

课堂教学中的形成性评价——课堂教学过程中的形成性评价是教学设计所关注的核心内容，该核心内容则要求教师将教学目标分成几个阶段完成。根据设计的不同阶段，再制定不同的评价标准活动。形成性评价主要是对于学生的阶段目标进行判定，对于达成目标是如何做的或者没有达成目标的原因，下一步的学习任务目标等进行计划。按照形成性评价的标准，教师要对课堂中对于学生的观察和沟通，判定学生的学习进度，为学生的自主学习创造良好的外部环境。

（2）总结性功能评价

总结性评价是在一段完整的学习目标后，对于整个学习过程进行结果和目标的完成情况进行总结的评价内容。这种总结性的评价通常是在课堂结束时、某一个学习单元结束后或是学期末时进行的教学情况总结。总结性评价可以根据学习者的具体情况采用不同的评价标准。

在课堂教学结束时进行总结评价。总结性评价包括口语，要根据英语教学目标的实际完成情况进行评判。和其他教学评价不同的是，对于口语目标进行评价时，可以借助具有应用实践阶段的活动，因为应用性活动本身能够替代完成目标的评价活动进行。

对于学生的交际能力进行评价。在评价学生交际能力时，需要带着任务性质，秉承真实的基本原则，通过学生在课上课下的交际能力，对于学生的学习情况做出一定评断。学校考试的口语水平测试都是学生交际能力的评判影响因素。需要注意的是，在大型能力测试中的评判标准是统一的，但课堂中教师却可以根据学生的实际情况，设定不同程度的评价标准。

口试的评价标准。如今，英语口语的应用范围越来越广泛，实用性也越来越强。因此，对于口语评价要从对于口语的发音是否标准、表达语法、表达熟练程度及口语表达理解程度等方面进行评价。

（四）大学英语口语教学新思维

1. 互动教学法

互动教学法具有显著的特点：强调学生的主体性，教学组织方式多样，能够有效利用课堂时间向学生传授语言知识。在大学英语口语教学中，如果互动式教学法运用恰当，能够有效激发学生兴趣，打破"哑巴英语"的现象，帮助提高学生的口语表达水平，从而提高教学效率。

互动教学法在大学英语口语课堂教学中的操作主要有三个阶段：课前、课中、课后。

（1）课前。在大学英语口语教学开始前，充分而周密的备课是教师的必要工作，特别是与客体有关的口语会话材料的准备非常重要。这些材料应分给学生每人一份，做口语练习会用到的词汇、短语也为学生准备一份。这样，语言材料可以丰富学生的口语表达，帮助学生积累表达素材，避免学生处于被动状态。

（2）课中。在英语口语课堂教学中，教师可以先介绍本课的会话情境，引导学生进行独立思考，同时联想与该情境相关的词汇、短语。然后，教师将可能用到的词汇和短语呈现在黑板上或者PPT上，选出一个词语让学生判断和解释其意思。学生解释完之后，教师可让其他学生对已给出的信息进行扩展。在解释和扩展过程中，学生的英语口语表达能力得到培养。

（3）课后。课堂教学结束之后，教师可给学生布置一些特定的话题或情境，让学生在课后做口语练习。教师所布置的话题或情境应与课堂内容具有一定的联系，才能起到巩固所学知识的目的。在下节课教授新内容之前，教师可花一些时间检查学生的课外练习情况。一方面为学生提供表现机会，调动学生学习的积极性与主动性；另一方面通过反复巩固，不断培养并提高学生的口语水平。[①]

2. 情境教学法

情境教学法是在教学过程中，教师有目的地引入或创设具有一定情绪色彩、以形象为主体的生动具体的场景，从而引起学生一定的态度体验，使学生对教材形成正确理解，并使他们的心理机能得以发展的方法。

情境教学法运用于大学英语口语教学，其形式有很多种，如角色扮演、课内游戏、诗歌朗诵、音乐欣赏、旅游观光等。这里以配音扮演为例加以分析。配音一般易于操作，通常可以按照下列步骤实施：

（1）教师节选一部电影片段，先将原声对白播放一遍。

（2）教师讲解其中的语言难点。

（3）教师安排学生重新听两遍原声，同时要求学生尽可能背诵。

（4）教师将电影调至无声状态，让学生对电影中的角色加以模仿，为电影配音。

在大学英语口语教学中，适当运用配音方式，有利于激发学生学习英语的兴趣，缓解学生说英语时的焦虑感，提高学生的自信心，学生从中可以学习到纯正的英语口语，并掌握针对不同情境变换语音语调的技巧。

---

① 陈昌来.应用语言学导论［M］.北京：商务印书馆，2007.

总之，在大学英语口语课堂上，教师应尽量多地为学生营造真实的语言情境，让语言与情境相结合，从而使抽象的语言教学形象化、具体化、情境化，不仅有利于调动学生学习的积极性与主动性，又能促进学生掌握运用英语进行交际的能力。[①]

3. 情感教学法

目前，在大学英语口语教学中，很多学生都缺乏自信，不敢用英语进行口语表达。为了帮助学生克服消极情绪，激活学生对英语口语的态度，教师可以将情感因素引入教学，具体可以从以下方面着手：

（1）在教学内容的安排方面，教师应注意由浅入深，循序渐进，使学生学习之后有所收获，提高他们的成就感。

（2）在英语课堂教学过程中，教师应确保每个学生都有说话的机会，使每个学生都能得到锻炼。

（3）教师应始终相信学生，并让学生意识到这种信任，只有这样，才有利于增强学生的自信心。

（4）教师应注意观察学生的情感状态，把握纠错策略，既要客观评价学生的语言表现，还要给学生提供情感上的支持与鼓励，激发学生对英语学习的兴趣。[②]

4. 文化导入法

在大学英语口语教学中，教师应注意将文化和口语教学相结合，采用文化导入法进行教学。文化导入法在大学英语口语教学中，可以通过以下方式进行：

（1）通过对比分析导入文化知识。在使用文化导入法进行口语教学时，教师可采用对比分析法，即通过对主体文化与客体文化进行对比分析，引入文化知识。

（2）通过引导学生积累日常交际用语导入文化知识。交际功能是语言最本质和最重要的功能。文化差异在日常交际用语中有较为明显的体现。中西方在社交

① 陈申.语言文化教学策略研究［M］.北京：北京语言大学出版社，2001.
② 胡瑞霞.大学英语教学改革与创新研究［M］.北京：中国书籍出版社，2016.

文化方面存在诸多不同，英汉交际用语自然也有所不同。因此，在大学英语口语教学中，教师要注意引导学生对日常交际用语知识的积累，从而在实际的交际中做到游刃有余。

（3）通过教材导入文化知识。通过教材导入文化是一种最自然，也是最直接的文化导入方式。在大学英语口语教学过程中，教师可依据教学目标，结合教材，向学生提供相关的文化知识，开阔学生视野和对文化的理解与认识。

（4）通过多媒体导入文化知识。中国学生的英语口语学习存在一个非常不利的因素，即缺乏英语环境。英语环境的缺乏导致学生无法全身心地感受英语及英语文化，必然会在一定程度上阻碍学生口语表达能力的提高。对此，教师可以将多媒体引入教学中，以弥补没有真实情境的缺陷，真实地再现情境，使学生身临其境地感受英语及英语文化，增加学生之间的互动交流，激发学生的学习热情与动机。①

5. 课外教学法

课堂是英语口语教学的重要阵地，但课堂教学时间有限，对此可以通过课外教学加以弥补。由于课外教学的操作性与控制性难度较大，这一环节在大学英语口语教学中经常被忽视。

课外教学是课堂教学的延伸，对学生口语能力的提高具有促进作用。在教学改革背景下，教师可以在大学英语口语教学中适当运用课外教学法，教师应充分发挥其引导作用，给学生提供有效资源，同时注意增强监督机制。

课外英语口语教学可以采用多种形式或活动展开。例如，英语角是锻炼英语口语的一种常用活动。英语角一般是英语学习者自发行为，英语角活动的顺利进行离不开教师参与，教师注意负责英语角的最初组织与管理工作，从人员的安排、话题的确定、活动形式、设备等做好充分的准备工作。再如，教师可以鼓励学生多参加相关的社会实践活动，如在活动中做志愿者接待外宾、为外国游客做导游等。除此之外，进行对话比赛、举办英语朗读和英语歌曲大赛、举行英语辩

---

① 林新事. 英语课程与教学研究［M］. 杭州：浙江大学出版社，2008.

论大赛等，也是有效的课外英语口语活动形式。这类活动不仅可以很好地弥补课堂英语口语教学的不足，也有利于培养学生学习语言的成就感，提升学生的自信，最终提高学习效率。①

二、大学英语听力教学及其新思维

听力教学是大学英语教学的重要组成，在语言的学习过程中，听不但是需要独立训练的一项语言技能，更是一种学习语言的途径。以下主要探讨大学英语听力教学方法，以期提高听力教学效率。

（一）英语听力教学现状

英语听力教学现状，如图5-11所示。

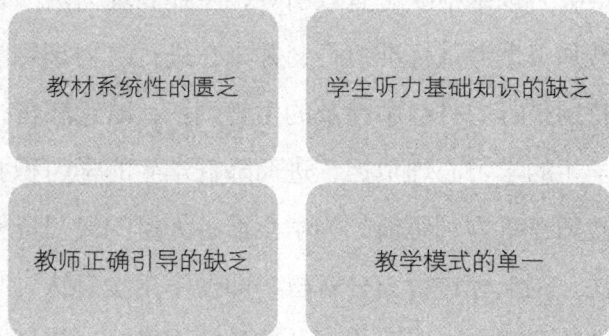

| 教材系统性的匮乏 | 学生听力基础知识的缺乏 |
| 教师正确引导的缺乏 | 教学模式的单一 |

图 5-11　英语听力教学现状

1.教材系统性的匮乏

在英语听力教学中，关于教材编写与选择存在诸多问题，最主要的是教材缺乏系统性。英语听力教学往往等同于口语教学，英语教材在内容设计上缺乏主题性。此外，编写内容缺乏全面及系统性，会导致学生在训练听力的过程中无法按照步骤逐渐提升听力水平。

教学活动的实践根据教材安排，和教学大纲、课堂安排设计有着非常大的关联性，对教学过程有着积极的促进作用。优秀的教材内容不仅能够扩展学生接触领域，还能够提高学生的文化水平，促使学生有意识地增进文化交流，提升学

---

① 王琦.信息技术环境下的外语教学研究［M］.北京：中国社会科学出版社，2006.

生锤炼语言的能力。但是，现有听力教材的应用周期较长，与社会发展和需求脱节，不具备层次性和多样性。因此，必须对现有听力教材实施改革，才能从本质上增强学生的听力能力。

2. 学生听力基础知识的缺乏

由于缺乏相应的学习环境，对于西方文化的了解缺少渠道，导致学生对以英语为主的国家的社会生活、风土人情、自然环境等缺乏系统的了解。再者，学生在词汇积累上有所欠缺，没有形成良好的听力习惯，出现无法准确表达以及发音不够标准等问题。除此以外，学习氛围的缺乏也导致学生的敏感性较差。这些与听力有关的基础性知识的缺乏，不利于学生英语听力水平的提高。

3. 教师正确引导的缺乏

学生在英语听力训练中缺乏有效引导，主要表现为两个方面：一方面是引导不充分。一些教师根据考试标准执行，并未在进行听力训练前将相应的学习资料发放给学生，特别是听力材料中涉及的生僻词汇，缺乏解析，会使学生丧失学习的信心，加重学生的学习心理负担，进而降低学生的学习积极性。另一方面是过度引导。英语教师在听力训练前，为学生准备大量的学习资料，并对听力内容的背景信息、语法、词汇等进行充分解析，即便学生没有认真听讲，在听力训练中也能够选择出准确的答案。所以，过分细致的引导是把教学变得形式化，这样的教学方式容易导致学生的厌学情绪。

总的来说，教师在教学实践中，形成对于学生合适、恰当的引导，可以提高学生的学习兴趣，从而提高英语水平。

4. 教学模式的单一

现阶段的英语听力教学中，还有一个关键问题是教学模式单一，教师应该将更多的时间投入对学生的指导与监督中，而不是只注重最终的完成结果，若学生在没有充分理解听力内容情况下，毫无目的地反复进行机械训练，长此以往形成的听力课程形式也仅仅局限于听录音、对答案、教师解释这种单一的模式。学生的听力能力不仅没有得到增强，还会导致学习动力的下降。

（二）英语听力教学内容

1.基础知识

英语听力教学的基础知识，如图5-12所示。

图 5-12　英语听力教学的基础知识

（1）英语语言知识。主要包括语法知识、语音知识等。

1）语音知识。听力教学非常重要的一部分是语音知识。学习发音方式能够促进对听力内容的理解掌握，对此可以从不同的角度看待语音知识。首先，对于音标的学习和读音辨析是基础，而读音的准确辨析需要掌握发音规则和相似音的区别；其次，英语和汉语之间的区别体现在语音方面，英语中的部分读音在汉语中并不存在。因此，增强学生的听力能力还需掌握英语语句的重音、语音以及语调等；除此之外，学生的发音习惯会影响他们正确读音，学生在听力训练时若不能准确地辨析读音，则无法理解整篇文章的涵义。

重音作为语音知识中的重要部分，主要包括单词重音与句子重音。单词重音能够区分词义。当单词的重音出现改变时，其词性也会发生改变。通常，重音在第一个音节时，其词性是名词，重音在第二个音节时，其词性为动词。一般情况下，句子的重音都在重点部分，在英语语句中，应该重读的词汇有名词、形容词、动词和副词等，应该弱读的词汇主要有介词、助动词和冠词等。句子的重音部分对于句义来说，起到积极作用。

与汉语相似，英语的发音同样和地域具有相关性，每个地区的人发音都有与众不同的特点，人们将英语发音的差异性称为"语言变体"。例如，美式英语与英式英语之间的区别。发音上的区别会影响学生对语言的理解。因此，教师在教学过程中，应该为学生准备各种听力资料或者途径，使学生能够掌握多种不同的发音规则，减少听力学习中的阻力。

2）语法知识。在英语听力教学中，语法知识可以帮助学生理解英语句子和篇章，属于基础内容。学生在理解句子含义时必须对句子的基本结构有明确了解，并且对基本句型有一定掌握。

从以上内容可以看出，语法知识对英语听力教学十分重要。除此之外，语法知识中的话语标记以及情态表达也对句子的意义具有一定影响。英语句子经常使用话语标记标明话题或内容边界。此外，英语口语中的情态表达也较为常见，两者属于语法知识的重要内容。比如，书面语的情态表达一般都是用情态动词表示，口语中的情态表达则会采用其他形式。因此，在英语教学中，学生需要熟练掌握语法知识，充分了解其用法，才能够真正明白听力材料中的内容。

（2）文化知识。文化知识包括以下两点：

1）词汇的文化内涵。英语的词汇含义非常丰富，其背后承载的是一种文化，能够反映出一个国家以及民族的价值观。词汇的内涵和文化的关系非常密切，教师应在听力教学中注重对于文化背景方面的讲授，使学生在了解背景知识的基础上加强对听力的学习。

2）各国风土人情。所谓风土人情，指当地各个方面的文化，如饮食文化和服饰文化等。理解关于风土人情的知识，能够帮助学生更加有效地学习和理解英语，掌握其思维模式及语言习惯。比如，英国人比较擅长足球（football）、马球（polo）两项传统运动项目，并且当地也比较流行桌球（billiards）、飞镖（dart）等"酒吧"文化。另外，日常寒暄时，西方人经常会以天气、心情作为主题，展现出他们对自我的追求。了解各国的风土人情，尤其是西方人的日常习惯，能够更好地帮助学生理解听力材料。

（3）语用知识。听力材料内容主要包括语言的使用和交际，了解语用知识对听力材料的理解十分必要。虽然语用知识归类于语言学范畴，但是对听力理解也具有不可忽视的意义。日常生活中，因为一些原因，人们不会直接地表达自己的观点和思想，而是采用较为含蓄委婉的表达方式表明意图。因此，要真正了解说话者所表达的意思，需要了解说话者所说的内在含义，即"会话含义"。

2. 逻辑推理与听力技巧

对听力内容的理解和辨析能力的提高，必须以逻辑知识为基础，在听力教学实践中，一方面要帮助学生掌握足够的语法知识，另一方面也要加强对学生推理能力的培养。

听力技巧是英语听力学习必备的一个部分，也是听力教学中的一个重点。在英语课堂中应着重向学生展示图5-13中的听力技巧。

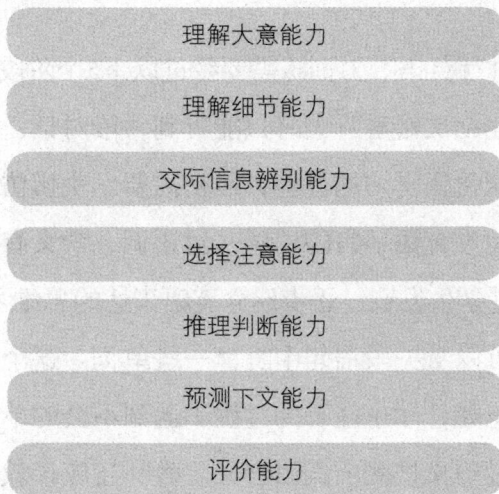

理解大意能力

理解细节能力

交际信息辨别能力

选择注意能力

推理判断能力

预测下文能力

评价能力

图 5-13　听力技巧

（三）英语听力教学的原则

英语听力教学原则，如图5-14所示。

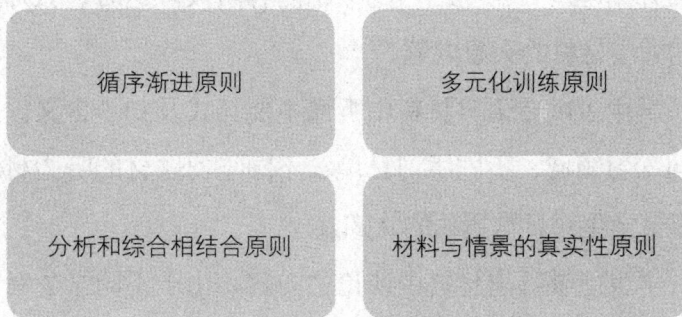

循序渐进原则

多元化训练原则

分析和综合相结合原则

材料与情景的真实性原则

图 5-14　英语听力教学的原则

1. 循序渐进原则

若要提高英语听力水平，需要长时间的"磨耳朵"，还要遵循循序渐进的学习规律，如利用一本传统的教材 *Step by Step*，一步一个脚印地进行训练。

教师依据不同学习阶段所需的学习内容，提升不同水平的学生掌握相应的学习技能。在选择听力材料时，尽可能选择贴近学生日常生活的各类话题，如网络热点话题、校园故事、时事新闻、日常见闻等听力材料，更好地吸引学生的注意力，让学生能够在听力训练中增长各方面知识，学有所得。随着听力训练水平的提高，英语教师要提高听力学习材料的难度，构建场景，进行听力技巧训练，提升学生的听力水平。

一般而言，学生进行英语听力训练需要经过以下5个阶段：

第一阶段：学生在初次接触听力时只能听到一段对话，并不能完全明白其中的意思。这个阶段类似母语学习的过程，最初需要学生模仿、重复训练，听力练习累积越多，越容易树立英语语言的语感，对语调、含义有初步认识。通过听力培养出的语感能够促进学生发音，逐步建立英语表达的思维习惯。

第二阶段：学生可以从一段语句中听懂一些单词。这个阶段的教学重点应放在培养语言习惯上。比如，学生在听的过程中遇到不会的单词，教师应引导学生进行上下文判断，通过语义推测出词语含义。教师还应该教给学生如何查词典，帮助学生建立自主学习、克服困难的意识。

第三阶段：学生已经能够听出一些简单句型。在这个阶段，学生能在整段听力材料中对简单的短语与句式进行辨别。在完成简单句式的听力学习后，学生的听力能力可以提升到理解日常生活中的谈话内容阶段。这时，教师可以引导学生通过短语和语句猜出材料的大致内容。

第四阶段：学生可以在语言材料中听懂主要句式及句子含义。这个阶段，教师应该提供不同学习领域、不同学习环境、不同学习题材的听力材料，反复训练学生的听力，丰富学生对日常用语的认知。

第五阶段：学生能够听出材料中谈论的内容。由于不同学生对材料的认知程度不同，可能达到第五阶段，但实际听力水平在第三或第四阶段。所以，学生达到的听力水平和自身阅历、知识水平相关联，并不是绝对的。教师要引导学生接触不同类型的材料，丰富知识结构。对于熟悉的内容，理解起来就不费力；对于不熟悉的听力材料，则不容易听懂。

2. 多元化训练原则

教师讲授知识要根据不同的听力训练目标，采取多元化的授课方式。组织课堂时，经常搭建学生交流平台，设置有趣环节，增加学生与学生之间、学生与教师之间的口语交流。这样课题提高学生的英语听力水平，又能提高学生的语言综合运用能力。但在当前高校英语教学中，汉语授课所占的比例较高，即使在大学阶段，地道的全英授课也较少。学生的听力训练机会少，听力课程的课时又没有相应增加，导致听力训练停滞不前。所以，教师在听力课上应该坚持由浅入深的原则，鼓励学生多听、多读、多说，为提高听力学习水平营造一个良好的语言环境。

教师的课前准备工作也要做到有的放矢。通过梳理课程目标任务，学生上课时会有心理准备。同时，学生可以根据自身基础，选择不同的听力材料训练听力技巧。教师设置的材料要尽可能丰富多彩，提高学生的学习兴趣，否则，单一的训练很容易让学生失去学习的兴趣，题目过难也容易让学生失去学习的信心。

教授英语是一门综合听、说、读、写各个能力的学科。教师要提高学生的英语听力水平，必须和口语、写作等其他输入训练结合起来。听力中可以穿插听说互动，增加对话环节，既是口语练习，又是听力练习，还可以增加听一段故事完成写作的环节，不仅活跃气氛，还可以加强学习的主动性，将动眼、动耳、动脑、动口等能力训练一并开展。这种操作，使学生能够感受到更真实的语言环境，久而久之，会减轻学生学习英语的心理负担，进入轻松学习、快乐学习的良性发展阶段。以下具体介绍图5-15所示的相结合教学应用。

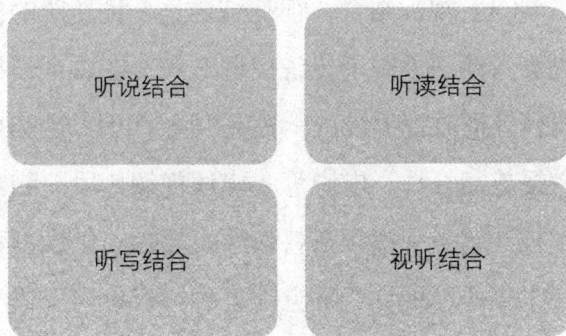

听说结合	听读结合
听写结合	视听结合

图 5-15　教学相结合应用

（1）听说结合。语言交流的重要内容是听、说，两者不可分割。听懂是交流的前提。只有清楚对方所说含义，才能给予回复。所以，听力是语言输入必不可少的训练科目，没有足够的语言输入就不能达到较高的听力水平，也不能流利地回答对方提出的问题。口语表达是对听力能力的一个检验。一个人只有听懂对方的说话，才能与对方进行交流。听、说是关系紧密的两项英语能力，教师若要提高学生听力，必须在课程上加入听说结合的学习模式。

（2）听读结合。大声读出英文单词，可以帮助学生将清楚单词的音、形、义三者关系，提升英语语言语感。增加听力练习，可以帮助学生纠正不正确的发音和语调，对于拼读、字母组合也有一定帮助。学生听力提升后，音准水平、单词认知水平都会大幅度提升，从而提升整体的英语学习效果。反之，单词认知水平和阅读能力提高后，学生的知识结构也会更加丰富，进而提升语言反应速度，听到单词后会很快反应出其中含义，听力理解能力也会提高了。

（3）听写结合。这种方式在教学中较为常见。在听的过程中要求学生注意力集中，将听到的内容快速记录下来，能够提升学生的语言敏感度。当学生把听到的内容记录下来以后，再与标准答案做对比，从而发现自身的差距，逐渐写出主次框架，通过语言常识理解整个段落含义。所以，听写训练是一个渐进的过程，从单词到补充句子，需要教师耐心培养学生捕捉单词和记笔记的能力。只有经过反复训练，学生才能够对基本词汇进行快速反应，记录准确，听力能力才会得到提高。此外，这种训练还可加强学生在短时间内处理语言的速度，增强英语语言思维能力。

（4）视听结合。视听结合是一种新颖的教学方式。有的学校将这门课程设置为影音课。不同于传统授课方式，在语音模拟教室中，配有较先进的计算机、多媒体等播放视听设备。教室中除了可以播放BBC、VOA等语音听力材料外，还可以播放幻灯片、电影等多媒体视频片段。随着现代技术的不断发展，越来越多的学校开始重视视频资料教学，教师向学生推荐英文电影原声、歌曲等听力材料，使学生通过视觉、听觉等多种感官参与英语学习。这种方式在学生看来，新颖独特，有吸引力，能够激发自主学习乐趣，自觉寻找听力训练材料。

3. 分析和综合相结合原则

听力训练过程中，遇到的体型一般有两种：一类是分析类题目，这类题目是对材料里面的细节问题，比如，事件的起因、发生的时间、事情的经过、事件的结果或其中细节的设问；另一类是综合性题目，这列题型是通过理解听力材料的大意或根据文章结构进行推理。

分析性和综合性对应的是听力练习中的概括性和细节性问题。分析性指在听力练习时，使学生的注意力转移到材料里对于细节部分的记忆与理解。在课堂中，逐字逐句地对材料进行剖析，加强对于细节的分析，是提高听力水平的基础性训练。听力上的综合性指在宏观上对于听力材料进行把握，换言之，在听力基本训练上进行听力的整体性训练。

综合性的听，是对于材料存有整体印象，此种训练方法针对题目中主旨理解类型。在听力练习时，一方面有对材料整体性把握的题目，另一方面有分析细节类型的题目，教师在听力实践中，应把分析和综合结合起来的思想贯穿课堂始终。

4. 材料与情景的真实性原则

语言学习的最终目的是用于对话沟通。在选择英语听力材料时，教师要尽量选择真实、实用的材料，听力材料选择难度也要适中，需要根据学生的阶段特点选择难易程度。过于复杂的学习材料会给学生造成心理压力；但过于简单的学习材料，会让学生产生轻视、厌学的心理。学生听不懂材料，会失去学习兴趣和信心，对于学习听力也是极为不利的。听力材料难度把握应注意图5-16所示的四方面内容。

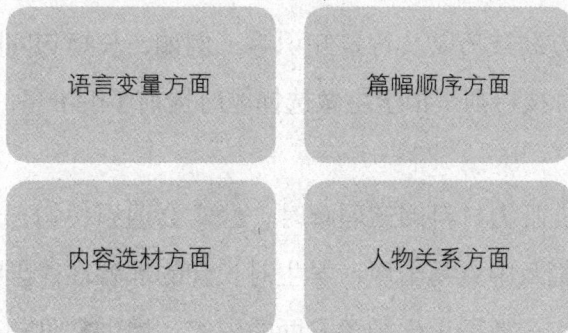

语言变量方面	篇幅顺序方面
内容选材方面	人物关系方面

图 5-16　听力材料难度的把握

（1）语言变量方面。语言变量包含训练听懂语言的词汇、句法、语言及时间状语等基础词义。变量主要指语速、停顿和迟疑。过快、过慢的语速和语言停顿都会给听众造成理解上的困难。过快的语速，学生反应会较慢，句子有停顿，不符合正常语言交流情景，会失去真实感，不利于学生提高学习兴趣。

（2）篇幅顺序方面。篇幅顺序指听力材料的逻辑结构。若篇幅结构是按照空间、时间、逻辑顺序整理，学生比较熟悉，可以清晰地理清事件发生的时空关系，顺利书写记录，有利于提高学习信心。若篇幅结构是倒叙，不符合思维习惯，比较繁杂，学生听起来混乱，难度较大，学生会产生厌学心态。

（3）内容选材方面。在选择材料时，教师应尽量选择接近学生认知水平的材料，超出生活范围之外的材料会增大难度，影响训练效果。听力材料的内容要符合人们生活的文化背景，逐渐让学生熟知话语的语言背景。因为合适的学习材料也是提高学生英语听力水平的重要因素。

（4）人物关系方面。听力内容如果涉及的人物关系特别复杂，学生听材料比较困难，更难听懂其中深层含义，并且容易分散学生的注意力，无法抓住训练的主要目的，不利于提升英语听力能力。

（四）英语听力课程的策略改革

1. 听前策略改革

听力考试前，会留给学生时间阅读理解听力材料。所以，对听力材料的理解才是听力的关键。一般情况下，听前准备分为两种：第一种是听力知识长期的积累和准备；第二种是短时间对技巧的掌握。长时间的知识积累是长期学习听力相关内容、熟悉听力方面技巧以及背景知识等。例如，长短句间的关系，篇章内部结构相关知识。短时技巧则是指学生做选择题时提前了解准备的答题技巧。

（1）长期准备

句子相关知识。听力材料阅读理解时，经常会遇到长句，尤其是在英语新闻中或是在一些重要篇章中更易出现，学生对长句的理解往往影响对整个篇幅的理解。基于此，教师应该教授学生相关方面的内容，提供常见句子或是接词，帮助学生理解和分析。不论是理解英语长句还是听英语长句，都需要对句子的语法结构有一定了解，尤其要熟练掌握句子主语和谓语动词、从句的分析。

语篇相关知识。在听力理解中，语篇知识具有重要意义，语篇位于句子层面之上，句子之间的衔接、连贯都和语篇息息相关。虽然不同的语篇都有不同的特点，但基本连接手段相同。因此，学生学习语篇的知识的时候，不但要掌握不同体裁语篇的语言特点，还要了解语篇之间的连接手段。

1）了解不同体裁结构。英语语篇的体裁很多，如小说、诗歌、散文、讲座等，这些不同体裁在表达方式以及对信息安排上都有所差别，对不同体裁的英语篇章结构以及语言特点加以了解，才能在听力理解中理清语篇的结构和思路。

2）熟悉语篇中的连接词。英语语篇中不同的关系需要不同的连接词连接。

（2）短时准备

听前技巧对于英语听力的提升影响非常大，意味着教师在课堂实践中有针对性地提高学生此方面的技巧。教师可以提前给学生分发听力材料，这样做会有效提高学生对于材料信息的理解。

在听力开始前，学生应该根据选项进行阅读，对内含在其中的关键性信息有基本了解。该步骤能增强学生听的针对性。

2. 听中策略改革

英语听力课程的听中策略改革，如图5-17所示。

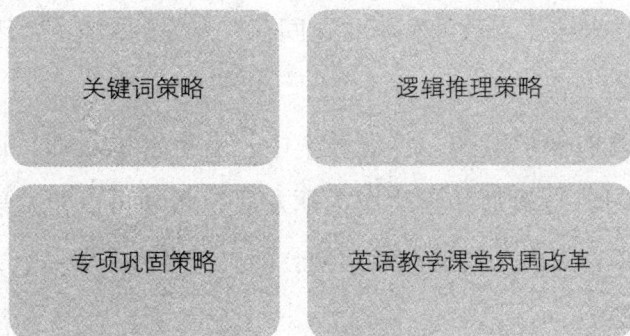

图 5-17　英语听力课程的听中策略改革

（1）关键词策略

对听力材料的理解并不需要把每一句话都听懂，只需要抓住关键词就可以解答题目。英语听力中有很大一部分题目完全可以依靠关键词完成。学生在听力中要学会捕捉关键词。

（2）逻辑推理策略

逻辑推理在英语听力中非常重要，不仅能够在已知条件基础上帮助人们得出未知信息，还包含阅读材料时学生对说话者言外之意的理解。在英语听力材料中，大多数内容都未直接表现出来，而是需要学生联系上下文，通过逻辑推理得到正确答案。因此，逻辑推理的重要性不可忽视。

（3）专项巩固策略

英语听力材料类型较多，类别大不相同，如通知类、新闻类等。因此，需要采用专项巩固策略，不同类型的内容需要采用与之匹配的技巧，才能够明白其中含义。

（4）英语教学课堂氛围改革

在英语学习中，学生是主体，学生自身的英语成绩是否优秀是主要因素。因此，激发学生对英语的学习兴趣以及积极性十分必要。对此，教师可以通过以下途径激发学生学习英语的兴趣。

首先，改变形象。以往教师都十分严厉、严肃，高高在上，和学生保持一定距离，这样会导致学生对教师产生陌生感。为了消除陌生感，教师可以在日常生活中关心学生，与学生建立起平等、互相信任的师生关系，让学生喜欢，从而对教师所讲的课产生兴趣。当教师和学生之间存在友爱的师生感情后，学生会在学习上发生质的变化。

其次，注意营造课堂氛围。传统教学中，学生害怕教师，课堂氛围比较凝重，影响学生学习。当教师和学生成为朋友后，教师可以营造出轻松的学习氛围，而学生的紧张、焦虑以及抵触情绪便会消失，学生不紧张，才能够专心投入学习，提高学习成绩。

最后，适当鼓励学生。当学生完成教师制定的学习任务时，教师要对学生进行表扬及鼓励，让学生内心充满自豪感以及成就感，将会成为学生努力学习的动力。

3. 记录策略改革

英语听力教学的记录策略改革，如图5-18所示。

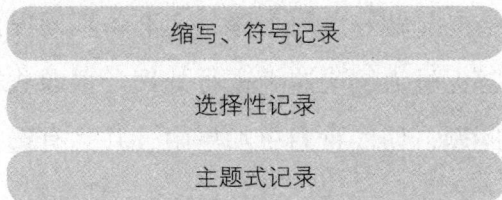

缩写、符号记录

选择性记录

主题式记录

图 5-18　英语听力教学的记录策略改革

（1）缩写、符号记录

缩写词和符号在英语听力记录中的使用较为频繁，英语听力的即时性使得学生不得不利用缩略形式将有效的信息快速记下来。除了词汇的缩略形式外，英语中还可以使用简单的符号代替英语单词。

（2）选择性记录

在记录信息过程中，部分学生会将听到的信息都记录下来，然而，这种盲目的记录，效率低且不合理。记录，应该是难以记忆的信息，如人名、时间、地点以及数量等。大部分听力的内容篇幅较长，学生无法全部记忆，因而应该采取记笔记的方式。当听力内容繁杂时，教师可以教授学生不同的笔记方法进行有效记录，不仅能够提高效率，也能够帮助学生记录重要的学习内容。此外，在记笔记的时候，需将信息简化，即记录听力内容的关键词。

（3）主题式记录

蛛网式笔记。这种记录方式指将重要的内容记录在纸的中间部分，记录的信息随着讲话内容持续增多，次要内容分布在主要点附近，同时用直线将两者关系表明出来。次要内容围绕主要内容呈现放射状形式，产生的记录图如蜘蛛网，这种记录方式便于记录简单的内容，且记录速度快，对于后续内容的理解没有任何影响。

主题图式笔记。这种记录方式等同于观光导游图，按照讲话题目以及涉及的学科范围，提前列出与之相关的各个主题，再搜索相关信息，一一列出应该指出的要点及各个要点之间的联系等。在听资料的过程中，将听到的内容分类到对应的标题下。一旦出现新的信息，能够补充新标题，将信息进行分类，避免时间与精力的浪费，提高专注力。

主题图式笔记应该提前做好预习工作，在准备期间提前了解相关信息，当听到熟悉的信息便能够促进大脑快速地进行处理。主题式笔记能够帮助听者提前辨析听力内容中的问题，使注意力更加集中，并且有选择性、有目的性地听取内容。

（五）大学英语听力教学新思维

1. 体裁教学法

近年来，很多教师将体裁教学法运用于大学英语听力教学中，并获得了较好的教学效果。下面就体裁教学法在大学英语听力教学中的运用进行简要分析。

（1）体裁分析。体裁分析是第一个阶段，即教师对听力材料进行详细分析，包括文化和语言两个方面的分析。由于中西文化存在很多差异，教师在听力教学中应注意对听力材料体裁有关的社会、历史、风俗习惯等背景知识进行分析，使学生了解这些背景知识。就语言方面而言，教师应注意对体裁的图示结构进行分析，使学生了解这类文章的过程与特点，也是教学过程的一个重点。

（2）小组讨论。在该阶段中，教师可将学生分为若干小组，播放同一题材的材料，然后让学生在小组中对这些材料的结构、语言特点等方面予以讨论。该阶段旨在增加学生的参与程度，学生只有参与到活动中，才能积极主动地进行思考、学习，从而更好地理解语篇。

（3）独立分析。小组讨论结束后，教师可以让学生听某一题材的一篇典型范文，然后要求学生模仿教师在第一步骤中使用的方法，即对语篇的文化和语言两方面进行分析。这一步骤改变了教师垄断课堂的局面，使学生有充足的时间进行思考。

（4）模仿使用。学生通过自主分析对材料的体裁特征进行掌握之后，教师可根据交际目的，选择社会公认的模式，让学生使用英语进行有效交际，使学生在实际运用中牢牢掌握所学题材特征，从而学以致用。当然，在大学英语听力教学实践中，教师可根据实际情况，对以上步骤加以调整，从而获得最佳的教学效果。

实践证明，在大学英语听力教学中运用体裁教学法，通过对文章体裁的分析——语境、文化背景、结构和语言特点，掌握相对稳定、可借鉴的模式，全面理解文章，可有效提高学生的听力水平。此外，体裁教学法对学生创造性思维的开发也较为有利。[①]

2. 听力技能训练法

在大学英语听力教学中，教师可采用听力技能训练法，重视对学生听力技能的培养，逐渐提高学生的听力水平。以下探讨常见的听力技能训练。

（1）关注所提问题。关注听力材料所提问题，有利于听力任务的完成。这是因为在对问题进行预测、基本了解听力材料内容情况下，如果学生没有听懂所提问题，便不可能正确作答。因此，教师要注意引导学生在听力训练中对问题的重要细节进行关注，这些细节主要有"五个W"，即when、where、why、who、what，抓住这些细节，可以帮助学生准确地理解听力内容。

（2）合理预测。合理预测，即学生根据已知的信息对将要听到的内容范围进行限定，在听前或听力进行过程中最大限度地获取未知的信息。合理预测有利于减少学生在听时的记忆负荷，缩小搜索范围，有利于促进听力理解。

（3）抓听要点。在对学生听力进行训练时，教师应注意引导学生在听的过程中有所侧重，注意抓听主要内容或主题问题，留意主题句与关键词，而不是将注意力平均分配到每一个词语上。学生具备了抓听要点的能力，对听力理解有积极的意义。

（4）做记录。听力训练既要求学生具有良好的听力能力，还对学生的记忆力有较高要求。有时，学生虽然听懂了听力内容，但是可能会因为要记忆的内容过多而不能记住所需要的全部内容。这时，做记录的重要性就凸显出来。因此，教师应注意加强学生在听力过程中做记录的能力。

---

① 王琦. 信息技术环境下的外语教学研究［M］. 北京：中国社会科学出版社，2006.

需要注意的是，记录应有选择性，记录的内容主要是重要的、容易遗忘的信息，如地点、时间、数量等。除此之外，学生可以根据个人习惯，使用缩写、符号等形式做记录。[①]

3. 情感教学法

作为英语听力教学的重要组成部分，情感有着至关重要的作用。积极的情感不仅有利于提高学生的听力学习效果，还能促进学生的全面发展。消极的情感则会给学生的听力过程带来阻碍。因此，在大学英语听力教学过程中，教师应激发学生听力学习过程中的积极情感因素，努力克服学生在听力理解过程中的消极情感因素。

情感教学法在大学英语听力教学中的运用，可从以下两个方面着手：

（1）加强学生认知。在应试教育与传统单一教学模式影响下，很多学生在英语学习中缺乏积极性与主动性。在教学改革背景下，教学要求学生应该主动参与课堂活动、知识的构建，因此，学生必须改变传统被动接受知识的形式，而是要充分发挥自身的主观能动作用，使自己适应社会发展需要。

（2）激发听力动机。在大学英语听力教学过程中，形成性评价对学生听力的学习具有重要作用。肯定的评价可有效增加学习者的自信心，提高他们学习听力的兴趣。[②]

4. 文化导入法

语言与文化关系密切，听力材料中经常涉及文化因素。学生掌握英语国家的文化背景知识，有利于促进对听力的理解。因此，教师可以采取文化导入法展开听力教学，主要可从以下方面着手：

（1）创设真实的社会文化情境。我国英语教学缺乏真实的英语语言交际环境，不利于学生了解英语语言以及英汉文化的差异，给听力理解带来障碍。要求

---

① 王淑花，李海英，孙静波，等. 大学英语教学模式改革与发展研究［M］. 北京：知识产权出版社，2018.

② 郑侠，李京函，李恩，等. 多元文化视角下的大学英语教学研究［M］. 北京：知识产权出版社，2018.

教师注意为学生创设真实的社会文化情境，使学生的听力训练在真实的情境中进行，同时从中学习相关文化知识。

（2）采用对比法引导学生发现文化差异。在实际的大学听力教学中，教师可采用对比法进行教学，即将英语国家的文化与中国文化加以对比，使学生发现两种文化之间的差异，这样可以加深学生对英语国家文化的认识，同时使学生了解不同文化在价值观念、思维方式等方面的差异，培养学生文化理解能力，最终促进听力水平的提高。[①]

5.**课外教学法**

课堂教学时间是有限的，教师应注意引导学生在课外进行英语听力学习。课外，教师可以根据学生的学习特点，灵活选用教学方式，组织多种听力练习活动。

课外听力练习活动，既有利于提高学生的听力水平，在主动搜集、整理资料过程中又有利于提高学生的学习能力。此外，由于课外听力练习活动要求学生互相合作，对锻炼学生的组织能力与沟通交际能力具有积极的意义。同时，练习活动还给学生提供了施展才华的机会，有利于培养学生的创新能力。以下探讨常见的听力课外练习活动：

（1）英语广播电台活动。电台是课堂的一种延伸。英语电台在内容上不受限制，在时间上较为便利，通过每天在特定时间播放英语节目，可以增加学生的听力时间，弥补学生课堂听力时间的不足。

（2）英语电影配音活动。观看英语电影是一种常见的课外练习形式。通常，电影中的台词往往具有戏剧性与灵动性，与实际生活联系紧密，更贴近口语。就听力练习而言，教师可以组织学生进行电影配音活动，既有输入，也有输出。

（3）英语戏剧表演。戏剧表演活动有利于激发学生的学习兴趣，使学生原意听英语，同时主动开口说英语。戏剧表演除了对说有要求之外，还对表演有一定要求，即学生的表情、动作等都要模仿得很像。因此，在戏剧表演过程中，教

---

① 朱吉梅. 协同创新下的大学英语教学研究与实践［M］. 杭州：浙江大学出版社，2017.

师应适当地对学生的台词、表情、动作、手势等给予指导，也应鼓励学生自由发挥，用于创新，从而使学生提高学习语言的效率，提高运用语言的能力，接受一定的美育与思想教育。

（4）英语模拟课堂活动。模拟课堂活动是给学生提供一个开放的话题，要求学生在课外以小组为单位，搜集与特定主题有关的资料。这些资料应包含文字、图片、音频、视频，并将收集到的资料进行整合，制作成PPT，然后每个小组选取一名组员用英语汇报，时间为15分钟。模拟课堂活动既可以帮助训练学生的听力能力，有利于训练学生搜索、筛选、整合资料的能力，又可以训练学生的表达能力与公众演讲能力。①

---

① 王淑花，李海英，孙静波，等.大学英语教学模式改革与发展研究［M］.北京：知识产权出版社，2018.

第六章

现代大学英语课堂教学有效性策略与理念创新路径研究

提高大学英语教学质量，满足社会及经济不断发展要求，是各高校普遍重视的问题。为提高大学英语课堂教学效果，有效性策略与理念创新是较为重要的内容。本章主要围绕现代大学英语课堂教学有效性策略、现代大学英语教学环境优化构建以及现代大学英语教学社会化与个性化实施策略创新展开论述。

第一节　现代大学英语课堂教学有效性策略研究

一、大学英语读写课堂教学有效性策略

结合《2004课程要求（试行）》中对三个层次（一般要求、较高要求和更高要求）的不同要求以及学校目前进行的分级教学，提出不同级别的教学应该结合学生实际水平和情况，围绕阅读理解能力、书面表达能力和翻译能力的提高，制定不同教学目标，设计不同形式的活动，更大程度上调动学生的英语学习积

极性，通过师生合作、生生合作学习以及学生自主学习提高读写课堂教学有效性。[①]

（一）读写课堂教学的有效组织

整个读写课程的教学应分为课前准备、课堂讲授和课后活动。课前准备是在学习课文之前，教师可以根据课文的题材和体裁布置预习任务，例如查阅有关本课的背景材料或相关知识、作者简介，找出文章的中心思想，了解作者的观点，简单分析文章结构等。预习任务可以安排小组合作学习，小组成员明确分工，及时交流沟通，在课堂讨论阶段由小组代表向全班演示。

课堂讲授也可以采用多类教学方法，比如探究性教学法包含实际应用式、问答互动式、创设发现式、调查研究式、自主创新式、引导讨论式、编导表演式、预设情景式，等等，常见的还有任务教学法、情景教学法、多媒体教学法、网络平台互动法、课外实践法等。在整个教学活动中，课堂中期非常关键，学生会主动、积极地学习。在大学英语教学过程中，教师和学生之间的有效互动，可以更好地促进教学。

在课堂教学的后期，教师引导学生进行总结，加深学生对问题的思考，巩固他们对已学知识的理解和掌握。课后活动可以安排学生利用所学词汇、短语、结构以及写作技巧等完成摘要、随感，或者主题作文等。

阅读课需要注意活动设计要以帮助学生的理解和训练阅读技能为目标。有效的教学活动设计要求快速引出话题，时间控制在5分钟；材料新颖有趣，能够激发学生阅读动机；提供必要的背景知识。

阅读理解可分为字面阅读（read the lines）、推理阅读（read between the lines）、形象阅读（read beyond the lines）三个层次，在整个教学设计中要注意安排读前活动——引出话题，激起学生的阅读兴趣；阅读活动——训练学生的阅读技巧；读后活动——鼓励学生运用阅读中获得的内容和词汇。

教师在备课过程中，要预测学生在互动过程中可能会提到的问题，设计好教

---

① 冯克诚. 当代课程改革理论与论著选读［M］. 北京：人民武警出版社，2010.

学互动环节，对学生提出的问题进行解答。教师必须具备"精讲多练"的能力。"精讲"是在有限的课堂教学时间里，找出教材内容的精华和要点，讲解重点和关键，满足学生需求。"多练"是能够合理安排时间和机会，让学生能够练习语言、活用语言。在活动形式上，课程要新颖和多样；在活动内容上，课程要具备开放性和探究性；在活动功能上，课程要实现语言的交际性。学生在互动中顺利完成学习任务，同时实现课堂效益的最大化。

1. 读写课堂的提问

课堂互动常见的形式是"课堂提问"。教师应该注意提出的问题要有针对性、科学性、参考性，问题要围绕课堂重点精心设计。

课堂提问模式分为两种：参考性问题（referential questions）与展示性问题（display questions）。

参考性问题属于创造性问题，是指提问者并不知道答案的问题；展示性问题属于信息性问题，是指提问者知道答案的问题。研究发现，教师的课堂提问主要以展示性问题为主，而且在课堂上，学生与教师的互动也是以展示性问题为主。换言之，教师的提问要引导学生思考，在发展语言能力的同时，发展思维能力。提问不能偏向于某一类，不能停留在识别和提取信息的层面，而是要引导学生分析问题、解决问题，判断事物的合理性，从而培养批判性思维能力和创新思维能力。

在提问后，教师要给学生留出思考的时间。如果只给学生1秒的思考时间，则无法保证回答的质量，最好将思考的时间控制在10秒之内，因为时间过长，课堂气氛会变得沉闷。此外，每个学生参与讨论和回答问题的机会都应是平等的，不能有失偏颇。

在问答过程中，教师对学生的回答要及时、恰当地进行评价，因为不同的反馈会对学生的语言习得产生不同影响。"wonderful""good"以及"very good"等肯定的表扬词汇，属于积极反馈，是对学生完成任务给予的肯定，可以增加学生学习的积极性。消极的反馈有三种：① 批评学生；② 在学生做出正确回答后，不能及时给予相应的表扬；③ 在学生回答问题的过程中打断学生，并纠正其错误，此种做法会打击学生的自信心，让他们失去学习的动力，还会让学生不再积极主动地回答问题。因此，教师在提问过程中，应肯定学生的回答，即使有错误，也应及时给予鼓励。

2. 读写课堂的话语

课堂话语是指教师语言自身的质量（如语言风格，运用恰当的词语、语速、话语时间及与学习者输出的关系等）。大部分教师在英语课堂上都以问答作为话语。但在实际教学时并非如此，对教学信息的传递，教师既可以使用有声语言，也可以使用无声语言，如表情、体态、眼神、手势等。教学效果与教师在课堂上的举动有着紧密联系，大方的肢体语言甚至是决定一堂课能否成功的关键。

传统的英语教学模式是以教师为中心，教师占据课堂的主导地位，用大部分时间进行讲解，师生之间的沟通交流很少。在这种情况下，学生参与意见发表、课堂活动的实际锻炼的机会较少，这就使得学生的语言交际能力很难得到有效的提高和培养。因此，教师需要转变观念，适当地将话语权交给学生，在课堂上组织各种活动，给学生更多交流展示的机会。

3. 读写课堂的活动

学生与教材之间、学生与学生之间和师生之间产生的交互活动就是课堂活动，这些活动都是为了实现教学目标，只有遵循活动设计原则，才能保证课堂活动的有效性。

（1）理论性原则。一方面，教师要始终加强自己的思辨和理论思考的能力，才能横向和纵向地拓展学生的英语学习，从而使学生全面发展；另一方面，教师必须有敏锐的洞察力，能将生活时事与课堂内容有机结合。

（2）系统性原则。教师应该从整体角度看待活动内容，例如在课文讲解时，教师首先应引导学生从课文标题中窥见文章所讲的内容；其次，将学生分组，用通读全文的方式回答理解性问题，并进行展开讨论和论证；最后，以课文为基础，教师可开展辩论和讨论活动，让学生进一步理解语言。

（3）创新性原则。首先，教师应将真实的语言背景展现在学生面前，通过表现力强、资源丰富的多媒体技术实现；其次，教师可以开展丰富多彩的课堂活动，如哑剧、小组辩论、片段改写和角色扮演等。

（4）针对性原则。学生的不同水平和特点是教师设计活动的依据，教师应在最大限度上满足他们。语言学习的核心是学生，但不同的学生会有不同的语言潜能、认知风格、智力、态度、年龄、性格、动机和学习策略等，他们的个性特征是教师要考虑到的因素。

4. 读写课堂的管理

在课堂管理方面，教师可以采用四象限法管理每堂课的时间。"四象限法"指把教学任务分为四类：一是紧急又重要类，如选择教材和补充教材；二是虽然重要但不紧急类，如语法学习的精确性等；三是不重要但紧急类，如接待课堂听课等；四是不重要也不紧急类，如谈论人们关注的社会热点问题等。教师可以根据这四类任务的需要，适当地安排课堂教学时间。

综上所述，在提高英语课堂教学效率的要求下，英语教师要根据学生的实际，教育的目标、方向，来选择活动内容，引起学生学习兴趣；营造一种新颖多样、民主自由的学习氛围，让学生充分发挥主观能动性，积极参与课堂活动。

（二）读写课堂教学的有效策略

了解各种教学理论基础，是实现读写教学有效性的基础。阅读和写作是不可分离的，读写结合的理念开始于20世纪80年代。从文章的写作目的上看，阅读和写作构建是相通的；文章的写作步骤与阅读逻辑也有相似之处；从信息的发现与建立上看，阅读与写作仍有互通之处。因此，阅读与写作是无法分离的，因为阅读要主动地解读信息，写作也不只包含意义的构建。在读写教学过程中，教师要有针对性地对学生的阅读策略、写作策略等进行培训和练习。但是，各种策略的训练都是一个长期过程，所以应分开进行，同时进行可能会导致学生无法消化。对此，可以学期为单位，每个学期进行一种策略训练。

1. 阅读策略

阅读策略指为了达到某些阅读目标所采取的一系列有计划的阅读方法和技巧。

　　基本阅读策略可以分为：预测与推论是根据已有的信息对故事的结局、情节的发展、人物的命运、文章观点等方面进行预测和验证；连结指书中的连结、和另一本书的连结、已知事物和新资讯的连结、和生活的连结；视觉化，即将文字图像化、情境化，创造想象；自我监测指监测自己的阅读理解；启动先备知识，是在阅读之前首先回忆与文章有关的知识，如文章的写作背景、时代背景、作者的生平、思想及写作意图等，使头脑中储存的已有知识被激活，处于备用状态；整合是将看似散乱无序的信息提升为系统化的知识。针对不同阅读策略，阅读教学方法也要灵活多样，具体如下：

　　（1）认知策略模式，作为教学过程中使用的一种引导性策略，通过图标引导，在阅读前激活学生大脑中已有的背景知识，激发学生的好奇心和求知欲，以此提高学生的阅读兴趣。教师的角色则从知识的传授者转变为学生主动建构图示的帮助者和促进者。

　　（2）KWL阅读策略的第一个步骤，"K"代表"what I know"，开始阅读时教师要求学生对将要阅读的材料进行预测并提出问题；"W"代表"what I want to know"。第三个阶段以学生为主，启发学生不断找出新的答案，完成L阶段，即"what I have learned"。

　　（3）ACTIVE阅读教学策略：

　　Increase reading rate（提升阅读速度）；Evaluate progress（评价效果）；Verify reading strategies（实践阅读策略）；Activate prior knowledge（激活已有知识）；Teach for comprehension（阅读理解）；Cultivate vocabulary（词汇学习）。从这个教学策略中不难看出，阅读教学不但要关注策略培训，更要激发学生的阅读兴趣，培育学生养成自主阅读的习惯。

　　2. 写作策略

　　写作教学的目的，毫无疑问是要培养学生的写作能力。写作教学法从20世纪60年代开始发展至今，先后出现结果教学法、过程教学法、体裁教学法、内容教学法和任务教学法。各种教学法虽有不同，但也有相通之处，即所有写作教学法都包括写前、写作和评阅三个必要阶段。以下是其他学者提出并经检验可行的策略和方法。

经典英语模仿是大学英语写作常用的教学方式，如模仿英语的经典语句，可以不断积累各种句型；模仿英语的经典段落，可以充分衔接和组织不同的段落；模仿英语的经典篇章，则可以对文章结构有更准确的把握。要让学生的写作水平在短时间内得到提高，可以在模仿写作中融入词块教学。"词块"的单位并不是单个词，而是人们输出、存储、记忆和使用的语言，人类在交际过程中使用的板块结构才是最小的单位，人们在进行语言交际时，所用的词块是已经编制完成的语句，并不都是临时组建的语句[①]。

"词块"分类方式呈现多样化。从结构上可以将词块分为四类：① 多元词语块，如for example、on the contrary等；② 习俗语语块，一般指形式固定的词组，主要以俚语、社交习惯用语为主，如nice to meet you；③ 短语架构语块，通常指有语法结构，形式半固定的短语，部分词汇可以增加或替换，如by means可以添加词汇，生成by all/no means；④ 句子架构语块，指在句子框架结构内，根据表达需求填上相应的词、短语或从句，如it is important that，that后可以填充不同的内容。教师可以在教学过程中，利用各种文章的体裁联系，帮助学生总结词块、学习词块，在学生遇到某一种文体时，可以轻松地从自己的脑海中提取出词汇进行套用，是一种比较简便的方式，也能够在短时间内提高学生的写作水平。

写作教学还要强调语篇分析的作用。语篇分析有助于学生练习写作。常见的英语语篇模型有8种：① 对立模式（contrast）；② 主张——反主张型（claim-counterclaim）；③ 一般——具体型（general-specific）；④ 问题——解决型（problem-solution）；⑤ 比较模式（comparison）；⑥ 动作顺序模式（sequential actions）；⑦ 时间顺序模式（time sequence）；⑧ 原因——结果型（cause-effect）。

语篇模型在读写教程课文中都有体现，教师在教学生了解不同的英语语篇模式之后，可辅以写作练习，让学生运用新学的语篇模式进行写作，对学生英语写

---

① 王淑花，李海英，孙静波，等.大学英语教学模式改革与发展研究［M］.北京：知识产权出版社，2018.

作水平的提高将起到很大的推动作用。

对写作步骤训练的阐述，应以过程教学法为切入点。在过程教学法中，关注写作的内容和过程，已经成为教学重点，而不再是之前的词汇、语法和篇章结构。因为学生才是写作的中心和主体，训练不仅可以提高和锻炼他们的思维能力，还可以让学生在合作中学习。在过程写作法中，写前、写作和修改是整个写作过程的三个阶段。

教师应在写前阶段为学生命名作文题目。学生首先要思考题目，查阅与作文题目相关的资料，之后展开小组讨论，将想法与主张与他人进行交流。学生要在讨论时记录重点，然后写出内容提要和草稿，既可以发散学生的思维，也可以增加他们写作的积极性。接下来是最重要的阶段，即写作阶段。学生根据大纲和草稿撰写初稿，教师要在此时向学生强调文章的中心思想，这时不用考虑语法和用词，只要求将信息顺畅地表达出来即可。初稿的写作就是不断地进行思维创造。

教师和其他学生可以在初稿完成后，从读者的角度展开阅读，并给出相应的反馈，反馈内容可以是文章的结构，也可以是文章的内容，以便让学生发现存在的问题并及时解决。此外，教师要赞扬初稿的优点，让学生对写作充满自信。

修改阶段，学生可以在修改初稿时参考教师和同学给出的意见和建议，确定文章的主题和表达内容，从宏观和微观两方面把握文章，认真斟酌和修改文章的每一句话。学生还可以参考不同的意见，并加入自己的想法，修改文章并完成最终的作品。

总之，写作策略的训练要一步步进行，从词块、句子、段落、模块到完整文章，让学生慢慢地了解如何完成符合要求的不同体裁的写作。

（三）读写课堂教学材料的有效选择

从广义上来说，授课教材包含两个部分，其一是基本教材，是最基本也是最重要的教材；其二是其他辅助教学资料。在改编、替代、补充或删减教材内容时，要以学生的实际情况为参考标准。互联网则可以为学生提供英语报刊、新闻等合适的辅助教学资料。其中，网络英语新闻比教材的内容涉猎更广，题材也更新颖和丰富，让学生的阅读可以从多个角度进行；新闻具有较强的时效性，可以让学生及时地接触新鲜事件，不受时空限制；新闻都是真实发生的事件或故事，而且理解性更高，能够增加学生的阅读兴趣；网络英语新闻通常具有图文、声像，非常生动形象，可以更好地吸引学生，增加他们的阅读积极性，让学生的语言学习环境更加丰富多彩。

教师要根据学生的实际水平，选择课前教学材料，让每一个材料中都含有教学目的，也要根据学生的认知设计新闻的阅读问题；要保证内容全面，既要有思想性，又不能缺少内容情节，兼顾不同的语言特点、教学层次和题材，让学生可以对不同的语言特点有充分地把握，并及时悉知语言的发展动态。

阅读技巧可以由浅入深，先从简单的根据句子猜测词义开始，再根据语篇讨论作者要表达的意图。每一篇网络英语新闻材料都应在课堂上得到师生的认真对待。教师应该给予学生更多的训练时间，而不是把大多数时间用在讲解上。不同的媒体在面对同一个新闻时会有不同观点，而教师正是可以利用这一点，设置有争论的话题供学生讨论，学生在此过程中会主动地搜集资料和解答疑问，不仅会让学生之间有更多的互动，还可以让学生的批判性思维得到提升，让学生积极主动地学习。教师还可以在课余时间为学生发布与网络英语新闻相关的作业，拓宽学生的阅读量，让学生选择自己感兴趣的英语新闻进行阅读，并在阅读之后写出读后感。同时，鼓励学生在互联网上查阅英语阅读材料，挑选符合自己阅读兴趣并对自己英语学习有帮助的材料进行阅读。这类网站主要有专门的英语学习网站、美国之音（VOA）、英国广播公司（BBC）、美国有线电视新闻网（CNN）、新华网英语频道、央视网英语频道等。学生要多阅读英文原版期刊、报纸，这样做可以随时接触到最新、最真实、最地道的英语，保证阅读量的同时，也为自己创造一个真实语境。除了文字材料以外，还可以利用网上不同国家的英语广播，学习和了解不同国家，包括英语国家和非英语国家的英语特点。

教师在为学生推荐网站时，既要考虑学生具备的语言水平，也要考虑是否与教学目标相符，可以将英语国家的文化背景知识，如历史、经济、政治、文化、地理、社会风俗等介绍给学生，也可以通过播放纪录片的形式，帮助学生了解西方国家的历史、文化、科学和地理等，引导学生学习英语国家的文化观，让学生对西方社会有进一步的了解和认识。

2006年6月开始流行TED演讲，而在读写材料中可以加入TED演讲。TED演讲中所有的语言，甚至是语气和声音都是演讲者精心准备的，他们会不断地对其进行斟酌，力求达到完美，这种演讲语言非常生动，因此成为英语学习者模仿的对象。

演讲稿的行文结构以及演讲词中的句型和语言，都可以是学生学习的对象。TED演讲的内容涉及众多领域，如心理学、医学、艺术、经济和文学等，通常都是演讲者对人生的体会和新思想，还有新的科研成果。在当下的大学英语教学中，读写课的内容基本都是以教材为主，而教材中的话题都是固定的，这些文章无法跟上行业发展的脚步，有一定的滞后性，而TED演讲的及时性，则很好地弥补了这一不足。

有效教学是一种理念，更是一种价值追求，一种教学实践模式，在今后的英语教学中，提高英语教学有效性尤为必要。教师在教学实践中要教给学生正确的学习方法和学习策略，引导学生正确的学习方向，不断提升学生的英语应用能力和水平，培养出既有语言能力又有语言知识的复合型人才，为学生的终身发展奠定良好的基础。

二、大学英语听说课堂教学有效性策略

从有效教学的视角进行分析，大学英语听说教学的有效性应该采取以下策略提升教学质量：

（一）强化教学理念

在大学英语听说课堂教学中，要改变低效的现状，必须要有科学的教学理念，特别是要提倡以学生为中心的合作性、探究性、对话性的教学理念，贯彻有效性、互动性、参与度高的教学原则，改变听说现状，促进听说教学的进步和发展。

（二）优化教学内容

教师和学生在教学过程中为了共同的教学目标而相互作用和服务之后所形成的信息就是教学内容。在人们的印象中，教材等于教学内容，认为课程标准和教师有相同的要求，但这种认识并不全面。教材只是单纯地承载教学内容，两者特性不同，因为教学内容具有实际作用，而教学实际与教材和课程内容经过教师和学生的综合加工之后才是教学内容。一方面，师生要加工和选择相应的教材内容，并在教学过程中充分利用教材；另一方面，师生可以对教材进行科学加工，安排教学过程，这一过程包含师生的整个实际活动，其中有教材内容、方法论指示、动机作用、价值判断、引导作用、规范概念等。因此，教学内容的构成包含教材内容，如果教学内容以听说为主，则应该包含活动设计、课堂组织与拓展以及教材内容等方面。

在外语学习中，听说材料的作用是语言输入，有着较为重要的地位。听说效果、学习策略与难易度等听说因素，与外语听说材料的联系非常密切，能否在听说教学中得到良好的效果，取决于所选的语言材料是否合适，所学的教学素材应与生活实际有紧密关联。因此，教师在进行听说教学时要整合不同种类的教学材料，吸收不同教材优势，不局限于一种教材，所选的话题应符合学生兴趣，通过互联网筛选出合适的英语资源，也可以对其进行编辑，丰富题材种类，增加体裁形式，既可以让学生在短时间内接受，符合他们的英语水平，又可以锻炼学生的听说能力，使其在独立思考的同时，不断提升他们的创新能力。

总的来说，教师对教学内容的设计要符合教学和教育原则，合理安排不同的教学部分，既要保证听说材料适用于大部分学生，也要保证题型的科学性。在优化教学内容时，可从下列方面入手：

（1）选择合适的听说材料。听说课教学材料的选择要符合学生当前的英语水平。教师所选的材料不应该过于简单或困难，这样会使学生失去兴趣，材料的难易程度略高于学生当前的水平即可。

（2）注重语音基础训练。学生听不懂语言材料往往是因为发音不正确或带有

向。教学目标不仅能够调控整个教与学的过程，也为整个教学设定基础框架，使所有参与教学的学生和教师都有一个清晰和统一的认识。特别是对学生来讲，教学目标可以为学生指出明确方向，让学生形成主观意识并积极主动地开展学习。

对于教师而言，学习目标设置限制了教学的随意性，保证教学内容符合教学大纲需要。特别是对英语听说课来讲，明确的教学目标可以决定后续教学步骤和教学活动的安排设计，是保证整个教学效果的基础。传统的布卢姆教学理论把教学目标分为认知、动作技能和情感三个领域；加涅的学习结果理论则把教学目标分为言语信息、智力技能、认知策略、动作技能和态度五个方面。根据语言教学和教育学理论，大学英语听说课程的教学目标应该围绕语言知识、语言技能、语言应用、文化意识、学习策略和情感策略进行设定。语言知识、语言技能、语言应用是显性的语言输入与输出的语言活动，而文化意识、学习策略、情感策略则是通过具体的语言活动开展潜移默化的隐性培养，这样才能保证语言教学的全面性，促进语言的应用效果，从而实现听说教学的有效性。

3. 教学活动设计分析

教学活动是由相互衔接、相互联系的各个环节构成，是一个完成的教学系统。主要是以教学班为基本单位进行课堂教学活动，是学校教学工作的基本形态。大学英语听说课中的教学活动设计是教学的关键，因为听说课是以学生为中心的教学模式，学生听说技能主要是在听说的语言活动中得到训练和培养。教学活动设计不仅要体现教学目标的逐步达成，也要决定学生的学习模式。经典的教育理论把学生学习方式分为自主式、探究式和合作式。

现代的教育研究又细化为基于合作的学习、基于问题的学习、基于实践的学习、基于探究的学习、基于个性的学习、基于对话的学习、基于网络的学习等方式。但基于英语作为第二语言习得的特点以及多种因素的影响，通过实践，在听说课堂上基于任务的教学或学习方式，或任务型教学模式是效果比较明显的听说学习方式。具体到听说课堂中的教学活动，活动设计应该以任务为主，并根据语言教学特点，在任务前设计语言输入活动，如听力和阅读的输入活动，然后通过具体任务设置，让学生完成语言操练和语言输出过程，最后通过任务完成实现语言的应用和实际意义的构建，才能达到真正意义的学习。

在任务组织方式上，听说课可以通过个人、成对、小组、小组之间、班级整体等多种组合形式，适应不同的活动需要。另外，活动设计时对活动成果、活动时间、活动规则以及活动对应的教学行为都要有所涉及。这些构成要素并非各自独立，而是彼此联系、相互支撑，对最终的教学效果也具有重要影响。目前，在听说课堂教学中，以任务型的教学活动设计对学生听说兴趣的带动和听说教学内容安排最为贴切。

听说课程的任务设计应遵从以下几个原则：

（1）任务设计重结果而非过程。任务要具备真实的意义，让学生真正地进行语言应用。只重复语言并不算是完成任务，而利用语言达成真正的交流才算。所以，语言训练要在完成任务的过程中进行。

（2）基本要素通过意义表达和强化交际，进行有目的的活动。在设计任务内容时，要以学生理解能力和认知能力为基础，并设定较为突出的目标，以便学生实现。因为构建主义教育的核心，才是建构任务的意义所在。

（3）学习者可以在完成活动或任务过程中，增加开口说话的次数，安排合理的任务，让学生开展实际、有意义的语言交流。

（4）课堂教学的目标与现实生活中的需要，都涉及语言的活动和任务。教学目标是任务设计的依据，不能只单纯地追求设计而没有内容，走形式主义。

（5）教学活动和任务要从简单逐渐过渡到困难。应让所有学生都参与听说任务，设计任务的时候要做到层次分明，要照顾到不同学习水平的学生。

（6）任务评价既要准确，又不能缺少灵活性。在英语教学中，评价听说活动并不简单，在任务设计时，评价的主体、指标和如何开展评价等都要进行充分考虑。

学生在完成看和听的输入后，如何有效输出是英语听说课较为困难方面。在任务设计时，可以依靠输出驱动理论，让学生对输出的驱动力有充分了解，从而使听说输出有更高的准确率。

在英语听说课堂上，任务设计的基本要素包括：① 使用语言要素；② 学习者的学习目标、水平、年龄等要素；③ 使用语言要素；④ 听说课程载体的任务要素；⑤ 学校和课程大纲要求要素。

（四）教学评价方式

评价方式设计是听说教学中容易被忽视的环节。有些教师认为听说教学中自由发挥的空间比较大，所以评价方式不容易统一，往往会淡化或忽视这一环节。然而，从教学理论来讲，任何学科没有通过评价对学生学习进行反馈，都是不利于学习效果的达成。因此，听说教学中评价方式也十分重要。

从课程评价方面来说，评价课程的过程和每个阶段就是形成性评价，重点在于分析细节，找到问题出现的原因，增加课程的合理性。在课程实施时，对出现在教学中的问题、学生遇到的困难以及课程的不足，都可以通过形成性评价进行了解，从而增加教学质量，使课程不断完善。

教师评估学生、学生之间互评和学生进行自我评估都在形成性评估范围内。在评估、观察和监督学生的学习过程时，可以通过课内外活动、学习档案记录、座谈、访谈以及网上自学记录等方式进行，如果教学方式是以学生自主学习为主，形成性评估则显得特别重要。

形成性评价是听说教学所用的传统评估方式，虽然可以让学生明白听说的重要性，却无法明确教师是否已经达到考试大纲中对学生的听说要求，也不会让学生在课下积极主动地参与听说训练。因此，在形成性评价体系和教师的监督下，应让学生有更强的自主学习能力。将形成性评价体系与听说教学相结合，重点评估学生的学习过程，让学生积极地开展自我评价，并做到学生和学生之间互评，加强学生的反思能力，使其在学习上获得更大进步。

1. 学生的自我评价

自我评价的重点在于评价行为能力、情感态度和学习策略，学生在自我评价过程中，可以积极地开展反思和总结，从而提高自我监控和自主学习的能力，明确自己的学习目标，并不断为之努力。

2. 课堂小组评价

大学英语基本采用大班授课的方式，特别是有的班级是分层教学，学生并不属于同一个班级，因此相互评价较难实现。对此，可以将学生进行分组，增加相互评价的可操作性。小组的参与度、倾听他人的意见、小组活动的贡献率以及与他人合作，都是小组评价所依靠的指标。根据这些指标，可以看到每个学生的不同表现。此外，还能让小组的团队活动更加和谐和高效。

3. 教师课堂评价

课堂评价的内容包括学生的听讲认真程度、出勤率、是否积极主动回答问题、是否积极参与课堂活动等方面，教师可以将这些内容记录下来作为评价参考。通过课堂评价，学生能够发现自己的问题所在，并给出相应建议，不仅可以提高学生解决问题的能力，还能够增加他们的自省能力。

综上所述，听说课程评价可以包括：

① 通过多元化的评估形式和手段，包括教师对学生的评估、学生互评（小组主题单元汇报）、学生自评（精听任务）；② 将形成性评估的比重提升至60%，可以采用个人听说学习档案记录、课外学习任务完成质量记录、课堂表现、考勤、测试等多个环节，增加学生和英文文本以及学生和学生之间的互动，让互动有更多的时间和空间，使学生获得更多的知识，增加学习主动性，提高他们的学习能力。

需要强调的是，操作过程会发生变化，因为每个环节都是有逻辑的，以此为基础，根据具体的课型做相应调整，从而为大学英语教学提供更好的服务。

第二节　现代大学英语教学环境优化构建

大学英语教学过程的主要形式和核心内容是课堂教学，也是开展英语教学的主要场地。而课堂教学环境是一个由不同要素共同构成的系统，综合了学校教学活动中所必需的主客观条件，是一种影响教学活动顺利进行的特殊环境因素。其中，教学物理环境和教学心理环境是大学英语课堂教学环境的两个主要组成部分，除此以外，还包括大学校园英语文化环境，是在前两个环境基础上延伸而来。

一、教学物理环境的优化构建

教学物理环境指学校的硬环境，其特征在于静态性、有形性和具体性。英语教学得以顺利进行，需要一定的物理环境支持，会对学生和教师的行为、认知以及情绪产生直接影响，从而作用于教学效果。

教学物理环境主要包括：一是教学自然条件；二是教学设施环境；三是教室布置和座位安排；四是班级规模等。

（一）教学的自然条件优化

教学的自然条件由两部分组成：一是教室环境，二是校园环境，以下重点关注教室环境。影响教室环境的因素包括声音、温度、颜色以及光线等。适宜的教室环境应保持合适的人工照明或者自然光线，过强或过弱的光线都不利于课堂教学的展开。因为过强的光线会使师生的眼睛酸涩、情绪烦闷，产生头疼、头晕等症状，不利于师生情绪的平缓和注意力的集中，对学习效果产生直接影响；光线较弱，也不利于学生生理和心理的平复。所以，适宜的光线强度对学生至关重要，而且教室中的颜色设置也会影响学生的情感和意识，对教学活动的影响也不容忽视。[①]对此，可以在教室中摆放亮度较低的浅色课桌椅或者讲台。因为浅色具有平复人情绪的作用，对大脑疲劳也有一定的缓解作用。

教室中的声音也会影响教学效果，过于嘈杂，会加重师生的焦虑，不利于教师发挥出正常的教学水平。所以，学校应对教室外的汽笛声、建筑施工等噪声予以制止，防止影响到师生教学活动的正常进行。一般来说，教室里的声音不宜超过70分贝，而且教室的温度也要适宜，以20℃至25℃最为合适，有利于促进学生

---

① 胡瑞霞.大学英语教学改革与创新研究［M］.北京：中国书籍出版社，2016.

学习活动。但是，由于季节变化，夏季炎热，学生很难集中注意力，易产生困乏情绪；春秋也容易产生乏力、嗜睡，导致学生在课堂上精力不集中，情绪消极。为了有效缓解种种不良情绪，需要教师积极调整上课节奏和时间，防止学生受季节影响而使学习效果不佳。

（二）教学的设施环境优化

构成教学物理环境的重要因素是教学设施环境。作为英语课堂教学活动的物质前提，教学设施环境的完善将直接影响英语教学内容和教学水平的提升，决定英语教学能否焕发新的生命力。

其一，现代教学中广泛运用多媒体教学设备，随着多媒体教学设备的使用，原本略显枯燥的语言学习环境拥有了更加真实的情境体现，使得英语教学内容开始形象化、具体化以及生动化。多媒体设备的完善，让英语教学思路有了更深层次的拓展，不再受课本知识的限制，其知识来源更广，信息更加全面，对学生视野的开阔产生积极作用，也有利于促进英语课堂教学结构的优化和完善；其二，在英语课堂教学中运用语音教室，可以有效提升学生的实践能力；其三，高校另一个不可或缺的教学设施是校园网络，其在教学设施环境的优化和建设中产生积极的推动作用。学生可以通过校园网络，获取优质课程资源、名校的公开课内容等，还能够根据学生需求，提供定制化的信息服务，有利于调动学生的学习热情和积极性。当然，提高教学的实用性和防止对学生的注意力造成干扰或者不利影响等，也是在完善英语教学设施环境中应该重点考虑的因素。

（三）教学的教室布置与座位优化

教室的座位编排和布置也能给人最直观的感受，是教育者综合多种教育元素后最合理的安排。大学生的课堂教学往往不在固定的教室中进行，任何一个教室不仅是为满足英语教学提供需要，还要满足其他学科教学需要，对此可以将有上进意义的、富有诗意和哲学深意的文字和图画张贴在教室的墙壁上，对美化教室环境有一定的积极意义，并且能够带给师生正能量，影响师生的精神面貌和教学体验。

（四）教学的班级规模优化

通俗地来说，班级规模是班级的学生人数，指大学英语课堂教学中教师所要面对的所有学生人数。合理的班级规模设计既对教室环境质量的形成产生积极作用，也对英语课堂教学的效果产生重要的推动作用。目前，国内对高校的班级规模还未有硬性要求，但是一般采用高校评估指标为师生比1：18。所谓"师生比"，是专职教师和学生人数的比例[1]。

二、教学心理环境的优化构建

教学心理环境的特征是无形的、变化的、抽象的、无实物形式的，也是学校软环境的重要组成部分，是由教师和学生、教学媒介之间相互作用和相互影响而形成的心理状态。在英语教学过程中，教学心理环境的作用非常重要，虽然其不具备实物形态，但是对教学效果的影响却是直接的。大学英语课堂的教学心理环境的组成因素较为复杂，主要包括校风、班风、集体规范、英语课堂教学氛围以及人际交往关系等。

（一）人际交往关系的优化

所谓英语课堂教学人际交往关系，指通过教学活动的开展，师生之间产生相互影响、了解和认识的过程，通常来说有两种主要关系：一是师生关系；二是学生之间的关系，两者将直接影响课堂教学的质量和效果。

一是通过英语教学活动的开展形成师生之间的人际交往关系，其建立需要一定的时间和基础，而且融洽的师生关系能够加强学生对教师的认可度，也能够有效提升学生学习英语的热情，有利于英语学习效率的提高。

二是英语教学效果也会受到学生之间人际交往关系的影响。英语属于语言类范畴，教学的目的是要让学生具备一定的听说读写能力，而课堂交往是教学的重要组成部分。学生之间学习伙伴关系的良好建立，能够在一定程度上促进英语教学的效果。所以，课堂教学中要突显学生的主体作用，教师要尊重学生的独立

① 袁洁婷.大学英语课堂教学实施策略研究［D］.长沙：湖南农业大学，2015：31-38.

人格和性格，对学生的缺点和不足采取包容的态度，对学生的优势和长处予以肯定，才能激发学生学习英语的热情，帮助学生发挥所长。

当然，学生也要尊师重教，和教师沟通中要保持谦虚真诚的态度，还要和其他同学友好相处，尊重别人的个性，形成相互理解和互相帮助的氛围，对英语学习效果的提升大有益处。

（二）英语课堂教学氛围的优化

英语课堂教学氛围是由师生在教学过程中经过长期互动、合作以及相互影响而形成比较稳定的情感关系。在课堂教学中，英语课堂教学氛围是不可或缺的重要心理环境。

通常情况下，可以将英语课堂教学氛围分成三类：一是积极型；二是消极型；三是对抗型。不同类型的课堂教学氛围，反映的师生关系和生生关系也不同。积极型的英语课堂教学氛围，有利于创造相当愉悦、轻松、和谐的课堂环境，在一定程度上促进学生学习的积极性和热情，引导学生跟随教师的思路，为教学效果的提升产生积极作用；消极型的英语课堂教学氛围，会让学生对教师的劳动成果视若无睹，学生不能紧跟教师的节奏和思想；对抗型的英语课堂教学氛围，最不利于教学的正常开展，学生完全不能配合教师的行动，从本质来说，这种课堂教学氛围属于失控状态。因此，课堂教学氛围的不同，对师生产生的心理暗示和从众行为也会有所差别，从而影响教学活动的正常进行。所以，营造良好、积极的英语课堂教学氛围是师生的共同责任，只有这样，才能确保教学效果的提高。

（三）校风、班风及集体规范的优化

校风、班风、集体规范是构成教学心理环境的重要因素，是对课堂教学活动具有明显作用的集体氛围。校风是全体学校成员经过长期的不懈努力由其认识、情感、意志和行为等多种心理因素构成的具有特色的、稳定的一种高级心理环境。校风不仅反映学生、教职工、领导干部等个体作风，还反映学校内各基层工作单位的组织作风。

活动的过程中提升个人的信心。

3. 大学校园英语文化环境建设可以强化英语教学的继承性

各高校都有独特的管理观念、价值观念、办学思想和教学理念等，大学校园英语文化环境建设，是校园办学特色和办学理念的综合体现。大学校园英语文化环境一旦建立，在一定时间内都会保持稳定性。因此，高校可以利用纪录片、纪念册、校庆等方式，把丰富多彩、具有特色的校园英语文化活动记录下来，并不断开拓、发展并继承、发扬和创新。这样学生才能在具有特色的校园英语文化氛围里身临其境的感受英语的语言环境，愉悦地学习英语，并提高自身英语的综合运用能力以增强自身的竞争力。

（二）校园英语文化环境优化构建的意义

《大学英语课程教学要求》对大学英语教学目标有明确要求：首先要加强对学生英语实际运用能力的培育；其次，要帮助学生培养学生的自主学习能力，形成自主学习的良好习惯，不断提升其综合文化素质，为国际交流和社会发展创造条件。因此，需要通过大学英语课程教学，促进学生掌握一定的英语运用技能，还要将有关的英语文化传递给学生。

为了完成这一教学目标，需要延伸大学校园英语文化环境，完善课堂教学中的不足，使得英语课程教学范围得到进一步拓展。如果将英语课堂教学当成是显性教学，建设校园英语文化环境则是从隐形教学层面进行。

（1）开展校园英语文化活动，可以有效弥补英语课堂教学中的不足之处。

在英语课堂教学中，一般以教师讲课为主，留给学生自主训练的时间是很少的，更不用提面面俱到的照顾每个学生。每周四到八节课的课时基本上只能满足教学任务的完成，而学生缺乏训练语言的实践环境和机会是难以提高英语水平的。而校园英语文化活动就像英语教学的第二课堂，不仅扩展英语课堂的教学范围、帮助学生强化课堂知识，还在很大程度上改善英语教学效果。学生通过丰富多彩的英语文化活动来接触英语国家的社交礼仪、习俗文化等语言文化背景，锻炼英语思维，扩展国际视野，提高对中西方文化的鉴赏能力，弥补英语课堂教学中的不足，从而加强个人的英语素质。

（2）校园英语文化活动的开展，能够在一定程度上调动学生的学习热情，舒缓学生的学习压力。学生的英语基础和水平参差不齐，很多基础不好的学生在课堂上无法跟上教师的教学节奏，导致注意力涣散，对课堂教学效果产生不利影响。积极开展校园英语文化活动，为学生提供相对宽松、愉悦的语言情境，有利于学生舒缓情绪，积极参与，对学生英语兴趣的培养有着极大的促进作用，还可以在英语活动中获得愉悦的享受，对自身潜力和创造力的发挥都很有帮助，并且在一定程度上提升学生的情感品质，调动英语课堂教学氛围。

（3）通过校园英语文化活动的开展，对学生主体意识的强化、促进师生关系的融洽性方面都有积极作用。学生在参与校园英语文化活动的过程中，可以积极地进行管理、组织、推广以及策划，是自主学习的体现，发挥了学习过程中的主体作用。英语文化活动的不断深入开展，有利于教师深入地认识和了解学生，使课堂引导更加具有针对性，也有利于教师发现学生的优点和不足，以此调整教学进度和教学方法。

第三节　现代大学英语教学社会化与个性化实施策略创新研究

无论大学英语怎样改革，都离不开两个关键词——"社会化"和"个性化"。作为高等教育的一个组成部分，大学英语教学应该与时俱进，了解、满足社会需求，才是大学英语教学的社会化，其根源于教育的本质作用。教育的作用在于用行之有效的方式，把学生从非社会特性的人，变为能够适应集体生活、具有适应社会发展需要的个人品质、也就是个体不断社会化的过程。

从教育社会化角度来说，大学英语教学培养的人才最终要服务社会，社会是对大学英语教育人才培养质量的最终检验。

面临的社会需求等不尽相同"，要"制订科学、系统、个性化的大学英语教学大纲"，"朝着个性化和自主学习的方向发展"，可以"使学生自由选择适合自己实际需求的学习材料和学习方法进行学习"。这些提法的核心思想是个性化的学习，以满足学生不同专业的发展需要，满足不同层次学生的需求。但在改革实践中，很多人将个性化教学理解为推动学生自主学习，但实际上，两者不能等同。

大学课程设置应当个性化，个性化指各个学校根据自身办学定位和专业特点，决定大学英语的课程性质、学时和课程体系的设置，避免千校一面。这种个性化实际上是一种满足社会化需求的变相说法。大学英语教学内容是实行通用英语，还是根据办学定位和专业特点实行ESP教学，"个性化"是其论辩的理据之一。

《要求》中的个性化，可以诠释为基于建构主义的学习方式，即个性化意味着学习者在自己的思维中建构知识。这一学习方法的广泛实施，将对个人的学习环境和学习材料的构建产生重要作用，有利于学生自主构建学习空间。个性化是基于基础学习方法之上、更符合个人成长和发展、有明确方向的学习方法，也是依据大学生的个性化发展需求提出的，充分尊重学生的个体性、差异性，并通过不同方式调动学生学习的积极性和主动性，促进学生的个性发展，从而不断完善和构建学生的知识体系，挖掘学生的个性优势。以上内容都是基于学生的个体需求为前提进行定义，而个体差异将成为大学英语教学改革的基础和条件，充分尊重学生的个性化需求，针对不同的学生提出不同的目标，采取更加有针对性的教学方法和教学手段，从而促进学生实现自身目标。

通过校园英语文化活动的开展，可以培养学生的自主意识，加强师生良好关系的构建，而且学生可以自主地策划、管理、组织和推广校园英语文化活动等，有利于学生自主性的培养，充分突显学生的主体作用。此外，教师可以利用英语活动的开展，更加全面地了解和认识学生，对学生实施更加有针对性的引导作用，发现学生的优点和长处，以此为依据完善和调整自己的教学方法。这样做，一方面有利于学生团队合作精神和组织领导能力的培养，另一方面有利于改善师生关系，加强师生之间的相互合作和相互交流，为课堂教学的正常进行创造有利条件。

参考文献

一、著作类

[1] 蔡吉. 英语教学时效性分析与设计 ［M］. 北京：现代出版社，2017.

[2] 陈昌来. 应用语言学导论 ［M］. 北京：商务印书馆，2007.

[3] 陈申. 语言文化教学策略研究 ［M］. 北京：北京语言大学出版社，2001.

[4] 冯克诚. 当代课程改革理论与论著选读 ［M］. 北京：人民武警出版社，2010.

[5] 何广铿. 英语教学法教程：理论与实践 ［M］. 广州：暨南大学出版社，2011.

[6] 胡瑞霞. 大学英语教学改革与创新研究 ［M］. 北京：中国书籍出版社，2016.

[7] 蒋祖康. 第二语言习得 ［M］. 北京：外语教学与研究出版社. 1999.

[8] 林新事. 英语课程与教学研究 ［M］. 杭州：浙江大学出版社，2008.

[9] 刘晓玲. 英语课程教学论 ［M］. 长沙：中南大学出版社，2014.

[10] 莫英. 信息化背景下大学英语教学改革与创新思维 ［M］. 成都：四川

大学出版社，2018.

　　［11］孙静. 大学英语教学及改革新思维［M］. 北京：中国水利水电出版社，2017.

　　［12］童之侠. 当代应用语言学［M］. 北京：中国传媒大学出版社，2015.

　　［13］王华. 大学英语教学中互动式教学法应用研究［M］. 成都：西南交通大学出版社，2018.

　　［14］王琦. 信息技术环境下的外语教学研究［M］. 北京：中国社会科学出版社，2006.

　　［15］王珊，马玉红. 大学英语教学的跨文化教育及教学模式研究［M］. 武汉：武汉大学出版社，2018.

　　［16］王淑花，李海英，孙静波，等. 大学英语教学模式改革与发展研究［M］. 北京：知识产权出版社，2018.

　　［17］王淑花. 大学英语教学模式改革与发展研究［M］. 北京：知识产权出版社，2018.

　　［18］文和平，杨晓莉，陈玖豪. 现代教育技术与外语教学实用教程［M］. 重庆：西南师范大学出版社，2010.

　　［19］郑侠，李京函，李恩，等. 多元文化视角下的大学英语教学研究［M］. 北京：知识产权出版社，2018.

　　［20］朱吉梅. 协同创新下的大学英语教学研究与实践［M］. 杭州：浙江大学出版社，2017.

二、期刊类

　　［1］戴敏. 大学英语教学模式改革与课程建设研究——评《大学英语教学模式与课程建设研究》［J］. 领导科学，2019，（20）：2.

　　［2］焦称称. 英语语言学视阈下大学英语教学创新——兼论《大学英语教学改革与创新研究》［J］. 染整技术，2018，40（12）：7-8.

［3］康洁平.多元视角下的大学英语教学改革研究——评《大学英语教学改革多元视角探索》［J］.新闻爱好者，2019，（1）：21.

［4］冷泽.大学英语语言教学手段改革新思维探讨——评《大学英语教学及改革新思维》［J］.语文建设，2019，（10）：3.

［5］李岱菊.现代信息技术在大学英语课程教学中的运用［J］.轻合金加工技术，2020，48（1）：69.

［6］刘春亮.大学英语多媒体信息化教学策略研究——评《基于网络多媒体的大学英语教学模式的研究》［J］.中国科技论文，2020，15（2）：10.

［7］刘苗，何娟.新常态下的高校大学英语教学特点及应对对策分析［J］.课程教育研究（新教师教学），2015，（33）：16.

［8］马海燕，李新元.大学英语课堂混合教学模式探析——评《大学英语混合式教学探究》［J］.高教探索，2019，（7）：8.

［9］彭惠玲.大学生英语教学与学习策略研究［J］.福建茶叶，2019，41（5）：187-188.

［10］宋琳琳，张丽.融合混合式教学改革大学英语精读课程［J］.中国成人教育，2019，（19）：66-68.

［11］唐利芹.大学英语教学法探索与教学实践研究——评《当代大学英语教学的认知研究》［J］.林产工业，2019，56（10）：68.

［12］唐利芹.大学英语教学法探索与教学实践研究——评《当代大学英语教学的认知研究》［J］.林产工业，2019，56（10）：68.

［13］魏杰，竺琳琳.大学英语教学改革方法探究——评《中国大学英语教学路在何方》［J］.新闻爱好者，2018，（3）：116.

［14］谢家鑫.新媒体时代传统大学英语课堂教学改革策略研究——评《大学英语教学改革新问题新策略》［J］.新闻爱好者，2016，（12）：98-98.

［15］徐君.大学英语教学改革的实践探索——评《教学改革背景下的大学英语教学研究》［J］.当代教育科学，2016，（22）：3.

［16］余斐君. 英语教学对培养大学生领导力的影响——评《英语教学研究》［J］. 领导科学，2019，（18）：126.

［17］袁洁婷. 大学英语课堂教学实施策略研究［D］. 长沙：湖南农业大学，2015：31-38.

［18］张殿玉. 英语学习策略与自主学习［J］. 外语教学，2005，26（1）：49-55.